国家社会科学基金项目最终成果

协同信息检索行为研究

吴　丹　著

國家圖書館出版社
National Library of China Publishing House

图书在版编目(CIP)数据

协同信息检索行为研究/吴丹著. --北京:国家图书馆出版社,2015.9
ISBN 978-7-5013-5666-9

Ⅰ.①协… Ⅱ.①吴… Ⅲ.①情报检索—研究 Ⅳ.①G252.7

中国版本图书馆 CIP 数据核字(2015)第 204147 号

书　　名 协同信息检索行为研究
著　　者 吴　丹　著
责任编辑 高　爽

出　　版 国家图书馆出版社(100034　北京市西城区文津街 7 号)
(原书目文献出版社　北京图书馆出版社)
发　　行 010-66114536　66126153　66151313　66175620
66121706(传真),66126156(门市部)
E-mail btsfxb@nlc.gov.cn(邮购)
Website www.nlcpress.com ——→投稿中心
经　　销 新华书店
印　　装 北京华艺斋古籍印务有限责任公司
版　　次 2015 年 9 月第 1 版　2015 年 9 月第 1 次印刷

开　　本 710×1000(毫米)　1/16
印　　张 19
字　　数 360 千字

书　　号 ISBN 978-7-5013-5666-9
定　　价 70.00 元

国家社科基金后期资助项目
出版说明

后期资助项目是国家社科基金项目主要类别之一，旨在鼓励广大人文社会科学工作者潜心治学，扎实研究，多出优秀成果，进一步发挥国家社科基金在繁荣发展哲学社会科学中的示范引导作用。后期资助项目主要资助已基本完成且尚未出版的人文社会科学基础研究的优秀学术成果，以资助学术专著为主，也资助少量学术价值较高的资料汇编和学术含量较高的工具书。为扩大后期资助项目的学术影响，促进成果转化，全国哲学社会科学规划办公室按照“统一设计、统一标识、统一版式、形成系列”的总体要求，组织出版国家社科基金后期资助项目成果。

全国哲学社会科学规划办公室
2014 年 7 月

目　录

前　言

长期以来,信息检索的单用户研究一直是该领域的研究热点。近年来,随着 Web2.0 和计算机支持的协同工作技术的发展,协同信息查寻与检索(Collaborative Information Seeking & Retrieval,CIS&R)的研究已逐渐成为信息科学领域新的研究热点,特别是有关协同信息检索领域的用户行为研究更成为当前信息检索领域的重要研究课题。由于协同信息检索领域用户研究的复杂性,其研究内容涉及用户个人特征(如性别、年龄、职业)、用户的心理和认知、信息需求、查寻动机、检索策略、结果评价等方面。随着检索任务复杂性的增加,跨学界领域合作的开展,协同技术的不断开发,社群环境下人们交流与协作的逐渐频繁,科学研究困难性的加剧,突破时空地域限制的合作增多,人们对协同信息检索系统的需求迫切增加,各个领域的协同信息检索行为也越来越多地开展起来。因此,在对协同信息检索的用户行为进行研究时,为全面考虑各种因素,研究者需从多维角度并采用多种研究方法对其进行分析研究,通过研究分析用户协同信息检索过程中的行为特征、认知特点、情感取向等来进一步开发协同检索系统,协同信息检索用户行为研究逐渐成为学界所关注的热点。

协同信息检索的用户行为研究并不是研究简单的检索行为活动,它包含了各个层面的复杂因素:工作任务、上下文情境、用户的认知和情感因素等。对于该领域的研究调查要涉及多个要素,还需全面考虑影响用户协同信息检索行为的各个因素及其之间的相互关系。本书在总结有关协同信息检索行为的相关概念、研究视角、理论基础、影响因素、行为模型、典型系统等理论研究的基础上,提出了一个协同信息检索行为模型及若干假设。模型主要围绕三大影响因素、七项协同信息检索行为,以及不同的协同信息检索情境展开。然后设计了三个实验分别检验一般情境下的小组因素和任务因素、一般情境下的个人因素和任务因素,以及科研合作情境下的小组因素。三个实验除了包含不同情境,检验了三大影响因素对七项协同信息检索行为的影响外,还涉及不同人数构成的小组、特定情境下的协同信息检索行为特点,以及检验了各因素对模型外其他方面的影响。

通过研究我们发现,用户的协同信息检索行为首先是与情境密切相关的。由于一般情境下的社会化搜索任务是多元化的,因此任务是影响协同信息检索的重要因素。并且在一般情境下，当前的协同检索工具基本能满足用户需求。而特殊情境往往是一些真实的工作场景，用户会表现出一些特有的行为特点。以科研合作情境为例，协同学术信息检索行为的产生集中体现了学术环境的影响，沟通交流是协同学术信息检索行为区别于个人信息检索行为的重要体现。

其次，用户的协同信息检索行为不同于个人信息检索行为，主要体现在检索方式、认知方式、协同方式、编辑方式、检索效果、交流分享、情感状态几个方面。其中，检索方式主要包括检索行为、浏览网页行为、推荐行为、使用图片行为、加书签行为、产生重复检索式行为；认知方式则包括情境认知、任务认知和协同认知；协同方式有按内容分工、按角色分工、动态分工策略、静态分工策略。

最重要的是，个人因素、小组因素和任务因素均会在不同程度上对协同信息检索行为产生影响。其中，个人协同能力对全部七项行为均产生影响，对检索方式的影响在于推荐行为和重复检索式行为上，对认知方式的影响在于情境认知和协同认知上。小组类型对检索方式、编辑方式、协同方式、认知方式四项行为产生影响，对检索方式的影响仅在推荐行为上，对认知方式的影响仅在任务认知上。小组知识结构对除编辑行为之外的六项行为均产生影响，对检索方式的影响在于重复检索式行为和书签行为，对认知方式的影响在于情境认知和协同认知上。任务类型对除编辑行为和协同方式之外的五项行为产生影响，对检索方式的影响在于网页浏览行为、检索行为和使用图片行为上，对认知方式的影响在于任务认知上面。任务难度对检索方式、编辑方式、协同方式、情感状态四项行为产生影响，对检索方式的影响在于检索行为和浏览网页行为上。

本书采用的数据收集方法主要包括：①模拟实验法。实验一和实验二是通过二人组和三人组的模拟协同信息检索实验，让小组成员在规定时间内协作完成模拟的任务，以此来研究不同协同能力、不同小组类型、不同类型和不同难度的检索任务对用户协同信息检索行为的影响。②结构化行为日志法。实验三是真实场景下为期三个月的长期研究，结构化行为日志主要反映各成员在研究初期的合作行为，如在寒假期间是否进行过相关学术行为、利用哪些学术资源以及情绪的变化等。③系统日志收集法。三个实验都用到了 Coagmento 系统。通过对揭示各小组在完成不同任务时的具体行为和检索活动的系统日志数据的收集，可以探究他们协同信息检索行为的特征。④问卷调查法。调查问卷主要调查用户的背景信息、用户的认知情况以及实验用户对系统的评价等。⑤半结构化访谈法。通过对实验者进行单独或小组采访，可以从个人和团队整体的视角上深入探讨各用户的检索行为、情绪变化、总体感受以及对实验系统的建议等主观方面的内容。

本书采用的数据分析方法主要包括：①比较分析法。比较了影响协同信息检索行为的各影响因素，提出我们要研究的三大因素；比较了各协同信息检索行为相关模型，选择在 C2S 模型的基础上提出本研究所需的协同信息检索行为模型框架；比较了几个典型的协同信息检索系统，选择 Coagmento 系统作为三个实验的研究平台。②统计分析法。采用了多项统计分析方法来分析实验数据，如单因素方差分析法（Analysis of Variance，ANOVA）、双因素方差分析法（Two-way Analysis of Variance，Two-way ANOVA）等分析点击流数据和问卷调查数据。③情感分析法。对日志中有关情感的数据进行了分析，通过提取聊天记录中的情感词汇，进行词频和情感粒度分析，并辅之以知网（HowNet）的词表进行检验与二次分析，以此来分析个体用户的情感特征。④内容分析法。针对定性数据，利用 ATLAS. ti 7 质性分析软件，并结合 Strauss 和 Glaser 等提出的扎根理论（Grounded Theory）研究方法对访谈数据进行开放编码、主轴编码和聚类编码分析，分析用户协同检索过程中的行为特征。

全书共分为十章：

第一章，协同信息检索行为相关概念。从信息检索中的协同和信息检索与协同的关系出发引入研究的缘起和研究目的，并介绍协同信息检索的相关概念和协同信息检索行为的定义与特点。

第二章，协同信息检索行为研究综述。对协同信息检索行为研究进行全面的国内外文献综述。

第三章，协同信息检索行为相关理论基础。介绍了协同机制、计算机支持的协同理论和支持协同信息检索的技术。

第四章，影响协同信息检索行为的因素。对已有关于协同信息检索行为影响因素的研究进行归纳、分类和总结，找出还有哪些因素值得研究。

第五章，协同信息检索行为模型框架的提出。对有关协同信息检索行为模型进行分类比较，基于 C2S 模型提出协同信息检索行为模型研究框架和相关假设。

第六章，协同信息检索系统比较及实验平台选择。在介绍协同信息检索系统概念和分类的基础上，对典型的协同信息检索系统进行比较分析，选出适合本研究的系统作为实验平台。

第七章，一般情境下小组因素和任务因素分析：二人组协同信息检索实验一。设计一个由两名用户构成一个小组的实验,用于检验一般情境下小组类型和任务难度对协同信息检索行为的影响。

第八章,一般情境下个人因素和任务因素分析:三人组协同信息检索实验二。设计一个由三名用户构成一个小组的实验,用于检验一般情境下个人协同能力和任务类型对协同信息检索行为的影响。

第九章,科研合作情境下小组因素分析:多人组协同信息检索实验三。设计一个真实科研项目申报的团队协同学术信息检索实验,用于检验科研合作情境下小组知识结构对协同信息检索行为的影响。

第十章,协同信息检索行为模型修正与讨论。根据三个实验结果,对所提出的协同信息检索行为模型相关假设进行验证,并修正模型,同时对模型的三要素进行讨论。另外,基于实验结果分析协同信息检索活动中的协同机制,并提出对协同信息检索系统的建议。最后,总结本研究的结论,对未来研究工作进行展望。

本书研究的学术创新主要体现在以下四点:

第一,已有的协同信息检索行为研究中有关基础理论,特别是协同机制的研究较少,而合作是协同信息检索区别于个人信息检索的关键,对协同定义、原则、过程等的研究能更好地加强协同信息检索行为的理论建设。所以本书对协同机制、计算机支持的协同理论和支持协同信息检索的技术等相关理论进行探究,梳理协同信息检索行为理论体系,弥补当前研究的不足。

第二,现有研究对不同用户类型的协同信息检索行为研究较少。协同能力的强弱与用户的协同检索行为和活动直接相关,而按专业和兴趣对小组分类也是一个崭新的研究视角。尽管现有文献对于任务与信息行为之间的关联性研究较多,但大多处于概略性描述,实践研究较少,并且任务类型大多只涉及事实类任务,关于特定任务类型对协同检索行为产生了怎样具体影响的研究几乎没有。因此,任务类型和任务难度的差异也是重要的研究视角。总的来说,本书所提出的几个协同信息检索行为影响因素是较新颖的,丰富了协同信息检索行为理论研究。

第三,以往的协同学术信息检索研究主要集中在行为本身,研究比较表层。大多以学生完成课堂作业为实验对象,多是真实场景的调研,是对现实情况的翔实记录,研究方法单一,总结出影响因素,却忽视了对这些因素影响方式、影响程度的分析。本书所进行的协同学术信息检索研究是以真实的科研立项为情境,将真实场景和可控实验相结合,在真实场景观察中嵌套实验设计,多途径、多角度地收集描述协同检索过程中的用户数据,包括外在行为表现和内在认知与情感态度。重点探讨协同学术信息检索过程中关键因素及其影响机制，识别相互关系，在一定程度上弥补了之前研究的分散性，使协同学术信息检索行为研究更全面，更体系化。

第四，现有研究所进行的大多是以两个小组成员为一组的用户协同实验。有研究发现，对于共同完成协同检索任务的小组，80.7%是两个小组成员的合作，只有19.3%是在三个或以上成员的合作，且基于协同检索系统进行的三人及以上为小组的实验更少。其原因有可能是缺乏支持多成员交互的工具和系统，且实验成本更高、可控性更差。而本书在同一个模型框架下，根据不同的情境和影响因素，设计了二人组、三人组、多人组的用户实验。这既能体现对不同影响因素考察的针对性，又能体现对协同信息检索行为影响因素考察的全面性。因此，本书所提出的模型和相关实验检验是具有创新性的，将通过协同检索行为和效果的深层次分析来丰富这个领域的研究文献，促进协同信息检索行为研究的理论发展。

本书研究的学术价值体现在：①对协同信息检索行为的相关理论基础进行了梳理，深入探究了协同机制、计算机支持的协同理论和支持协同信息检索的技术等内容，为协同信息检索行为后续研究提供了理论支撑。②从影响因素的视角所构建的协同信息检索行为模型分析可以丰富该领域的文献，为将来的研究提供一些理论依据和支持，开创了新的研究视角，具有重要的理论意义。③本研究最终验证了用户协同能力、小组类型、小组知识结构、任务类型、任务难度、不同情境对协同信息检索行为是有影响的，扩展了研究的视角，并注重了用户行为研究中多因素的考量以及各个因素之间的相互关系，促进协同信息检索行为研究的进一步发展。④本书所进行的实验较为全面，突破二人小组实验的模式，涵盖二人组、三人组、多人组实验模式；既有模拟任务检索实验，又有基于真实场景的实验；实验任务设计有严格分类，体现了不同难度，设置了评价标准；研究方法上也采用了多种数据收集方法和数据分析方法。这些实验研究经验将丰富协同信息检索实验研究方法，为以后用户行为实践研究提供一些借鉴。

本书是国家社会科学基金后期资助项目“协同信息检索行为研究”的成果。我的研究生余文婷、向雪、邱瑾参与了本项目研究。其中，余文婷进行了多人组协同信息检索实验三的实施，并参与撰写了第三章、第五章、第六章和第九章；向雪进行了二人组协同信息检索实验一的实施，并参与撰写了第四章和第七章；邱瑾进行了三人组协同信息检索实验二的实施，并参与撰写了第二章和第八章。

本书得以完成，还要感谢全国哲学社会科学规划办公室及图书馆、情报与文献学学科规划评审组各位专家的大力支持,特别是黄长著研究员的指导与帮助;感谢武汉大学信息管理学院各位领导和老师的帮助,特别是马费成教授和陈传夫教授的指导与推荐;感谢北京大学信息管理系赖茂生教授的推荐;感谢国家图书馆出版社高爽老师的辛勤付出;感谢所有本书参考文献作者;感谢所有参与实验的同学们。

限于能力和水平,本书还有许多不足之处,有很多问题还有待进一步深入研究。敬请各位专家、学者、同仁、读者批评指正。

第一章　协同信息检索行为相关概念

很长时间以来，信息检索一直多注重单个用户层面上的研究。然而在现代社会中，越来越多的工作、活动是由一群有着共同目标的人一起参与，合作完成的。有研究表明，在很多搜索任务中，包括和他人的合作，如计划旅行、组织社会活动或者完成家庭作业等，人们有着协同检索的需求[1]。信息检索中的协同现象日益突出，研究对象应该由个人层面扩展到群体层面。随着 Web2.0 及 CSCW（Computer Supported Cooperative Wok，计算机支持的协同工作）等新技术的发展，也使协同信息查寻与检索（Collaborative Information Seeking & Retrieval，CIS&R）研究逐渐成为信息科学领域新的研究热点，特别是有关协同信息检索领域的用户行为研究更成为当前信息检索领域的重要研究课题。Ingwersen 和 Järvelin[2] 认为，信息检索嵌套在信息查寻行为的情境之内，其本身则处于与工作相关或日常的工作任务情形和情境之中，交互和合作是信息查寻和利用过程的重要部分。一些信息技术，如团队电子日历、即时交流通信工具、电子公告栏、团队项目管理工具等逐步应用到协同信息检索活动中，提高了团队合作的效率。但是面对信息量的剧增和信息质量的良莠不齐，在如何让用户快速找到信息，以及让用户之间能就查寻体验进行沟通等方面，传统的搜索引擎、检索系统以及检索技术局限明显，面临巨大的难题。而且现在的网络搜索工具是为单用户独立工作而设计的，支持多用户共同检索的工具较少。为了解决这些问题，研究者们将协同的概念引进到信息检索中，以期解决在检索过程中遇到的问题，辅助检索活动的有效开展。

第一节　信息检索中的协同

协同对人们来说并不是一个陌生的概念，它随着社会的出现和进步而不断发展。当面临困难或者复杂任务时，人们会本能地选择协同[3]。比如,各级教育中常出现的小组作业,需要学生协调完成;在学术环境中,越来越多的科研项目需要来自不同领域、不同机构甚至不同地区的多位学者共同完成;一些企业会根据客户及其需求的不同设置针对性的项目小组,这种工作小组已成为一种普遍的工作模式。又比如,大多数搜索引擎都利用用户点击的链接或者其他查寻行为来影响他人网页搜索结果的排序或是检索词推荐,从而提高搜索体验。虽然这种情境下用户并不是主动帮助他人,甚至没有意识到他们的检索行为将会影响他人的检索结果,但实际上也实现了一种隐性的协同。可以看出,协同常见于生活中很多场景。在此类场景中还经常包括信息查寻、检索、分享和整合等行为。但很长一段时间里,人们极少将其看作协同信息检索行为。此外,传统的信息检索以单用户为中心,被认作是个人行为和单纯的信息传递过程,所以协同信息检索的相关研究和支持较少。

近年来,随着时代的发展,特别在当前网络环境和大数据背景下,协同信息检索行为逐渐成为一个前沿、热点的新研究领域,从理论研究走向实践研究。这反映了信息检索从单用户发展为多用户协同的趋势,同时也和协同信息技术的发展进步密切相关。在数字化网络环境下,网络内容从某种程度上来看是社会性的,被人们创造和分享。因此信息检索实际上成为一个社会化意义建构和分享的过程,而且共享检索结果和共享过程也是复杂问题解决的群体智能形成过程,是社会记忆过程[4]。另外,协同信息检索行为有其自身的特点。首先,考虑到任务的复杂性和难度,协同信息检索项目通常会经历多个阶段,持续时间长,逐步推进。其次,在协同信息检索中,所有的参与者都有着共同的目标和共同的利益,而这些目标能将他们紧密联系,实现互惠互赢。最后,在整个过程中各方互动交流频繁,互动性极强。虽然国内外都有学者开展协同信息检索相关研究,但总体来说这个领域的研究不算太多,也谈不上成体系。人们对协同信息检索行为,如协同原理、行为特点等知之甚少。所以,协同信息检索行为是极具研究价值的领域。

本书旨在对协同信息检索的不同情境、不同行为方式和影响因素进行分析,从而揭示协同信息检索行为机制并构建行为模型,实现协同信息检索行为的综合研究。具体而言,本书首先介绍协同信息检索行为相关概念,梳理现有各相关领域研究脉络,并总结协同信息检索行为理论基础,完善协同信息检索行为理论研究。随后,本书在分析影响协同信息检索行为因素的基础上,选择借鉴 C2S 模型,提出了本研究的协同信息检索行为模型框架。最后,在 Coagmento 系统平台上进行实验研究。通过三个不同情境下不同类型的实验对此模型框架进行了检验与修正。

第二节　信息检索与协同的关系

信息检索广义上是寻找信息用以满足信息需求的过程，不仅仅包括检索和搜索，还包括浏览、分享、评价、整合信息以及意义建构（sensemaking）等。而协同是多方为达到互惠互赢的共同目标而一同工作的过程。这两个看似隶属不同领域的概念之间却存在着内在相关性，并相互促进。

一方面，由于任务复杂程度的增加和个人知识结构与能力的局限性导致个人很难胜任各种类型的信息检索任务，而协同可以帮助人们解决个人力量很难处理的困难或复杂问题，完成此类信息检索活动。比如，规划全家旅游时会涉及不同的家庭成员。他们需要考虑出行时间、出行方式、旅行地点、游览景点、食宿等多个因素，检索并综合大量信息，较为复杂。为完成共有互惠目标（即家庭旅行），他们需要共同参与，协调各方意见，最终完成旅游方案。

另一方面，身处信息时代，人们的生活深受信息影响。很多情景下，人们都需要检索信息以解决各种问题，协同也不例外。信息检索能支持协同，因为在协同过程中经常也需要信息检索，并且在很多协同活动中信息检索是最主要的行为。比如，在完成科学项目时，会涉及多个步骤，如成员分工、资料搜集、论文撰写等，而信息检索是资料搜集中十分重要的内容。有效的信息检索能提高资料搜集的效率和效果，为后续工作的完成奠定坚实基础。

综上，不论是信息检索活动还是协同活动，都与协同信息检索紧密相关，很难将这两种行为完全区分。

第三节　协同信息检索相关概念

协同信息查寻与检索，即 Collaborative Information Seeking & Retrieval，CIS&R（本书简称协同信息检索）。协同信息检索行为作为协同信息行为的一种，是信息检索由个人层面发展到群体层面的现象。协同信息检索是一个跨学科领域，涉及信息检索、人机交互和 CSCW 等领域的研究。然而，在不同的领域中所用到的术语表达不尽相同，如社会搜索（social searching）、协同探索式搜索（collaborative exploratory search）、共同浏览

(co-browsing)、协同信息行为(collaborative information behavior)等[5]。关于协同信息检索的研究最早可以追溯到1968年,由Taylor开创了协同信息检索领域[6]。半个世纪以来,协同信息检索研究已有了较大的发展。

由于每个学科的研究侧重点不同,协同信息检索在这些学科中的定义也各不相同,没有一个统一的定论。在对于协同信息检索内涵的认识上,不同的学者基于不同的研究视角给出了不同的定义,主要包括基于用户行为过程的定义和基于技术视角的定义。

(1)基于用户行为过程的定义。Dumais[7]和Hust[8]等人将其理解为任何共同解决信息问题的协同信息行为。Hertzum[9]认为协同信息检索是用户信息寻求与协作背景的合体。Naderi[10]等人把协同信息检索定义为一种社会化的信息检索方法,通过记录用户与系统的交互行为来为以后的用户提供更好地检索服务。

(2)基于技术视角的定义。Foley和Smeaton[11]将其理解为在信息检索过程中应用不同的技术来支持的协同活动。Krömer[12]等人认为协同网络搜索(Collaborative Web Search,CWS)是一种查寻者之间通过隐性协作来进行知识交换的查寻模式。Agarwal等[13]认为协同信息检索是通过利用协作用户的专业知识和经验来帮助用户满足他们信息需求的一组相关技术。

基于用户行为过程的协同信息检索更多关注用户的行为特征研究,在各种认知、情境下探讨用户的协作行为,重视对协同信息检索中影响用户行为的各种因素的分析。基于技术角度的定义更强调技术对协同检索与信息共享的支持性,将研究局限在组织、技术范围内。尽管各学者所给出的定义不同,然而他们都会在定义中强调信息检索过程中的合作。对于这种合作,有学者认为劳动分工和知识共享是它的两个关键部分。一方面降低重复劳动,提高效率,另一方面能积极影响其他的合作者[14]。也有学者将协作分为基于任务和基于目标两种。两者的区别在于,前者建立在显性合作意图上,而后者在潜在的共同信息需求上分享知识,是隐性的合作意图[15]。从上文中也可以总结出协同信息检索的动机,即需求、分工和技能的多样化[16]。

本书更倾向于采用Foster[17]的定义:“在信息查寻和检索过程中使个人走向合作的系统和实践研究。”该定义结合了用户视角和技术视角,强调以系统和实践为中心的用户间的协同查寻和检索信息。

研究者们除了讨论协同信息检索的环境、动机和方法外,也构建了相关的系统,范围也涉及信息检索、信息收集和信息分享,有的还扩展到了信息合作及协同意义建构方面,在学术、工商业、军事和医学领域均有应用。

seeking、search、access 和 retrieval 是信息检索研究中常见的术语。它们具有一定的相似性,都代表某种信息获取行为,但侧重点各有不同。seeking 指查寻,偏重用户行为;search 指搜索,且多见于网络搜索;access 指获取,包括对信息的访问和使用,更为泛指;retrieval 指检索,多用于信息系统和信息技术。在此需要指出的是,本书所用术语 CIS&R 既包含对用户行为的研究,也包括对信息系统的研究。只是为了表述的方便和简洁性,简称为协同信息检索。

在国内外协同信息检索领域中,和协同信息检索(CIS&R)相似的术语还包括 Collaborative information seeking(CIS)、Collaborative information retrieval(CIR)以及 Collaborative search(CS)。CIS 指一种发生在参与者之间,具有互动性并且互惠互利的信息查寻过程[18]。CIR 是指由一个工作团队的成员共同解决信息难题的任何活动[19]。而 CS 是由社会搜索(social search)演化而来。作为社会搜索的子集,它是指多于一个用户有着共享的信息需求,并且同时主动工作以实现该需求的行为[20]。这些概念都包括"collaborative"这一关键词,强调多人参与。它们的关系如图 1－1 所示。

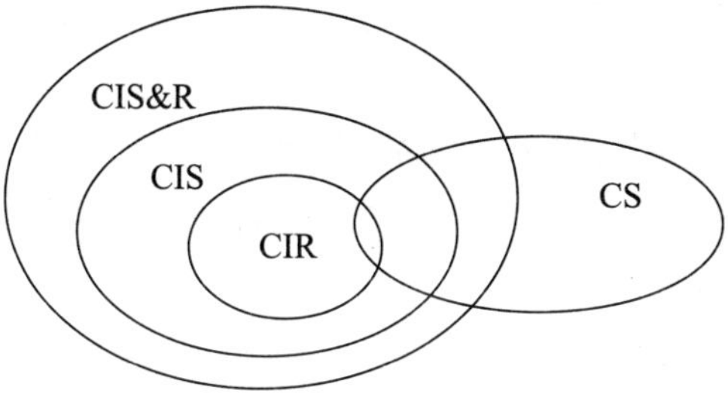

图 1－1　协同信息检索相关术语关系图

图 1－1 表明,这些概念的不同之处在于,CIS 相较于 CIS&R 范围更窄,CIS&R 除了查寻(seeking)以外,还涉及搜索(search)和检索(retrieval)任务。CIR 亦然。而由于 CS 源自社会搜索,所以与 CIS&R 相比,更强调参与者之间的社会联系,且这种联系更为紧密。

第四节　协同信息检索行为

一、协同信息检索行为的定义

协同信息检索行为是协同信息行为的一种,其定义是由基于用户行为的协同信息检索的定义发展而来的。Lazinger 等人将信息行为定义为:在动机支配下,用户为了达到某一特定目的的行为过程[21]。Wilson[22]认为信息行为是人类关于信息源和信息渠道的行为的总称。华盛顿大学协同信息检索项目组将其定义为"一组或一类人确认和解决一个共同的信息需求的一系列活动"[23]。Foster[24]则认为协同信息检索行为是一个以共同寻求信息为目的的团队所进行的信息检索活动。

综合以上研究,本书将协同信息检索行为定义为:两个或两个以上用户通过某种方式对某一特定主题或相似主题进行同步或异步检索的行为。协同信息检索行为属于跨学科研究的领域,它涉及认知、情感、情境、检索策略、结果评价等要素。

二、协同信息检索行为的特点

协同信息检索行为涉及用户个人特征(如性别、年龄、职业)、用户的心理和认知、信息需求、查寻动机、检索策略、结果评价等方面,主要有以下几个特点:

(1)信息需求的复杂性。用户的信息需求表达与用户的知识背景有关,用户的知识结构决定了其对信息需求的表达和认识。用户需求的信息只有与其知识结构相匹配时,才能被理解和吸收。不同用户有不同的信息需求,即便是完成同一任务,也会由于每个用户对任务的理解不同而导致协同检索时信息需求的差异性。

(2)任务的复杂性。随着检索任务的日益复杂和不断深入,一些科学研究内容已逐渐呈现出跨学科、跨领域、跨组织的趋势,并且突破了时间、空间的限制。在这种背景下,用户单靠个人力量来完成复杂的检索任务日益困难,需要大家集合各自专长,合力完成,而协同信息检索系统的开发也大多是用于方便用户协作完成复杂任务的。

(3)认知的复杂性。由于用户所受教育程度、知识结构都各不相同,其专业知识、思维模式、偏好、期望和评价等也各不相同,不同用户在进行协同检索时在认知上具有很大的差异性。用户可以通过协同合作解决个体知识结构和技能不足的问题,交互过程中个人特性、认知方式和情感状态对团队的整体认知影响较大,使团体认知呈现复杂性。

(4)环境背景的复杂性。在 Web2.0 环境下,协同信息检索的理念充分体现了用户协作、交流的新理念。用户可以通过协同信息检索系统分享知识,共同推动复杂任务的解决。协同信息检索呈现学科交叉融合、多元化的特点。协同信息检索系统的复杂性、不同用户认知的差异性、情境的多变性都决定了协同信息检索行为中整体环境的复杂性。

参考文献

[1] Morris M R. Collaborating alone and together: investigating persistent and multi-user web search activities[C]//Proc. Int. ACM SIGIR Conf. on Research and Development in Information Retrieval(SIGIR'07),2007:23-27.

[2] Ingwerson P, Järvelin K. 转折——在情境中集成信息查寻与检索[M]. 张新民,译. 北京:科学技术文献出版社,2007:23-28.

[3] Denning P J. Mastering the mess[J]. Communications of the ACM,2007,50(4):21-25.

[4] 韩毅. 合作信息查寻与检索的几个问题探析[J]. 图书情报工作,2012(3):38-41,68.

[5] Wikipedia. Collaborative information seeking[EB/OL]. [2013-04-07]. http://en.wikipedia.org/wiki/Collaborative_information_seeking.

[6] Taylor R S. Question-negotiation and information seeking in libraries[J]. College & Research Libraries,1968,29(3):178-194.

[7] Dumais S, Grudin J, Poltrock S, et al. Collaborative information retrieval[C]//Proceedings of CHI'00 extended abstracts on Human factors in computing systems. New York: Hague, Netherlands, ACM, 2000:298.

[8] Hust A, Klink S, Junker M, et al. Towards collaborative information retrieval: three approaches[EB/OL]. [2013-04-07]. http://citeseerx.ist.psu.edu/viewdoc/download;jsessionid=E106CC9A8191F32E6A921F41E95F3E57? doi=10.1.1.71.2119&rep=rep1&type=pdf.

[9] Hertzum M. Collaborative information seeking: the combined activity of information seeking and collaborative grounding[J]. Information Processing & Management, 2008, 44(2):957-962.

[10] Naderi H, Rumpler B, Pinon J M. An efficient collaborative information retrieval system by incorporating the user profile[M]//Adaptive Multimedia Retrieval: User, Context, and Feedback. Springer Berlin Heidelberg,2007:247-257.

[11] Foley C, Smeaton A F. Evaluation of coordination techniques in synchronous collaborative information retrieval[J]. arXiv preprint arXiv:0908.0912,2009.

[12] Krömer P, Snášel V, Plátoš J. Investigating Query Similarity Measures for Collaborative Web Search[C]//Computer Information Systems and Industrial Management Applications, 2008. CISIM'08. 7th. IEEE, 2008:27-32.

[13] Agarwal N K, Poo D C C. Collaborating to search effectively in different searcher modes through cues and specialty search[J]. Social Information Retrieval Systems: Emerging Technologies and,2008:1.

[14] Foley C, Smeaton A F. Division of labour and sharing of knowledge for synchronous collaborative information retrieval[J]. Information Processing & Management, 2010, 46(6): 762 - 772.

[15] Teevan J, Morris M R, Bush S. Discovering and using groups to improve personalized search[C]//Proceedings of the Second ACM International Conference on Web Search and Data Mining. ACM, 2009: 15 - 24.

[16] Shah C. Working in collaboration-what, why, and how[C]//Proceedings of Collaborative Information Retrieval workshop at CSCW 2010, 2010.

[17][24] Foster J. Collaborative information seeking and retrieval[J]. Annual Review of Information Science and Technology, 2006, 40(1): 329 - 356.

[18] Shah C. Collaborative information seeking: the art and science of making the whole greater than the sum of all[M]. Berlin: Springer, 2012.

[19] Fidel R, Bruce H, Pejtersen A, et al. Collaborative information retrieval[J]. The New Review of Information Behaviour Research, 2000, 1(1): 235 - 247.

[20] Morris M R, Teevan J. Collaborative web search: who, what, where, when, and why [M]. San Rafael: Morgan & Claypool Publishers, 2010.

[21] Lazinger S S, Bar-Ilan J, Peritz B C. Internet use by faculty members in various disciplines: a comparative case study[J]. Journal of the American Society for Information Science, 1997, 48(6): 508 - 518.

[22] Wilson T D. Human information behavior[J]. Informing Science, 2000, 3(2): 49 - 56.

[23] Poltrock S, Grudin J, Dumais S, et al. Information seeking and sharing in design teams[C]//Proceedings of the 2003 international ACM SIGGROUP conference on Supporting group work. ACM, 2003: 239 - 247.

第二章　协同信息检索行为研究综述

随着检索任务的复杂性的增加，跨学界领域合作的开展，协同技术的不断开发，社群环境下人们交流与协作的逐渐频繁，科学研究困难性的加剧，突破时空限制的合作的增多，人们对协同信息检索系统的需求迫切增加，各个领域的协同信息检索行为也越来越多地开展起来。通过研究分析用户协同信息检索过程中的行为特征、认知特点、情感取向等来进一步开发协同检索系统，协同信息检索用户行为研究逐渐成为学界所关注的热点。

第一节　协同信息检索行为研究方法

协同信息检索用户行为研究的特点决定了该领域研究方法的特点。由于协同信息检索领域用户研究的复杂性，其研究内容涉及用户个人特征（如性别、年龄、职业、认知类型）、用户的心理和认知、信息需求、查寻动机、检索方式、检索策略、结果评价等方面。在对协同信息检索的用户行为进行研究时，为应对复杂的环境状况，研究者借鉴了人类学、社会学的研究方法，包括实地调查研究、案例研究、扎根理论等方法，综合使用多种研究方法、从多维角度对其进行调查、分析。研究者也对传统方法进行了一些改进：问卷法除了采用发放问卷的方法外还应用了网络、电子邮件等新方式。访谈法除了面对面的访谈法，也渐渐开始使用电话访谈的方式。一些新的研究方法如日志记录法、出声思考法、小组讨论法、统计分析、归纳性内容分析方法也越来越多地被研究者使用。

目前，有关协同信息检索的用户行为研究经常采用的数据采集方法主要有以下七种定量或定性的方法：问卷调查法、访谈法、模拟实验法、观察法、日志收集法、出声思考法、小组讨论法。数据分析方法主要有统计分析、归纳性内容分析、日志分析、话语记录分析法。

一、数据收集方法

目前，国内外学者经常使用的数据收集方法主要有问卷调查法、访谈法、模拟实验法、观察法、日志收集法、出声思考法、小组讨论法。对这些方法的定义、适用范围和特点的归纳见表2－1。

表2－1　数据收集方法

方法名称	定义	适用范围	使用特点
问卷调查法	是收集调查对象个人特征如性别、年龄、经验等数据的基本方法	协同信息检索行为领域的实证研究，调查协作过程中用户的认知、情感的变化	检索前问卷(调查用户的基本信息)；检索中问卷(调查用户完成每个检索任务的情况)；检索后问卷(调查用户的满意度和评价等)
访谈法	通过研究人员与用户的面对面交流，获取用户的认识和体会、对检索结果的预期值和评价的方法	调查用户在不同时间段所遇到的问题或所关心之事、处理某一特定问题的详细过程和心情、认知的变化	检索前访谈(了解用户的需求、自我评价)，检索后访谈(了解用户对本次协同检索的认知和评价)
模拟实验法	是在自然的信息查寻环境下利用自然发生的事件作为自变量来设计实验的方法	一般在特定的协同检索系统或范围内进行，给定具体的检索任务，研究各种影响用户协同信息检索行为的因素	先根据具体的协同检索任务执行某项具体措施，再观察执行特定措施所带来的效果
观察法	是指在确定研究对象后，研究人员在检索现场或利用特定的辅助设备观察用户检索过程的方法	应用广泛，主要调查基于真实工作场景的协作活动，研究团队里个人的信息行为是怎样的相互影响等	常常配合一些录像软件来使用。并经常配合实验法、访谈法、出声思考法等方法使用
日志收集法	是通过Web服务器记录的接收处理请求以及运行时错误等各种原始信息来收集数据的方法	适合计算机支持的协同信息检索的研究、某个特定的协同信息检索系统的用户行为研究	研究者可获得用户所使用的提问式的数量、检索词的数量、检索次数、检索结果等方面的数据进行分析

续表

方法名称	定义	适用范围	使用特点
出声思考法	是要求参与者在进行各种复杂任务时通过大声说话详细报告他们所经历的思维过程的方法	一般研究在协同检索过程中伴随思维的变化,协作者的情绪的变化过程	参与者在检索过程中的独白会被录音,之后再采用一些编译工具或话语分析方法来做进一步的定性分析
小组讨论法	是研究者通过集体访谈对这个小组的成员的讨论过程进行观察和记录的方法	一般在研究协作者的观点、意见和态度时采用,可以发现许多其他方法所观察不出来的细节	一般与录音、录像等方法一起进行。之后再采用一些编译工具或话语分析方法来做进一步的定性分析

(一)问卷调查法

问卷调查法是社会科学中最常用的一种研究方法,是收集调查对象个人特征如性别、年龄、经验等数据的基本手段。随着网络化的发展,问卷的发放形式也产生了变化,我们可以利用网络这一方便快捷的工具,将问卷放到网络平台上,由网络用户自愿填写,避免了过去的邮寄、现场递送等传统的发放方式所带来的耗时耗力的局限性。此外,网络问卷方式也可实现自动将数据输入数据库,不仅可以节省时间,而且可避免手工处理所带来的一些输入错误。问卷调查法在协同信息检索行为研究中得到了广泛应用。

Morris[1]针对用户的检索习惯设计了一个由 25 个多选、单选或自由回答的问题构成的问卷,然后将这些问卷通过在线方式分发给在一个规模较大的科研机构工作的 700 多个专业工作者,共回收问卷 204 份(占全部发放问卷的 27.6%)。调查结果表明,大部分用户参与过协同信息检索的活动。

Farooq[2]等人对数字化时代的学术领域的协同信息检索行为的认知进行了研究。研究者调查了 CiteSeer(计算机和信息科学领域的一个学术性数字图书馆)中的认知机制,通过填写在线调查问卷的方式对 CiteSeer 的用户进行调查,并对其中一些做出反馈的用户进行了访谈,从而探讨 CiteSeer 的功能是否利于用户的协同检索,哪一项在线协同活动最有价值等问题。

O'Farrell 和 Bates[3]对学生群体的协同信息检索行为进行了研究，通过在网上发布在线问卷调查的方式来收集信息，研究学生群体在协同信息检索中的行为特征。

韩芳芳[4]通过问卷调查法收集网络用户社会合作信息查寻与检索中的行为特征及影响因素数据，旨在丰富此领域理论研究，探索社会合作信息查寻与检索行为机制。

李鹏等[5]将性别和学科背景作为合作信息查寻与检索行为的主要影响因素，通过问卷调查的方式，探寻研究生合作信息查寻与检索行为之间的差异。

童迎等[6]在案例研究和早期研究成果的基础上，采用问卷调查方式收集高校和科研院所学生合作信息查寻与检索的相关性判据使用数据，对所设计的相关性判据量表进行修正，包含八个类别共 34 项量表项目。

问卷调查法是一种比较严格的定量分析方法，许多有关协同信息检索行为的实证研究都会用到问卷调查方法。在实施过程中，研究者通常会把其分成两部分：一部分放在检索前，主要调查用户的一些基本信息，如年龄、性别、学历、专业背景、知识水平，或是协作者的互相了解的程度等；另一部分是检索后的调查问卷，主要调查用户对协作行为的评价，对检索结果的满意度等。研究者多采用在线填写调查问卷的方式，且大多用来调查协作过程中用户的认知、情感的变化。尽管越来越多研究方法，如访谈法、日志法、观察法等，被研究者们采用，但问卷方法仍是有关用户协同信息行为研究中不可或缺的一部分。

（二）访谈法

访谈法也是协同信息检索行为研究中的一种常用调查方法。访谈法是通过研究人员与用户的直接面对面交流，从中获取用户在实验中的一些认识和体会、对检索结果的预期值和实际评价等，挖掘深层次数据，从而发现量化数据中用户行为所不能反映出来的深层次问题。在访谈中，研究者可提出一些有针对性的问题，并且对自身所提的问题先做一个详尽的解释，使得受访问者能全面理解研究者所提出的问题，避免答非所问。一般情况下，在访谈开始时，研究者会先解释研究的目的、主要方向，然后再根据访谈大纲进行访问，访谈过程中研究者应尽可能对访谈问题进行解释，尽可能让被访者把问题理解得更透彻，从而得到更全面、可靠的信息。Dervin[7]还创造了一种时间线（Time-Line）访谈法，此方法强调在不同时间阶段被访者在信息检索行为上的差异，随着时间的推移，被访者的状态、心情、满意度、忧虑状况等的变化、差异，形成一种情景的再创造。

Hyldegård[8]在2005年研究了小组学习环境中的协同信息检索行为的特征。研究的目的是探讨小组成员的信息检索行为是否与Kuhlthau的ISP模型（个人信息查寻过程模型）的行为一致，在为期七周的项目实验中，实验者都接受了三次访谈来研究协同信息检索过程中人们的情感体验过程等。最后根据ISP模型的构成要素包括认知、情感、情绪等方面来分析他们在协同检索中的信息行为。

Sonnenwald[9]等人对协同信息检索中需要共享的信息和知识类型，以及如何用技术促进这种信息的共享进行了研究。研究者采用了半结构化访谈和观察法进行数据的收集。他们与大学老师、研究生、科学家等进行了访谈，捕捉了电子笔记本上的数据，为实验研究收集资料。

Hansen和Järvelin[10]从现实生活中专利领域进行实证研究，通过半结构化和开放式的访谈、电子日记、观察的方式对九个专利工程师进行协同信息检索活动时的数据进行收集。半结构化的采访分别发生在项目执行之前和之后，每次访谈持续一至两个小时。

访谈法可以让研究者获得现象背后的定性数据，例如人们常用的信息行为方式，对信息行为的预期值和评价等，以解决量化数据不能解释影响行为的深层因素的问题。对访问者来说，提问可以帮助他们判断隐藏在某一检索行为背后的意图[11]。在其他的研究领域，其调查对象往往是那些具备某种经验或特性、在专业领域有权威或是有经验的，并愿意接受采访的人。而在协同信息检索领域，其调查对象则主要是参与了协同检索用户实验的用户，访谈也主要分为检索前和检索后。检索前的访谈主要用来了解用户的需求、过去是否进行过协同检索、自我评价等，而检索后的访谈主要是提问用户对本次协同检索的认知和对这次协同检索活动的评价等。而时间线访谈法也是该领域较常使用的研究方法，其主要采用开放式问题，大多通过几次访谈（取决于实验进行的时间的长短）来调查用户在不同时间段所遇到的问题或所忧虑关心之事、处理某一特定问题的详细过程或是心情、认知的变化等。

（三）模拟实验法

研究各种影响信息行为的因素是协同信息检索行为研究中的一个重要内容，而这往往依赖于模拟现场或受控的实验设计。研究人员通过模拟实验法能够准确地把握和控制实验环境中的各种条件，它并不一定基于严格的实验室环境，在行为研究领域更多采用的是一种“准实验”设计。准实验设计是在自然的信息查寻环境下利用自然发生的事件作为自变量来设计实验的[12]。

Burghardt[13]等人曾通过实验来调查用户认知类型和使用联机数据库的经验这两个因素对大学生检索行为的影响。这个实验是校园网站上进行的，研究人员给定一个具体的检索任务，检索结果的相关性由研究人员判断；再由实验参与者选定一个自己感兴趣的检索问题，而这次检索的相关性由检索者自己判断。研究者还使用 LotusScreenCam 屏幕录像软件将检索者敲击键盘和鼠标的点击情况全部记录下来，之后研究人员再对收集的数据进行分析。

Villa[14]等人调查了认知的重要性及其在检索效果中的作用，通过进行模拟用户实验来调查协同检索信息行为。在实验中，两个用户被要求在同一时间，两个不同的计算机上执行相同的检索任务。实验者可以通过电脑界面看到对方的检索过程，在不同的认知状态下研究实验者的检索行为是否会有所不同，是否会导致不同的检索结果，哪一种情况下的效果最好。

Burghardt 和 Buchmann[15]对协同信息检索中的隐私风险问题进行了研究。研究者设计了一个实验，通过收集计算机系的研究生在协同搜索引擎的检索活动来收集信息，以此来研究协同信息检索中的隐私问题。

模拟实验法也是协同信息检索的行为研究中比较常见的一种方法。它的应用一般包括两部分：①根据具体的协同检索任务执行某项具体措施；②观察执行特定措施所带来的效果。因此，在协同信息检索的用户行为领域中，研究者在采用实验法的时候，一般在特定的协同检索系统（如 ARIADNE、Cerchiamo）上或在给定的范围内进行，并且给定具体的检索任务，在得出检索结果后开始分析导致这种结果的原因是什么，并根据用户个人的性格特征、学识背景、检索策略等挖掘导致这些结果的原因。因为协同信息检索的用户行为研究中的一个重要内容就是通过研究确定各种影响用户协同信息行为的因素，所以模拟实验法在这一方面的研究上就能发挥其重要作用。

（四）观察法

观察法是进行协同信息检索行为研究所普遍采用的一种研究方法。观察法是指在确定研究对象后，研究人员在检索现场或直接利用特定的辅助设备如摄像、屏幕录像等工具对用户的检索过程进行观察，可以是对真实场景的观察，也可以是对模拟场景的观察，通过对观察所收集到的信息进行全面分析，形成一个全面系统的分析报告。观察法可以使研究人员直接、真实地了解信息行为发生的过程。

Taylor[16]在1968年就通过观察发现了信息检索过程中的一些合作现象,即在信息检索的开始阶段,检索者总会与同事进行一些讨论以寻求更好的检索策略。

Reddy与Dourish[17]在2002年调查了医疗组织背景下的协同信息行为。研究者在重症病房进行了为期七个月的观察,并且通过正式和非正式的访谈来收集数据。最后指出,信息检索从数据库查询转到在工作活动中能使信息检索系统不再受信息检索的地点所局限。Reddy与Jansen[18]在2008年也通过相同的研究方法调查了两个医疗团队的协同信息行为,以此来探究研究团队里个人的信息行为是怎样相互影响的,从个人信息行为到协同信息行为的诱发因素等。

观察法主要研究在不同情境下协同信息检索行为的差异性,同时也能对协同信息检索的过程有一个最直接、真实、全面的了解。但观察法有一个很大的局限性,就是研究人员要想在不为人知的情况下仔细观察用户的检索行为是很困难的,所以在研究中还要配合一些录像软件来使用,从而观察用户在协作过程中行为活动,研究团队里个人的信息行为是怎样相互影响的等。在协同信息检索领域的用户行为研究中,由于其研究内容的复杂性,观察法并不能全面揭示用户的行为特征,所以观察法一般只作为一种辅助方法,很少单独采用,常常配合实验法、访谈法、出声思考法等方法使用。

(五)日志收集法

网站日志是记录Web服务器接收处理请求以及运行时错误等各种原始信息以.log结尾的文件。日志收集法有一个优点就是可以客观真实地反映用户的行为,避免了以上所描述的研究方法的不足——用户对问题回答的客观真实性得不到百分之百的保证。但日志收集法也有其不足。首先,由于日志记录包含数以万计或百万计的大量数据,所以采集过程非常烦琐并且耗时。其次,它只能提供用户与系统交互的量化数据,却不能揭示用户行为背后的真实意图。

Jongsawat和Premchaiswadi[19]指出团队意识的信息可以可视化显示出来,它可以帮助设计群决策支持系统。利用网络的群决策支持系统(GDSS系统),在有团队意识或没有团队意识两种情况下,实验参与者要在两个单独的会话过程中完成两个任务。最后要检验团队的工作成果,以此来研究团队意识、小组成员的决定、小组成员的交流、组成员之间的凝聚力是如何影响工作质量的。

Hertzum[20]通过使用丹麦某医疗机构的电子药物治疗记录和药物治

疗事故报告,调查了医疗机构协同信息检索活动的一些现象。经过调查发现,协同信息检索活动的分解是造成药物治疗事故的重要原因。

日志收集法适合计算机支持的协同信息检索的研究,用户的协同信息检索行为会在日志中留下痕迹。研究者可通过挖掘系统保存的用户日志来收集数据,协同检索系统的日志记录保存了用户在键盘和鼠标的所有输入指令。从系统日志中,Web 服务器日志会记录下用户接收请求以及运行状态的各种原始信息,研究者可获得用户所使用的提问式的数量、检索词的数量、检索次数、一次检索中提问式的变化、所浏览的页面数量、逻辑符的使用、检索词的分布频率等方面的数据信息。通过对以上数据的分析,研究者可以分析出该协同检索系统使用的一些特点、检索的速度、系统的功能、用户的检索规律等信息,这些都反映了用户的真实意图和动机。通常针对某个特定的协同信息检索系统的用户行为进行研究时,研究人员会首先采用这种方法。

(六)出声思考法

在使用观察法进行协同信息检索的研究过程中也会伴随使用出声思考法。它要求实验参加者在进行各种复杂任务的时候将解决过程大声地讲出来,他们被要求尽可能详细地报告在完成任务的时候所经历的思维序列。当然,这种方法也有不足之处:第一,一些用户并不擅长或习惯于在检索过程中表达他们的感觉、情绪,特别是一些行为习惯比较保守的文化背景的用户并不能大胆地、自然地、真实地表达他们的思维、情绪;第二,用户由于要去考虑如何用语言表达他们的想法,检索过程中的思绪多少会受影响,甚至可能会中断或改变原来的思维进程;第三,用户可能会在出声的同时有意识调整自己的行为,从而导致不真实地表达情绪;第四,该方法还有可能延长用户检索的时间。根据 Nils[21] 的研究,他曾专门研究过出声思考法和出声交谈法(talk-aloud)的不同。他认为前者是用户把自己的行动及想法用语言表达出来,而后者用户只需把那些在头脑中已经形成的口语说出即可。因此,出声思考法会延长用户的检索时间,因为他们得花时间去考虑如何用语言来表达自己的想法,并且有可能会打断用户的思维进程。

Fidel[22] 等人通过总工程师和他的同事的对话录音来收集一些信息,将观察中的访谈和出声思考录音,并且通过编码和话语分析转录成文本。研究者还用了认知工作分析框架来分析数据,采用多维方法分析了协同信息检索的用户行为。

在协同信息检索的用户行为研究中,出声思考法要求用户在检索过程中,将其正在进行的行动、步骤或是心情、评价等过程用语言表达出来。所有关于研究者整个过程中的独白都会被录音,之后研究者再根据录音采用一些编译工具或是话语分析方法来做进一步的定性分析。在录音的整个过程中,研究者除提示用户出声外不能与用户进行交谈,只能观察用户的行为。出声思考法可以帮助研究者了解到用户在协同检索过程中伴随思维的变化其情绪的变化过程。这种方法常常与观察法结合使用。

(七)小组讨论法

小组讨论法是指是由研究人员组织一些某个领域的志愿者,并对其进行分组,然后对特定的问题进行自由讨论。研究者就通过集体访谈对这个讨论过程进行观察和记录,或采用录音、录像等方法进行数据采集。

Poltrock[23]等人对两支从事电脑设计的队伍(微软公司的软件设计团队和波音公司的硬件设计团队)进行了研究,主要研究如何使团队成员在团队内部能合作地检索信息、共享信息。研究者对团队的工作人员进行了小组会议的两次访谈。第一次讨论侧重于一般性问题,包括他们的工作环境、解决问题的决策、与他人合作情况。第二次讨论主要从小组成员的信息检索活动中得出信息。

Prekop[24]考查了在一个工作组中建立执行命令与控制演习的协同信息检索行为。通过分析军事演习中工作组的会面行为及开展半结构化的访谈来收集数据。最后指出,环境支持和技术支持是带来良好的合作效果的重要因素。

由于协同信息检索的用户行为研究的是团队行为,所以小组讨论法有其优势。在小组讨论中,协作者都处于一种放松状态,能较真实地抒发自己的感受,从而了解协作者的真实想法,不存在紧张或有所保留的情况,所以讨论较真实和全面细致。研究人员可以从中了解协作者的观点、意见和态度,可以发现许多其他方法所观察不出来的细节。小组讨论法同访谈法一样,一般与录音方式一起进行。

二、数据分析方法

目前,国内外学者常用的数据采集方法主要有统计分析法、内容分析法、日志分析法、话语记录分析法。对这些方法的定义、适用范围和特点的归纳见表2－2。

表 2-2 数据分析方法

方法名称	定义	适用范围	使用特点
统计分析法	通过对各项数据的分析,认识和揭示事物间的关系、变化规律和发展趋势的方法	应用广泛。包括研究影响协同信息检索行为的主要因素及其之间的关联性;不同认知类型的用户的比较等	t 检验、方差分析、卡方检验、回归分析是最常用到的统计分析方法
内容分析法	是一种对内容由表征的有意义的词句推断出准确意义的方法	分析用户的信息行为特征,揭示用户在检索中的心理动态、思考过程、具体的协作行为	常常利用扎根理论,配合访谈法、出声思考法等数据收集方法一起使用
日志分析法	是基于系统日志收集的数据进行分析的方法	应用广泛。包括研究不同类型用户的行为特点或验证某个系统是否适用于协同信息检索	常用分析软件有 WebTrends、Webalizer,常常结合其他分析方法进行研究
话语记录分析法	是对用户的话语文本进行归纳的一种方法	专注于某一个特定主题或对象的行为变化的研究。分析检索过程中的决策的制定过程和思考方式或隐藏在行动背后的动机	出声思考或大声说话的陈述被转录成文本,通常可以分为短的、有意义的或表示某个主题的话语

(一)统计分析法

统计分析法是协同信息检索用户行为研究中最常使用的分析方法。统计分析法是运用社会科学的统计测量方法,通过对研究对象的规模、速度、范围、程度等数量关系的分析研究,认识和揭示事物间的相互关系、变化规律和发展趋势,借以达到对事物的正确解释和预测的一种研究方法。

统计分析法的具体应用很多,在协同信息检索领域中使用较多的是指标评分法和图表测评法。描述性统计、比较分析、回归分析、相关分析等是统计分析法中常用的分析思路,其中,t 检验、方差分析、卡方检验、回归分析是协同信息检索的用户行为研究中常用到的统计方法。很多文献都使用了统计分析法进行分析,主要用来研究影响协同信息检索行为的主要因素,各种因素之间的关联性;具有不同认知类型的用户在完成协同检索任务的成果的一些比较、差别;量化协同信息检索行为特征和影响因素,反映协同信息检索行为机制；不同分组的用户行为的组内比较和组间比较；在协同信息检索过程中小组成员的行为受到工作任务、认知、团队环境等社会因素影响的程度等。统计分析法是协同信息检索领域最常使用的分析方法，也是研究影响协同信息行为的因素的最有效的方法。

（二）内容分析法

内容分析法是一种对内容进行客观、系统和定量描述的研究方法。其实质是对内容所含信息量及其变化的分析，即由表征的有意义的词句推断出准确意义的过程。它是一种对文献内容做出客观系统的定量分析的专门方法，其目的是弄清或测验文献中本质性的事实和趋势，揭示文献所含有的隐性情报内容，对事物发展做情报预测。它实际上是一种半定量研究方法，其基本做法是把媒介上的文字、非量化的有交流价值的信息转化为定量的数据，建立有意义的类目分解交流内容，并以此来分析信息的某些特征。

内容分析是归纳方法发展出的关于现象理论的定性方法学，体现扎根理论的具体应用，特别适合于协同信息检索领域的用户行为的研究。利用内容分析软件掌握系统日志所收集的用户检索词的分布，可以掌握用户的信息需求，计量分析用户的信息行为，通过对数据进行系统分析或编码，反映出它的特性和关系，从而揭示用户在协同信息检索中的心理动态、思考过程、具体的协作行为。内容分析法常常配合半结构化访谈、时间线访谈、出声思维法、网络日志文件等数据收集方法一起使用。

（三）日志分析法

日志分析法是基于系统日志收集的数据进行分析的方法。由于日志文件包含了用户行为的大量信息，所以利用日志分析工具能够较迅速地分析出很多有价值的信息，同时我们还可以根据分析所得的数据，制作出各种有意义的报表。目前，常用的日志分析工具有 WebTrends 软件，较为流行的日志分析工具有 Webalizer 软件，还有采用 Perl 语言编写的、具有可读格式全部分析功能的 AWStats 软件。

日志分析法在协同信息检索的用户行为研究的运用也非常广泛。该方法大多在某个特定的协同检索系统上使用，并将实验用户按不同的认知类型或协作者不同的了解程度来进行分类，用来研究不同类型用户的行为特点或是团队意识等社会、认知因素对检索结果的影响程度，或是验证某个系统是否适合用于协同信息检索。但由于系统日志只能提供用户与系统交互的量化数据，用户对问题的回答的客观真实性得不到百分之百的保证，同时协同检索领域有其自身的复杂性，所以日志分析法无法将检索与特定的用户联系起来以便研究特定用户的协同检索行为，获知用户在协同检索过程中的情绪状态、对检索结果的满意度和检索的真实意图，以及复杂的认知和情感因素对协同行为的影响。因此，在该领域的研究中很多研究者往往还会将日志分析法结合其他的分析方法进行研究。

（四）话语记录分析法

话语记录分析法是归纳性内容分析中的一种方法，主要对用户的话语文本进行归纳。话语文本有可能是谈话、出声思考的记录。它们包括对信息检索过程的关键事件的回顾，如实验过程中遇到的问题或所忧虑关心的事件、处理某一特定问题的详细过程、团队成员合作的状况等。话语分析经常通过访谈收集的数据来进行分析，专注于某一个特定主题或特定对象的行为的变化。

话语记录分析法在协同信息检索的用户行为研究中常常配合访谈法、出声思考、大声说话等数据收集方法一起使用，来源于协同过程中的信息行为的时间线访谈结果，或是用户检索过程中的情感、认知的话语表达等。实验用户的谈话内容经常会随情境的变化而变化，协作者的情绪也会随着团队成员的合作意识的变化而变化，这些都能通过话语记录的分析反映出来。实验参与者出声思考或大声说话的陈述被转录成文本，通常可以分为短的、有意义的或表示某个主题的话语，以此来表示实验者在协同信息检索过程中的心情、思考和活动，可以用来发现影响协同检索活动的要素，分析检索过程中的决策的制定过程和思考方式或隐藏在行动背后的动机。

三、协同信息检索行为研究方法的特点

协同信息检索行为是当前学界研究的热点，现在有关协同信息检索的某一个专业领域的用户研究、某一特定群体（如科学家、学生、网络用户）的行为研究已逐渐成为研究者关注的焦点。协同信息检索的用户行为研究并不是研究简单的检索行为活动，它包含了各个层面的复杂因素：工作任务、上下文情境、人们的认知和情感因素等。研究者对于该领域的研究调查要涉及多个要素，需要全面考虑影响用户协同信息检索行为的各个因素及其之间的相互关系。由于从定量方法所获得的量化数据只能反映用户行为的表面信息，并不能反映用户的真实想法、动机、情感方面的隐含信息，这就限制了研究者对影响用户协同信息检索行为各因素的全面考量。因此，在对协同信息检索的用户行为进行研究时，为全面考虑各种因素，研究者须采用多种研究方法进行调查、收集数据，既要采用定量方法，也要采用定性方法进行全面的调查。深入访谈、小组讨论、出声思考等定性方法

可以揭示用户行为背后的隐含信息，其采集的信息更准确、具体和更有说服力。因此，近年来，除问卷调查法、实验法和观察法等传统方法外，一些新方法如日志记录法、出声思考法、小组讨论法也越来越多地被研究者用于协同信息检索的用户行为研究。尽管定性研究方法比定量研究方法更能详尽分析信息需求，但是定量分析方法在反映一些客观真实的信息方面有其不可替代的作用，因此，在协同信息检索行为的用户研究中，综合应用定量和定性两种方法是必要的选择。

从上文的论述中，我们可以发现协同信息检索的用户行为研究的收集方法的几个特点：①研究者大多同时采用多种数据收集方法来对协同信息检索的用户行为进行研究，单独采用一种方法来进行研究的较少。②观察法、出声思考法等数据收集方法一般会与一些辅助设备如录像、录音设备或屏幕录像软件等一起使用。③观察法很少会单独使用，一般会与小组讨论法、访谈法一起使用。④在对某一个特定的协同信息检索系统上进行用户实验，评价其性能、机制、设计时，最常使用日志收集法进行数据采集。⑤数据收集方法的重点逐渐从定量方法转向定性方法，访谈法、观察法、小组讨论法、出声思考法等定性方法越来越多地被研究者使用。定性方法特别适合于研究从个人信息行为到协同信息行为的诱发因素。

同时，协同信息检索的用户行为研究的数据分析方法也存在一些特点：①统计分析法是协同信息检索的用户行为研究中最常使用的分析方法，大部分有关用户行为的研究都会用到统计分析法，而其中 t 检验、方差分析、卡方检验、回归是最常使用的统计方法。②分析方法也常常会结合使用，研究者在使用日志分析法时还会结合统计分析法对数据进行统计分析。③内容分析法常常配合半结构化访谈、时间线访谈、网络日志文件等数据采集方法一起使用。④研究者在采用半结构化访谈、时间线访谈、出声思维法等进行数据采集时，往往会采用话语记录分析法对访谈的内容进行话语分析，以开展后续的分析研究。

第二节　协同信息检索行为研究发展阶段

协同信息检索行为研究始于 20 世纪 60 年代，早期比较注重理论研究，其发展历程可以按时间顺序划分为如下两个阶段。

一、早期探索性研究(20 世纪 60 年代至 80 年代)

早在 1968 年，Taylor[25]就发现了用户在检索过程中的合作现象：在检索的开始阶段,检索者总会向同事咨询或到图书馆寻求信息,检索者也希望在与馆员交互的过程中能得到一些启发和建议,这些交互行为都可以看作是用户检索过程中的合作行为。1981 年,Wilson[26]提出的检索模型也加入了协同检索的要素。1983 年,Sheperd[27]也发现检索者在检索早期常常会通过与同事的交互获得所需信息。1993 年,O'Day 和 Jeffries[28]研究了小组情景中共享信息和查询结果的四个层次。1991 年,Kullthau[29]在对个人信息检索的过程模型的研究中发现,个人信息检索的过程有一个非常重要的"选择"阶段,主要通过与同学、老师或其他人的交流,合作利用他人的经验来选择信息源。

在早期的探索研究中,部分研究者已经注意到了信息检索活动中合作现象的存在,但由于单用户的信息检索行为长期以系统为中心,且由于计算机技术、协作系统开发技术方面的局限性,研究者对协同信息检索用户行为并没有进行深入的研究,还没有出现关于信息检索活动中协作行为的类型、特点、影响因素的研究,对于协同信息检索领域的用户行为研究仅仅停留在认识和描述层面上。

二、后期扩展性研究(20 世纪 90 年代至今)

1997 年,Twidale[30]等人对协同信息检索行为进行了较为深入的研究,他把传统图书馆中的协作行为分为三类,即用户间的合作(主要包括合作查寻、检索、相互咨询)、馆员间的合作、用户与馆员间的合作(主要包括参考咨询、专题服务),并且指出协同检索按共享行为可分为共享检索过程与检索结果,按时间空间可分为同时同地、同时异地、异时同地与异时异地的协作。1998 年,Karamuftuoglu[31]揭示了用户在协同信息检索过程中的所有关系和活动。2000 年,Fidel[32]等人研究了用户在完成协同信息检索任务的过程中的协同活动。2003 年,Talja[33]通过实证研究指出了从信息偶然共享到协同检索过程中共享的四种类型,即社会共享、战略共享、定向共享、范式共享,并且探讨了用户不愿意参与合作共享的主要原因以及协同检索在数字图书馆建设中的重要作用。2004 年,Goker 等[34]指出了情境是影响用户协同检索的主要因素,探讨了网络检索中单用户检索与多用户检索之间的差异。2004 年,Fidel 和 Pejterden 等[35]提出了应采用多维方法对协同信息检索的用户行为进行研究,在对用户的行为进行研究中应考虑到多个维度:参与者、工作环境、任务维度、认知维度等。2008 年,Hertzum[36]分析了协同信息检索的基础、影响因素、目的、类型、角色、活动、粒度和连接程度。

国内图书情报界关于协同信息检索行为研究最早出现在 2003 年[37]，2010 年以后研究较为集中，出现了如西南大学韩毅、武汉大学吴丹和河南大学徐树维等主要研究力量，主要的研究内容包括协同信息检索模型和机制探究[38-41]、相关影响因素[42-44]和同步协同信息检索研究[45-48]。

从 20 世纪 90 年代末以来，随着计算机技术的发展，协同信息检索行为研究也逐步走向深入。关于信息检索的研究逐渐由以系统为中心转向以用户为中心，关于协同信息检索行为研究在研究范围上不再局限于信息检索活动中的合作现象，不仅阐明了协同检索与单用户检索的差异，也把用户的心理和认知、查寻动机、检索方式、结果评价等方面纳入到研究范畴之中。

第三节　协同信息检索行为研究内容

对用户协同信息检索行为有了一定的理论研究之后，研究者将研究重点由理论逐渐转向应用，设计创建了各种协同信息检索系统，研究了不同领域、不同主题下用户的协同信息检索的行为特点。目前，关于协同信息检索行为的应用研究大多是基于某个系统进行的模拟实验，研究的主题包括认知、虚拟社群环境、检索过程、隐私保护、各种影响因素等方面。

一、基于认知角度的协同信息检索行为

De Mey[49]早在 1977 年第一次提出了认识论框架并创造了“认知观”这个名词。他指出，集体的认知结构是各个行动者进行社会交互的结果，因此，信息检索的交互过程是所有行动参与者对情境进行解释和认知的一个连续过程。信息检索只发生在信息查寻者的意识之中，研究者也越来越多地对不同意识、认知条件下的用户的协同检索行为进行研究。

Palmguist 等[50]调查了用户认知类型和使用联机数据库的经验对大学生检索行为的影响。Villa[51]等人研究了认知在多媒体信息协同检索中对搜索行为和结果的影响和作用。研究者在游戏情景中，将参与者设置在四种不同的认知条件中，通过对搜索过程和结果的观察和分析，认为认知在协同环境中有利于交流与协作。Jongsawat 和 Premchaiswadi[52]在 GDSS 系统上研究了团队成员间的决定、交流、凝聚力是如何影响工作质量的。Shah 和 Marchionini[53]设计了 Coagmento 系统，研究在不同的认知条件下用户的协同检索行为和检索效果是否存在差异。而韩毅等人[54]利用认知心

理学的知识，采用 Ingwersen 整体认知观思想，构建了合作信息查寻与检索社会认知过程模型，实现系统导向以及用户和认知导向的信息检索研究方式的集成。

关于协同检索领域的认知研究，研究者大多采用了模拟实验法，并且大多是基于某个实验系统进行的。研究者首先会将用户按不同认知类型进行分类，或提供给用户不同认知功能的检索界面，以此来研究不同的认知状态如团队意识、专业知识的认知用户的协同检索行为特点、检索效果，指出认知的重要性及其在提高检索质量方面的重要意义。

二、基于虚拟社群环境的协同信息检索行为

通过互联网建立的个体之间的联系，被称为虚拟社群[55]。它是指基于互联网的群体交互空间，是具有共同兴趣和需求的社群成员协同生成内容的集合。这种协同形式的特征是协作者之间有共同的兴趣爱好或目标，通过协同查寻与检索，大家共享彼此在特定领域的知识和经验。

张薇薇[56]以社群环境为例，总结了该环境下用户协同信息行为的类型，提出协同信息质量控制、协同理论和群体交互式虚拟社会环境的设计和构建都是有价值的研究课题。Gazan[57]揭示了用户在社交问答网站的合作行为。Boydell 和 Smyth[58]通过利用社区网站中检索者的检索记录来给后面具有相同信息需求的用户提供借鉴，以此来提高用户的检索效率。Lin 和 Tsai[59]通过研究学生在 WeShare 上的社会标注行为，指出个人对同行书签的评论对查找互联网上高质量的信息有重要意义。Zhou 和 Stahl[60]模拟创建了一个在线学习数学的社区网站，用来分析用户共同解决数学问题的协同信息行为。Evans[61]对拥有社会资源（允许使用社交工具）和没有社会资源（不允许使用社交工具）两种条件下完成两个“Google-hard”的搜索任务的行为进行研究，指出社会资源对于完成协同信息检索中复杂任务的重要性。Dinet 和 Vivian[62]通过两个实验，研究了协作者之间的友谊、亲密度对用户协同信息检索行为的影响。

由于协同检索系统可分为隐性和显性系统，基于协同方式的不同，虚拟社群的协同信息行为研究可分为：①基于隐性协同的研究[63-64]，此类虚拟社群往往不是基于用户的自愿选择，而是系统通过协同技术将个体的信息行为记录下来以集成前人的经验为后面的用户提供借鉴。②基于显性协同的研究[65]，此类虚拟社群往往是基于用户的自愿选择，是具有共同的兴趣和目标的用户进行某具体领域的共同交互空间。③社会因素，如社交工具、友情，对虚拟社区的协同信息行为的影响[66-67]。

内容分析法、话语分析法来分析实践工作者的协同信息检索行为。目前，在研究内容上，协同信息检索行为的实践研究涉及领域包括学术、工商、医学、军事、工程等的用户行为研究，因为这些领域的任务相对复杂，有协同信息检索的需求。

一、学术科研领域的协同信息检索行为

学术领域是协同信息检索行为研究中的主要领域。随着检索任务的复杂性、专深性的增加，学术科研领域的工作任务越来越倾向于依靠团队、小组合作开展完成。因此，学术领域的协同信息检索行为的研究越来越多。

Farooq[81]等人对学术领域的协同信息检索行为进行了研究，调查了CiteSeer（计算机和信息科学领域的一个学术性数字图书馆）的用户协同检索行为。O'Farrell 和 Bates[82]研究了学生群体在协同信息检索中的行为特征。Sonnenwald 等[83]通过对物理学家间的科学合作进行了研究，指出了协同信息检索中需要共享的信息和知识类型以及技术。Spence[84]等人调查了科研人员在进行信息检索活动时，利用 E-mail 和视频会议等各种通信软件进行交流，以支持他们的协同检索活动。周畅[85]以学术科研团队为语境，利用问卷调查的方式获得了来自不同高校的科研团队共 421 份样本数据，并经过 SPSS 软件对数据进行分析，从而以高校知识密集型团队为对象，构建该情境下合作信息查寻与检索过程中的团队成员行为机制。沈丽宁[86]总结了科研环境下合作信息查寻行为研究的基本进展，归纳出个案观察分析法、访谈法和调查统计法等三个通用研究方法，从研究任务复杂性、研究任务创新性、科研工作者的知识结构和认知能力、信息查寻的社会性等四个角度分析了学术信息合作查寻行为动机。

在学术科研领域的研究中，研究者多采用了问卷调查法、观察法对用户的协同信息检索行为进行调查分析，研究内容主要包括对某个学术信息协同检索系统的用户行为特征的研究，协同合作完成学术科研任务所需的信息类型、支持合作的技术，小组学习中的协同信息检索等。

二、工商业领域的协同信息检索行为

在工商业领域，有关合作完成某项具体的任务、研发设计某个商品的情况越来越普遍，现有研究主要包括咨询行业、律师行业、电子行业、知识产权行业、产品设计工业中的协同信息检索行为研究。

Su 和 Contractor[87]从两个跨国咨询公司九个项目团队的 110 个咨询

顾问中收集数据，采用各个维度如专业知识、知识的复杂性等来预测咨询顾问的信息寻求行为。Poltrock 等[88]对两支从事电脑设计的队伍进行了调查，研究如何促进团队成员合作检索信息、共享信息。Attfield 等[89]对律师的协作行为进行了观察，研究了该领域电子工作日志的使用，他们通过对伦敦一家大型法律公司的深入观察，研究设计出一种能够不受个人兴趣影响而快速评价信息条目的系统。这个系统能将信息从用户反向传播给信息提供者，从而调整提供者对信息用户需求的理解。Bhandar、Pan 和 Tan[90]以一个拥有七年商业伙伴关系的四名成员组成的协同信息系统项目小组为对象，进行了深入的调查研究，确定了在协同信息系统项目中社会资本(一种基于社会关系的资源)对知识聚合具有杠杆作用的角色。在借鉴 Triandis 行为模型和 Leckie 模型等基础上，刘佳[91]运用访谈、田野观察和问卷调查等实证研究方法探究企业团队成员在项目工作中合作信息查寻行为特征，并分析其影响因素。通过对样本的处理，最终构建一个企业项目团队合作信息查寻与检索的行为机制模型。

在该领域中，研究者主要采用观察法、出声思考法、日志法等多维方法对不同行业的专业人士的协同信息检索行为进行研究，主要研究团队协作意识、知识的复杂性、信息的可获取性、同事的信息检索行为对团队任务的完成效果的影响，如何促进团队成员的合作，协同信息活动的表现形式等。

三、医疗卫生领域的协同信息检索行为

随着医学领域协同信息检索的开展，国外学者们主要研究分析了从个人信息行为到协同信息行为的诱发因素，影响医院工作人员协同查找信息效率的主要原因，能有效支持医务人员进行协同信息检索的措施等。

2002 年，Reddy 与 Dourish[92]通过对重症病房为期七个月的观察，调查了医疗组织背景下的协同信息行为。2008 年，他们又调查了两个医疗团队的协同信息行为，探究团队里个人的信息行为是怎样相互影响的，从个人信息行为到协同信息行为的诱发因素等[93]。Hertzum[94]调查了丹麦某医疗机构的协同信息检索活动，发现协同活动的分解是造成药物治疗事故的重要原因。Blake 和 Pratt[95]调查了医药卫生领域的专家的协同检索行为，提出了一些支持协同信息检索的有效建议。

在医学领域，研究者主要采用了观察法、日志法来收集数据，研究医学领域的协同信息检索的特点，确定了影响医院的医务人员查找效率的原因，主要包括医生、护士、药剂师之间的协调，信息需求的变化，对专业知识和实际情况的了解程度，不断变化的工作环境等。

四、军事领域的协同信息检索行为

研究者们对军事领域的协同信息检索行为的研究，主要包括军事模拟指挥战斗和军队控制演习方面的协同信息检索行为研究。

Sonnenwald 和 Pierce[96] 观察了士兵营的军事控制和指挥战斗，指出活跃的工作环境对协同活动的重要作用，团队成员必须共同努力收集、分析和传播整个工作过程中的信息。Prekop[97] 考查了在一个工作组中执行命令与控制演习的协同行为，指出环境支持和技术支持是带来良好的合作效果的重要因素。

在该领域的研究中，研究者采用了观察法和访谈法进行数据收集，并采用了话语分析法进行分析，研究影响军事指挥和演习过程中的协同活动的主要因素，促进军事领域合作、提高协作效果的条件等。

五、工程领域的协同信息检索行为

工程领域的任务一般较大型、复杂，且可分解成若干子任务。研究者对该领域的协同信息检索行为研究主要包括完成子任务过程中的行为研究，以及工程师们在任务不同阶段的行为研究等。

Hansen 和 Järvelin[98] 调查了九个专利工程师（PE）在完成子任务过程中的协同检索行为，研究专利领域的协同信息活动的表现形式。Fidel[99] 等人通过对总工程师和他的同事间的对话录音来收集信息，采用多维方法分析了他们的行为特点。在 Saleh 和 Large[100] 的研究中，利用问卷调查的方法，对工程相关专业的本科生进行了一项长达八个月的追踪调查，试图调查不同项目阶段和不同信息需求对协同行为的影响和作用。

在该领域的研究中，研究者主要采用了调查法（长期跟踪调查）和访谈法进行数据收集，并采用了话语分析法进行数据分析，研究一个团队为完成某个工程项目，在各子任务或任务不同阶段的协同信息检索行为。

第五节　协同信息检索行为研究特点与趋势

一、协同信息检索行为研究特点

协同信息检索行为是当前学界研究的热点，协同信息检索的用户行为研究并不是研究简单的检索行为活动，它包含了各个层面的复杂因素：工作任务、上下文情境、用户的认知和情感因素等，研究者对于该领域的研究调查要涉及多个要素，需要全面考虑影响用户协同信息检索行为的各个因素及其之间的相互关系。分析已有研究可知，国外协同信息检索用户行为研究主要有以下三个方面特征：

(1)在发展历程上，协同信息检索的用户行为研究主要从理论研究走向应用实践研究。研究领域涉及学术科研、工商业、医药卫生、工程以及军事等越来越多的真实场景与情境。

(2)在研究内容上，协同信息检索行为研究主题呈现一定规律性。不同类型的协同信息行为的表现形式、认知的影响、不同类型任务的协同信息行为的差异性是该领域的三大主题，但同时如隐私保护、虚拟社群环境等方面一些新的研究内容也在逐渐加入进来。

(3)在研究方法上，研究者主要采用定量方法和定性方法相结合进行数据的收集和分析，并呈现多元融合的特点。除了问卷调查法、实验法和观察法等传统方法外，一些新方法如日志记录法、出声思考法、小组讨论法也越来越多地被研究者使用。

二、协同信息检索行为研究趋势

目前，国外学者对该领域的研究已经形成一定的规模，但是现有研究还存在以下一些问题：

(1)研究分散，范围广，探究不够系统；

(2)从个人检索到协同检索的诱发因素并没有被完全揭示并形式化表示出来；

(3)影响用户协同信息检索行为的因素没有得到全面的分析，除了情境因素、认知因素外，还有熟悉程度、协同能力等因素还有待进一步研究；

(4)实践领域的研究只停留在分析协同信息检索行为的层面上，对改进协同检索质量的研究较少，且研究成果没有很好地利用于协同信息检索系统的构建。

因此，协同信息检索用户行为研究的未来发展趋势可以包括：

(1)通过开展跨学科研究和学科间的合作，系统地将协同信息检索行为研究进行深入探究；

(2)对个人信息检索领域已有的理论研究成果，如各种用户模型在协同信息检索中进行校验并修正，形式化地揭示从个人信息检索到协同信息检索的诱发因素；

(3)深入探究影响用户协同信息检索的各种原因；

(4)将研究成果应用于提升协同信息检索系统的功能以及协同检索技术与协同系统的开发。

参考文献

[1] Morris M R. A survey of collaborative web search practices[C]//Proceedings of the SIGCHI Conference on Human Factors in Computing Systems. ACM,2008:1657－1660.

[2][81] Farooq U,Ganoe C H,Carroll J M,et al. Design and evaluation of awareness mechanisms in CiteSeer[J]. Information Processing & Management, 2008, 44(2): 596－612.

[3][82] O'Farrell M,Bates J. Student information behaviours during group projects:a study of LIS students in University College Dublin,Ireland[C]//Aslib Proceedings. Emerald Group Publishing Limited,2009,61(3):302－315.

[4] 韩芳芳. 社会合作信息查寻与检索的行为机制研究[D]. 重庆:西南大学,2014.

[5] 李鹏,李琳琳,韩毅. 基于性别与学科背景差异的研究生合作信息查寻与检索行为分析[J]. 情报科学,2014(10):93－99.

[6] 童迎,李鹏,夏慧. 合作信息查寻与检索相关性判据的探索性因子分析[J]. 图书情报工作,2013(19):30－36.

[7] 苏谖. 读者研究的趋势[J]. 中国图书馆学会会报,1995(55):51－55.

[8][69] Hyldegård J. Collaborative information behaviour — exploring Kuhlthau's Information Search Process model in a group-based educational setting[J]. Information Processing & Management,2006,42(1):276－298.

[9][83] Sonnenwald D H,Maglaughlin K L,Whitton M C. Designing to support situation awareness across distances:an example from a scientific collaboratory[J]. Information Processing & Management,2004,40(6):989－1011.

[10] Hansen P,Järvelin K. Collaborative information searching in an information-intensive work domain preliminary results[J]. Journal of Digital Information Management,2004, 2:26－29.

[11][21] Nils P. Solving problems on the World Wide Web[J]. Information Research, 1998,4(2).

[12] 曹梅,朱学芳. 用户信息行为的研究方法体系初探[J]. 情报理论与实践, 2010(1):37－40.

[13][50] Palmquist R A,Kim K S. Cognitive style and online database search experience as predictors of Web search performance[J]. Journal of the American Society for Information Science,2000,51(6):558－566.

[14][51] Villa R,Gildea N,Jose J M. A study of awareness in multimedia search [C]//Proceedings of the 8th ACM/IEEE-CS joint conference on Digital libraries. ACM,

2008:221 -230.

[15][76] Burghardt T,Buchmann E,Böhm K,et al. Collaborative search and user privacy:How can they be reconciled? [M]//Collaborative Computing:Networking,Applications and Worksharing. Springer Berlin Heidelberg,2009:85 -99.

[16][25] Taylor R S. Question-negotiation and information seeking in libraries[J]. College & research libraries,1968,29(3):178 -194.

[17][92] Reddy M,Dourish P. A finger on the pulse:temporal rhythms and information seeking in medical work[C]//Proceedings of the 2002 ACM conference on Computer supported cooperative work. ACM,2002:344 -353.

[18][93] Reddy M C,Jansen B J. A model for understanding collaborative information behavior in context:a study of two healthcare teams[J]. Information Processing & Management,2008,44(1):256 -273.

[19] Jongsawat N,Premchaiswadi W. An empirical study of group awareness information in web-based group decision support system in a field test setting[C]//ICT and Knowledge Engineering,2009 7th International Conference on. IEEE,2009:15 -23.

[20][94] Hertzum M. Breakdowns in collaborative information seeking:a study of the medication process[J]. Information Processing & Management,2010,46(6):646 -655.

[22] Fidel R,Mark Pejtersen A,Cleal B,et al. A multidimensional approach to the study of human information interaction:a case study of collaborative information retrieval[J]. Journal of the American Society for Information Science and Technology,2004,55(11):939 -953.

[23][88] Poltrock S,Grudin J,Dumais S,et al. Information seeking and sharing in design teams[C]//Proceedings of the 2003 international ACM SIGGROUP conference on Supporting group work. ACM,2003:239 -247.

[24][97] Prekop P. A qualitative study of collaborative information seeking[J]. Journal of Documentation,2002,58(5):533 -547.

[26] Wilson T D. On user studies and information needs[J]. Journal of Documentation,1981,37(1):3 -15.

[27] Shepherd J. The information needs and information seeking behaviour of polytechnic lecturers in the subject area of history[M]//City of London Polytechnic,British Library research and development reports,5743. London:City of London Polytechnic,1983.

[28] O'Day V L,Jeffries R. Information artisans:patterns of result sharing by information searchers[C]//Proceedings of the conference on Organizational computing systems. ACM,1993:98 -107.

[29][72] Kuhlthau C C. Inside the search process:information seeking from the user's perspective[J]. Journal of the American Society for Information Science,1991,42(5):361 -371.

[30] Twidale M B, Nichols D M, Paice C D. Browsing is a collaborative process[J]. Information Processing & Management, 1997, 33(6): 761 – 783.

[31] Karamuftuoglu M. Collaborative information retrieval: toward a social informatics view of IR interaction[J]. Journal of the American Society for Information Science, 1998, 49 (12): 1070 – 1080.

[32] Fidel R, Bruce H, Pejtersen A, et al. Collaborative information retrieval[J]. The New Review of Information Behaviour Research, 2000, 1(1): 235 – 247.

[33] Talja S. Information sharing in academic communities: types and levels of collaboration in information seeking and use[J]. New Review of Information Behavior Research, 2002, 3(1): 143 – 159.

[34] Goker A, He D. Personalization via collaboration in Web retrieval systems: a context based approach[J]. Proceedings of the American Society for Information Science and Technology, 2003, 40(1): 357 – 365.

[35][99] Fidel R, Pejtersen A M, Cleal B, et al. A multidimensional approach to the study of human information interaction: a case study of collaborative information retrieval[J]. Journal of the American Society for Information Science and Technology, 2004, 55 (11): 939 – 953.

[36] Hertzum M. Collaborative information seeking: the combined activity of information seeking and collaborative grounding[J]. Information Processing & Management, 2008, 44 (2): 957 – 962.

[37] 褚峻，张咏，巢乃鹏. 信息查寻活动中的合作行为与合作式信息查寻[J]. 大学图书馆学报, 2003(4): 35 – 39.

[38] 韩毅. 合作信息查寻与检索的5C模型与语境机制[J]. 图书情报工作, 2013 (19): 43 – 49.

[39] 韩毅，李鹏. 合作信息查寻与检索的知识共享模型[J]. 中国图书馆学报, 2011(6): 43 – 49.

[40] 李鹏，韩毅. 社会合作信息查寻与检索：机制、模型与特征[J]. 情报杂志, 2012(1): 151 – 155.

[41] 王瀚，韩毅. 合作信息查寻与检索中知识共享的博弈学习机制研究[J]. 图书情报工作, 2013(19): 37 – 42.

[42][79] 邱瑾，吴丹. 用户协同信息检索行为与系统评价研究——以任务类型和协同能力为视角[J]. 现代图书情报技术, 2012(9): 62 – 68.

[43] 吴丹，邱瑾. 协同信息检索行为中的认知研究[J]. 情报学报, 2013, 32(2): 125 – 137.

[44][80] 邱瑾，吴丹. 协同信息检索行为中的情感研究[J]. 图书与情报, 2013 (2): 105 – 110.

[45] 楚艳萍，徐树维. 用户同步协作检索的活动策略[J]. 河南大学学报(自然科

学版),2012(6):752 - 756.

[46] 徐树维. 同步协作查询术语构建策略[J]. 图书情报工作,2011(17):117 - 120.

[47] 徐树维,齐惠颖,刘兰. 同步协作信息检索模型及其机制研究[J]. 图书情报工作,2009(21):114 - 117.

[48] 徐树维. 同步协作检索结果的相关性判断策略[J]. 现代图书情报技术,2012(4):41 - 47.

[49] De Mey M. The cognitive viewpoint:its development and its scope[J]. Communication & Cognition,1977.

[52] Jongsawat N,Premchaiswadi W. An empirical study of group awareness information in web-based group decision support system in a field test setting[C]//ICT and Knowledge Engineering,2009 7th International Conference on. IEEE,2009:15 - 23.

[53] Shah C,Marchionini G. Awareness in collaborative information seeking[J]. Journal of the American Society for Information Science and Technology, 2010, 61 (10): 1970 - 1986.

[54] 韩毅,李鹏,李琳琳,等. 嵌入合作的信息查寻与检索社会认知模型[J]. 情报科学,2012(3):444 - 449.

[55] Rheingold H. The virtual community:finding connection in a computerized world[M]. Boston,MA,USA:Addison Wesley Longman Publishing Co,Inc,1993:99 - 102.

[56] 张薇薇. 社群环境下用户协同信息行为研究述评[J]. 中国图书馆学报,2010(4):90 - 100.

[57] Gazan R. Microcollaborations in a social Q&A community[J]. Information Processing & Management,2010,46(6):693 - 702.

[58][63] Boydell O,Smyth B. Social summarization in collaborative web search[J]. Information Processing & Management,2010,46(6):782 - 798.

[59][64] Lin C C,Tsai C C. Applying social bookmarking to collective information searching(CIS):an analysis of behavioral pattern and peer interaction for co-exploring quality online resources[J]. Computers in Human Behavior,2011,27(3):1249 - 1257.

[60][65] Zhou N,Stahl G. Towards building a math discourse community:Investigating collaborative information behavior[M]//Online communities and social computing. Springer Berlin Heidelberg,2007:509 - 518.

[61][66] Evans B M,Kairam S,Pirolli P. Do your friends make you smarter?:an analysis of social strategies in online information seeking[J]. Information Processing & Management,2010,46(6):679 - 692.

[62][67] Dinet J,Vivian R. The impact of friendship on synchronous collaborative retrieval tasks in the primary school[J]. British Journal of Educational Technology,2012,43(3):439 - 447.

[68] Foster J. Collaborative information seeking and retrieval[J]. Annual Review of Information Science and Technology,2006,40(1):329 – 356.

[70] Hyldegård J. Beyond the search process — exploring group members' information behavior in context[J]. Information Processing & Management,2009,45(1):142 – 158.

[71] Shah C,González-Ibáñez R. Exploring information seeking processes in collaborative search tasks[J]. Proceedings of the American Society for Information Science and Technology,2010,47(1):1 – 7.

[73] Kuhlthau C C. A principle of uncertainty for information seeking[J]. Journal of Documentation,1993,49(4):339 – 355.

[74] Yue Z,Han S,He D. An investigation of search processes in collaborative exploratory web search[J]. Proceedings of the American Society for Information Science and Technology,2012,49(1):1 – 4.

[75] Burghardt T,Buchmann E,Böhm K. Discovering the scope of privacy needs in collaborative search[C]//Proceedings of the 2008 IEEE/WIC/ACM International Conference on Web Intelligence and Intelligent Agent Technology-Volume 01. IEEE Computer Society, 2008:910 – 913.

[77] Squicciarini A C,Xu H,Zhang X L. CoPE:enabling collaborative privacy management in online social networks[J]. Journal of the American Society for Information Science and Technology,2011,62(3):521 – 534.

[78] Shapira B,Kantor P B,Melamed B. The effect of extrinsic motivation on user behavior in a collaborative information finding system[J]. Journal of the American Society for Information Science and Technology,2001,52(11):879 – 887.

[84] Spence P R,Reddy M C,Hall R. A survey of collaborative information seeking practices of academic researchers[C]//Proceedings of the 2005 international ACM SIGGROUP conference on Supporting group work. ACM,2005:85 – 88.

[85] 周畅. 学术科研团队语境下合作信息查寻与检索的行为机制研究[D]. 重庆:西南大学,2014.

[86] 沈丽宁. 学术信息合作查寻行为及其动机剖析[J]. 情报理论与实践,2010(11):86 – 89.

[87] Su C, Contractor N. A multidimensional network approach to studying team members' information seeking from human and digital knowledge sources in consulting firms [J]. Journal of the American Society for Information Science and Technology,2011,62(7): 1257 – 1275.

[89] Attfield S,Blandford A,Makri S. Social and interactional practices for disseminating current awareness information in an organisational setting[J]. Information Processing & Management,2010,46(6):632 – 645.

[90] Bhandar M,Pan S L,Tan B C Y. Towards understanding the roles of social capital

in knowledge integration: a case study of a collaborative information systems project[J]. Journal of the American Society for Information Science and Technology, 2007, 58 (2): 263 - 274.

[91] 刘佳. 企业项目团队的合作信息查寻与检索行为机制研究[D]. 重庆:西南大学,2014.

[95] Blake C, Pratt W. Collaborative information synthesis I: a model of information behaviors of scientists in medicine and public health[J]. Journal of the American Society for Information Science and Technology, 2006, 57(13): 1740 - 1749.

[96] Sonnenwald D H, Pierce L G. Information behavior in dynamic group work contexts: interwoven situational awareness, dense social networks and contested collaboration in command and control[J]. Information Processing & Management, 2000, 36(3): 461 - 479.

[98] Hansen P, Järvelin K. Collaborative information retrieval in an information-intensive domain[J]. Information Processing & Management, 2005, 41(5): 1101 - 1119.

[100] Saleh N, Large A. Collaborative information behaviour in undergraduate group projects: a study of engineering students[J]. Proceedings of the American Society for Information Science and Technology, 2011, 48(1): 1 - 10.

第三章　协同信息检索行为相关理论基础

在当今的大数据时代，协同信息检索行为研究已成为信息检索领域的研究热点，从理论研究走向实践研究也渐成发展趋势。协同信息检索行为研究虽然是一个刚刚兴起的领域，但相关协同机制、理论和技术的发展为协同信息检索行为的发展奠定了坚实的理论基础。

第一节　协同机制

在英文中，协同(collaboration)是由前缀“com”和词根“laborare”构成，说明共同工作是协同的核心含义[1]。《现代汉语词典》中将其释义为，各方互相配合或甲方协助乙方做某件事[2]。协同总是与多主体之间的协调有关。除了协同以外，还有一些词语也能表达这种含义，合作(cooperation)就是其中之一。合作和协同都能表示各方的相互配合，但二者也有不同。Dillenbourg 对合作和协同有着直观的区分。他认为，在合作时各成员分担工作，独立解决子问题，然后将各部分结果合在一起成为最终成果。而协同则需要成员们“一起”工作，成为社会性的对知识的协同构建过程[3]。Denning 和 Yaholkovsky[4]也指出与协同相比，合作在共同工作方面较弱，但是两者都需要相互间分享信息。除了合作，Shah 还列举了另一些与协同有关的小组活动，如交流(communication)、贡献(contribution)、协调(coordination)等。他对这五种小组活动的定义和对应举例见表 3－1。

表 3－1　各种小组活动及相应例子[5]

小组活动	定义	例子
交流	两个主体之间交换信息	电子邮件、聊天
贡献	某个主体对他人的提供、奉献	在线支持小组、社会问答
协调	通过和谐的活动联系不同主体	电话会议、网络会议

续表

小组活动	定义	例子
合作	主体之间遵守一些互动的规定	维基百科、第二人生
协同	为完成共同的目标而协作	头脑风暴、合著

在这五种活动中,交流是最基本、最简单的合作方式,也是开展协同、维持创造性关系的核心需求。为到达有效的协同,每个小组成员都需要做出个人贡献[6],相互帮助以实现个人目标。协调涉及人或者系统在同一时间、地点的集合,并且人们有着共享的资源、责任和目标,和谐地进行活动。合作则是一群有着一致利益的人参与计划、交涉和共享等活动以完成共同目标的过程。和协调相比,在合作中人们需要遵守一些互动的规则。而协同中,各方解决问题的不同方面,但是最终的结果绝不仅仅是单个个体贡献的总和。通过以上的阐释可以看出,交流、贡献、协调、合作是实现协同的必经之路。在协同中,主体既有在同一时间、地点的互动(交流、协调),还包括在同一目标下,一方的努力以及对另一方的帮助(贡献、合作)。这五种小组活动之间是包含关系,如图 3-1 所示。

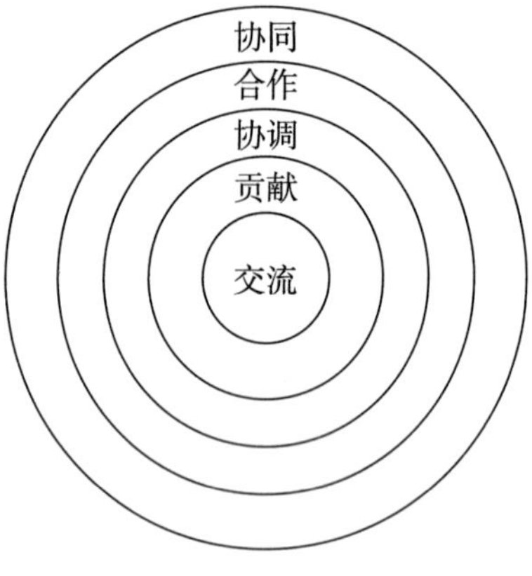

图 3-1　Shah 的 C5 协同模型[7]

协同活动的复杂性决定了它会经历若干过程,不断发生变化。Gray 认为协同过程大致可分为三个阶段。首先是预讨论和问题设置阶段,也是最为困难的阶段,需要进行情况分析和相关关键问题的判断,并形成一个统一的问题和任务定义。接下来是利益识别和共同目标确立阶段。主要包括预期目标、共同愿景和实现目标所需采取的策略的确定。最终是实施阶段,对结果进行测量和评价[8]。Denning 和 Yaholkovsky[9] 同样将协同分为三个阶段,即设计、协同和后续,涵盖了五个子阶段——声明、连接、倾听和了解所有观点、允许“我们”的发展以及共同创造。

虽然协同在人们工作和生活中有着十分重要的作用，但不是任何情况下都需要各方的合作，它有着自身的特点。首先，协同活动一般较为复杂，需要多方面的能力储备，而单个个体又很难完全满足要求，这也是协同最为重要的原因[10]。然后，协同活动需要多个与既定利益有关的参与者，并且他们之间相互依赖，而且其中一方解决问题的努力并未达到满意的效果。当然协同本身有其局限性，不是所有协同都是有效的。时间的耗费，不同群体间力量不一，又或者是代价和利益不均都会导致最终协同的效果不尽如人意[11]。有效的协同需要遵循一些原则。大多数研究表明，有效的协同一定是民主而且包容的，即没有任何形式的等级并且所有和问题有关的群体都被包含其中[12]。

第二节　计算机支持的协同理论

一、CSCW

协同信息检索技术与计算机支持的协同工作技术之间具有密切的联系，二者都是支持协同活动的技术。计算机支持的协同工作，即 Computer Supported Cooperative Work（以下简称 CSCW）。它与协同信息检索和协同信息检索系统之间有着十分紧密的联系。关于 CSCW 的研究最早开始于 1984 年，由 Irene Greif 和 Paul M. Cashman 在一次学术研讨会上提出。Carstensen 和 Schmidt 认为，CSCW 强调协同活动及其协作如何被计算机系统的方法支持[13]。Wilson 阐述了 CSCW 的定义，他认为 CSCW 是一个一般性的术语，它将对人们在群体中工作方法的理解和促成其实现的计算机网络技术、相关软硬件和服务等结合起来[14]。通过这个定义可以看出，CSCW 是一种将人类合作行为模式与支持技术融合为一体的新兴技术，即研究基于计算机技术支持的环境中（CS）一个群体协同工作完成共同的任务（CW）的领域。CSCW 是一个设计指向型的跨学科研究领域，主要关注以设计充足的基于计算机的技术支持协作工作为目标的相关小组及其特性的理解。所以，CSCW 不仅仅只关心技术本身，也注重在小组和组织工作中的个人如何受到这些技术的影响。

近年来，CSCW 的研究呈现出一些核心领域，而这些核心领域也是协同信息检索方向的研究重点，如协同认知、协同分工和技术的适应性等。

这些概念被广泛地体现于正在设计的和已有的 CSCW 系统的分析中。要想理解 CSCW 系统,就需要结合系统使用的情境。对此,1988 年时 Johansen 就引入了 CSCW 矩阵进行解释,Beacker 在随后也有相应的研究[15]。他们将工作的环境分成了两个维度,即时间维度和空间维度,其中时间维度分为同时和异时,空间维度分为同地和异地,见图 3－2。

	同时	异时
同地	面对面互动	持续任务
异地	运程互动	交流与协调

图 3－2　CSCW 矩阵

CSCW 的出现极大地促进了个人与个人、个人与团体、团体与团体之间的交流,为个人、团体、组织三者之间的信息交流和理解提供了渠道与媒介。CSCW 的出现也打破了时间和空间障碍对协同活动的限制,降低了组织内交流和工作的成本。另外,CSCW 也增加了小组各成员内的参与和贡献,人尽其才,并且能够保存交流的记录,从而促进长期的合作与学习,加快组织的知识管理进程及水平,建立学习型组织。

二、CSCL

同 CSCW 一样,CSCL(Computer-Supported Collaborative Learning,计算机支持的协同学习)也是一个与计算机支持协同活动密切相关的跨学科领域,综合了教育学、计算机科学、信息技术、心理学和社会学等多学科知识。CSCL 建立在构建主义和社会文化理论基础上,认为学习是一个意义建构和社会人际的过程,而且主要发生在人们之间以及共同体内的互动之中[16]。它的兴起离不开计算机技术的发展和广泛应用,同时也和学习方式的改变,特别是电子化教育、远程教育和团队学习在教学中的应用有关。CSCL 起源于三个项目,分别是多伦多大学 1984 年的 CSILE(Computer-Supported Intentional Learning Environment)项目、Gallaudet 大学的 ENFI(Electronic Network for Interaction)项目以及加州大学圣地亚哥分校 1986 年的第五维(the Fifth Dimension)项目,而该术语正式提出是在 1989 年 NATO 举办的一次研讨会上,标志 CSCL 领域的诞生[17]。经过 20 多年的发展,CSCL 已成为有关教育和学习的科学技术的一个十分重要的研究领域。它关注如何为教学提供计算机协同技术支持以及人们在这个背景下在协同活动中如何学习,即学习过程发生在通过计算机或者互联网的社会交互中。CSCL 也是协同学习(Collaborative learning,CL)和 CSCW 的交叉领域。在该情境下,学习很大程度上是源于学生间的交流互动,包括他们对问题的表述、一起探索和相互教学。而计算机只作为沟通中介,实现实习和技术的交互。

近年来,国外 CSCL 研究理论体系逐步形成并走向成熟,同时实践应用范围覆盖面扩大,涵盖不同教育阶段、教育对象和学科。此外,研究方法定量与定性结合,重视实证研究[18]。CSCL 主要建立在一系列有关学习的理论基础上,比如 Vygotsky 的社会学习理论、最近发展区(zone of proximal development),以及分布式认知(distributed cognition)、基于问题的学习(problem-based learning)、认知学徒制(cognitive apprenticeship)和情境学习(situated learning)等[19]。除此以外,Stahl 在后期还引入了协同理论(collaborative theory)。而从实践方面,协同写作是最常见的应用之一。一些工具如博客和维基百科等不仅能为人们提供理想的信息整合和写作的平台,还能支持参与者间的相互交流、讨论。此外,团队探索的虚拟世界、问题导向学习和项目导向学习也是重要的 CSCL 技术。就研究方法而言,实验、观察描述和循环设计等在 CSCL 中较为常见[20]。

随着相关理论和实践的不断完善发展,CSCL 不再仅把个人在团队中的工作作为影响个人学习的情景变量,而把学习当作是团体过程分析,包括个人和团体两个层面。在利用协同活动强化学习体验的同时,CSCL 也面临一些问题,如师生需要花费更多的时间了解和熟悉工具,从而占用真正协作的时间。照本宣科的 CSCL 协同模式也可能导致假性合作,并未触发真正合作中所需要的社会、意识和情感机制,从而不能达到协同的真正作用[21]。

三、人机交互

从第一台计算机的产生开始,计算机技术得到了飞速发展,并深刻影响着人们生活的方方面面,在多个领域中扮演着重要角色。但是直到目前为止,计算机只作为一种工具,是人脑、人手等的延伸,仍需人来操作、控制和管理。所以这些活动可以看作是人类与计算机相互通信,相互配合而共同完成的。人机交互(Human-Computer Interaction,HCI)作为计算机领域发展的重要内容,就是研究人、计算机以及它们之间相互影响的技术[22]。它产生于二十世纪七八十年代,与人类使用的交互性计算系统的设计、评价和实施及其主要现象有关[23]。该领域研究的最终目的在于探讨如何使所涉及的计算机能帮助人们更安全、更高效地完成所需的任务[24]。所以

HCI既关注人和计算机之间的互动,还包括设计支持人与计算机交互新型方式的技术,并且特别关注人和计算机的交互界面。

HCI不仅涉及计算机领域的有关知识,如操作系统、程序语言、多媒体研究等,还与行为科学、认知心理学、社会学、设计学和语言学等领域密切相关。比如CSCW,虽然关注重点与HCI不同,二者却有着本质的重合点,都研究人和计算机的交互,并且思考如何让计算机更好地支持人们的工作。但当涉及CSCW领域时,HCI的重点放在利用计算机系统支持群组的协同工作。此外,CSCW中不仅包括人与计算机的交互,也包括人与人之间的交互。

HCI是人和计算机联系的桥梁,它将人和机器的关系从“人围着机器转”变为“机器围着人转”,从人的需求出发,强调人与计算机进行更自然的互动,推动计算机科学的彻底变革,对新型产业的形成和发展具有引领作用,是未来高新技术更新换代的重要基础[25]。有学者认为,一个能很好实现HCI的计算机系统有三个主要元素,即人的因素、交互设备和交互软件,其中人的因素指用户操作,需要以用户的使用要求作为重要的设计依据;交互设备是交互计算机系统的物质基础,包括各种交互性的输入/输出设备;而交互软件则是展示各种交互功能的核心,通过提供交互功能来满足系统预定的要求,包括系统软件和应用软件[26]。而为了更好地协调这三个要素的关系,人机交互系统在设计时需要遵守一定的原则,从而减少人机交互系统因不良设计所导致的意想不到的后果,比如尽早地关注用户和任务,进行实证测量以及在此基础上进行反复设计,直到最终完成一个合理且用户友好的界面[27]。

四、计算机中介交流

交流是一切协同活动的核心[28],良好的协同过程离不开有效的交流,而计算机已经成为人们交流中一个重要的媒介和途径。计算机中介交流(Computer-mediated communication,CMC)代表了两人或多于两人使用计算机支持的媒介互动和相互影响的任何交流形式[29]。CMC涉及的领域包括传播学、商业、教育、社会学、心理学、媒体研究和信息科学等。它具有会话可记录性、交流正式性和用户身份隐匿性等特点[30]。同CSCW和CSCL一样,技术和人是CMC很重要的两个因素。CMC主要通过各种类型的网络技术和软件实现人与人之间的交互,包括常见的博客、电子邮件、即时信息、新闻组(Usenet)、互联网中继聊天(Internet relay chat)等。与CSCW类似,这种交互可以分为同步和异步模式。同步即所有参与者同步在线进行交流;异步则相反,说明消息和回复之间存在一定限制,不能及时回复等。利用多种沟通方式,CMC 能帮助组织节约时间和金钱,且这种沟通不再受限于时间和空间限制,从而实现人们在项目上的合作。

虽然是一个新兴的领域,但 CMC 的出现建立在一系列理论基础之上。CMC 有关理论大致可分为三类。一类是线索过滤理论(cues-filtered-out theories),包括社会临场感理论(social presence theory)、社会情境线索缺失假设(lack of social context cues hypothesis)、媒介丰富性理论(media richness theory)、去个性化效应的社会认同模型(social identity model of deindividuation effects)和信号理论(signaling theory)等。这类理论认为,不同通信系统间传送的非语言线索的系统性减少导致了用户间的客观倾向,即行为的影响来自于网络和系统本身。另一类是经验和感性理论(experiential and perceptual theories),包括电子近似理论(electronic propinquity theory)、社会影响理论(social influence theory)、渠道扩张理论(channel expansion theory)等。这类理论关注的是沟通者本身的特点,他们之间的互动以及情境因素对不同系统感知能力的影响。最后一类是人际适应和媒体利用理论(theories of interpersonal adaptation and exploitation of media),包括社会信息加工理论(social information processing theory)、CMC 的超人际模型(hyperpersonal model of CMC)、需求结构(warranting construct)、效率框架(efficiency framework)、信息通信技术演变(ICT succession)等。这类理论反映了沟通者适应或者利用 CMC 系统超越面对面沟通的局限[31]。

CMC 的应用范围十分广泛,社交领域是其中之一。随着网络技术,特别是移动技术的发展,社交网络成为人们交流的重要途径之一。人们利用媒介的特征可以为自己营造良好的印象,吸引注意或者避免不期望的联系[32]。而研究发现,CMC 可以提供更好的交流和更好的第一印象。另外,相较于面对面交流,CMC 能带来更多的亲密感和吸引力[33]。CMC 同样也可以应用于教育领域,如语言学习。CMC 可以为语言学习者提供练习语言的机会,电子邮件等工具能为说话和书写提供连接的桥梁[34-35]。

五、社会媒体

社会媒体(social media)是社会化媒体的简称,也称社交媒体。它是一系列建立在 Web 2.0 思想和技术的基础上,并能产生和交换用户产生内容(User Generated Content,UGC)的基于因特网的应用[36]。可以说,Web2.0 和 UGC 的兴起为社会媒体提供了发展基础和多种利用形式。社会媒体能利用相对廉价且广泛传播的电子工具,让每个人发布和获取信息,从而共同合作或者建立关系[37]。社会媒体多种多样,Kietzmann 等人提出了一个包含身份、对话、分享、展示、关系、声誉和小组等七个功能模块在内的框架来定义和识别社会媒体[38]。诸如博客、微博、论坛、社会网络、维基百科、社会标记网站、媒体共享平台等都属于社会媒体。虽然功能和形式有所区别,但是它们都有着一个共同的特点,即内容、信息和知识的消费者同时也是相应的生产者,每个人都能参与其中。另外,社会媒体还具有丰富的用户交互特性,而且它们的成功依赖于用户的参与[39]。

虽然社会媒体存在信息分布不均、信息可靠性参差不齐、影响个人关注深度、侵犯个人隐私等问题和风险,但是它也带来了很多的积极效应。社会媒体丰富着人们的日常生活,并且在越来越多的政治经济活动中日益发挥着重要作用。国外一些学者还将维基百科、Facebook 和 Twitter 在内的社会媒体工具引入课堂[40-41],他们认为这些工具能增强学生协同知识创造的参与度,培养他们的批判性思维,以及对个人隐私的管理。同时,社会媒体也拉近了人们的距离,使人们拥有新的合作与交流方式,能让人们在虚拟社群和网络中创造、分享、交换各种信息。此外,新的社会媒体催生出新的关系网络,互联网的出现进一步扩展了社群(community)的关系范畴,虚拟社群逐渐兴起。在虚拟社群中,来自不同地区的人们形成了个人社会网络,可以通过社会媒体进行交互从而追求共同的兴趣或目标。Rheingold 认为虚拟社群是一种文化聚集体,它是网络空间中足够的人产生足够频繁的交流的产物,社群成员不一定在现实中认识,他们以网络公告牌为媒介交流语言和思想[42]。Wellman 指出虚拟社群开始于利用网络开展的交流,有着共同爱好的人共享信息,产生友谊,彼此支持,因此产生了虚拟社群[43]。总之,正如有学者指出的一样,当今的每件事都与社会媒体有关[44],它将对人类社会的发展产生深远的影响。

CSCW、CSCL、HCI、CMC 和社会媒体等计算机支持的协同理论与协同信息检索有着密切的联系。它们的发展为协同信息检索的相关研究提供了基础,并且与协同信息检索领域相互促进。这些概念和协同信息检索的关系如图 3-3 所示,其中各概念的图形交叉并不表示任何含义,该图主要用于解释上述概念与协同信息检索之间的联系,即各概念图形旁的文字说明。具体而言,CSCW 和 CSCL 的研究相对较为成熟,协同信息检索能借鉴这些领域已有的关于协同机制和协同技术的研究,作为发展的理论和实践基础。而协同信息检索行为也属协同行为的一种,会经常出现在 CSCW 和 CSCL 中。它的发展能为 CSCW 和 CSCL 开拓新的发展领域,丰富其研究。HCI 在协同信息检索的研究中主要关注人的意识因素和计算机交互界面的设计。另外,交流在协同信息检索中有着十分重要的作用,因此 CMC 的发展将极大地促进协同信息检索的进步,能更有效地支持协同信息检索活动的开展。社会媒体的引入能更好地支持协同信息检索中有关社会参与、人际联系强度以及社群领域的研究。而协同信息检索也为 HCI、CMC 和社会媒体提供了广阔的应用空间。

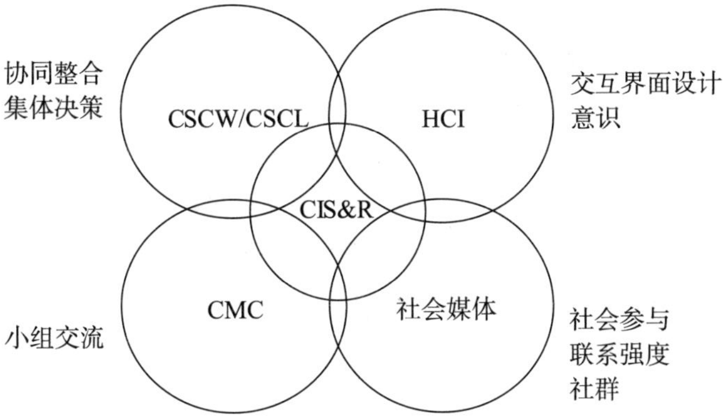

图 3－3　计算机支持的协同理论与协同信息检索概念关系图

第三节　支持协同信息检索的技术

协同信息检索强调在信息检索过程中的协作影响。所以协同信息检索系统中除运用到传统的信息检索技术以外,还包括一些支持人们同步或异步、同地或异地协作的技术。

在协同信息检索系统中运用比较成熟的技术包括常见的 P2P 技术、即时信息技术、SDG 技术和远程控制技术。其他运用比较多的技术包括标签技术、聚类搜索技术。其中 P2P 技术、即时信息技术、SDG 技术和远程控制技术的运用能更好地直接支持用户之间的互动、交流,侧重于显性协同检索行为的实现。而标签技术和聚类搜索技术则注重对于检索结果的整合和利用,能支持用户间的隐性协同检索。下面对这些支持协同信息检索的技术分别进行介绍。

一、P2P 技术

P2P(Peer to Peer Network),即对等网络,又称工作组,指网上各台计算机有相同的功能,无主从之分,任一台计算机都是既可作为服务器,设定共享资源供网络中其他计算机所使用,又可以作为工作站,没有专用的服务器,也没有专用的工作站[45]。P2P是小型局域网常用的组网方式。在P2P中,用户之间可以直接通信、共享资源、协同工作。协同信息检索的环境下,利用P2P技术可以分配和管理动态的内容,主要是借助DHT(Distributed Hash Table,分布式散列表)和积极复制(Optimistic Replication)这两种广泛应用的技术加强高度动态的数字信息的扩展性和连贯性,建立起一个高存储空间、数据可用性好和有良好表现的内容分布结构[46]。P2P也为解决分布型搜索引擎和集中式搜索引擎可扩展性的局限提供了可能[47-48]。在实际应用中,Namrata Lele等人就开发了一个社会化、分布式、适应性的网络搜索应用工具——Sixearch. org。它是一个主题爬虫(topical crawler)、文件索引系统、检索引擎、对等网络交流系统和语境相关的学习系统。Sixearch. org不仅可以搜索用户自己的集合,也包括其他Sixearch. org同伴:当用户提交检索式时,Sixearch. org代理将根据之前的交互记录决定哪个同伴最适合回答这个问题[49]。另外,Le-Shin Wu和Filippo Menczer设计了"diverse peer selection"平台为基于同伴的协同网络搜索系统(collaborative peer-based web search system)中智能查寻路径提供高效的同伴选择,并且他们还为比较不同的对等网络系统引入了两种新的评价手段——分布式查准率(distributed precision)和分布式查全率(distributed recall)[50]。

二、IM技术

IM(Instant Messaging)技术,即时信息技术,指可以在线实时交流的工具。如前文所述,交流是协同信息检索系统中极为重要的因素之一。良好的沟通交流环境将促进团队内成员之间的协调、理解,从而提高协同检索效率。即时信息技术出现之前,不在一地的人们如果进行交流,多会通过电子邮件或者电话的方式。即时信息技术产生之后,人们之间交流更加方便,更加迅速,提高了问题处理的时效性,也克服了地域障碍。现在即时信息技术已不仅仅限于文字、语音聊天,还可以传送文件、远程协助等。现有的协同信息检索系统中有一些就有实时交流的功能,如Coagmento和SearchTogether。

三、SDG技术

SDG(Single Display Groupware)技术,即单显示组件技术,能支持同一空间里的用户通过一台共有的计算机合作,并且该计算机只有一个公共的显示器和同时使用的多输入设备[51]。从它的概念中可以总结出它与其他协同检索技术的两个显著不同。第一,SDG 技术主要研究和支持近距离内人们的合作,而其他协同技术多针对远距离协作;第二,SDG 技术的应用中关注单显示设备,即人们共用一个显示设备。SDG 技术主要针对的是现实中,尤其是教育环境下,经常出现的多人共用一台计算机工作的情况。在此情境中只有一个输入设备会产生小组成员控制设备程度不均,导致部分成员无法更好地参与到协同过程中。一些项目尝试利用 SDG 技术解决多人使用计算机存在的问题,如 CoLab 项目[52]、Pebbles 项目[53]等。研发人员应用 SDG 技术设计了相关系统和工具支持多情境下的多人协同,比如用于教育的 KidPad[54]和用于多媒体检索的 TeamSearch[55]等。这些系统和工具的使用数据说明,它们能加强协同交流,也能让小组成员相互学习,并增强过程的趣味性。

四、远程控制技术

与 SDG 技术支持同一地点的合作不同,人们有时还面临远距离的合作需求,而这种协作需要远程控制技术的支持。远程控制技术顾名思义,是将控制网络和 Internet 相结合,实现对远程受控端(如计算机、生产设备、电器等)的监视和控制[56]。远程控制技术推动着全世界范围内计算机系统的信息化、集成化和系统化,常用的远程控制关键技术包括 Web 技术、Activex 技术、套接字(Sockets)技术[57]。计算机远程控制的应用极其广泛,诸如远程办公、远程教育、远程协助、远程桌面等都属于远程控制技术的应用范围。而相对应,远程控制软件多样,如 TeamViewer、PCAnywhere,还包括一些即时信息软件所自带的远程协助功能,如 QQ 远程协助。远程控制可以实现不同地区不同实体间的协作,打破地理空间的限制。以图书馆为例,远程技术可以帮助图书馆进行读者远程培训、远程技术支持和协助成员馆服务[58],实现图书馆员和读者以及不同图书馆之间的协同,极大地提高办事效率,节省时间和人力物力。

五、标签技术

标签(Tag)技术,是一种互联网内容组织方式,是相关性很强的关键字。它帮助人们轻松地描述和分类内容,以便于检索和分享,是大众化信息描述的新方式。协同标签描述了许多用户用关键词的方法添加元数据以分享内容的过程[59]。Golder 和 Huberman 在文献[60]中研究了协同标签的频率、种类,书签的盛行以及在一个给定的 URL 中标签相对比例稳定的现象。同时他们也提出了一个分享知识的动态协同标签模型。Cernea 等人将信息检索中的自动技术同用户提供文件的协同标签结合起来,设计了 SOAF 系统。该系统可以用于一个机构内学习对象(Learning Object)的语义索引支持,从而使学习对象的元数据能体现出用户群体学习实践中的真实意义,使他们可以通过具体的评注来分享他们的经历,同时提高学习对象的可辨识度和在学习情境中的重用性[61]。

六、聚类检索

聚类检索是一种基于聚类技术的智能检索。它是在对文献信息进行自动标引的基础上,构造文献信息的形式化表示——文献向量,然后通过一定的聚类方法,计算出文献与文献之间的相似度,并把相似度较高的文献集中在一起,形成一个个的文献类。用户利用这些聚类核团开展检索,一旦检索到聚类中的某一条信息,则可通过这条信息把聚类中的其他文献信息全部检出,从而实现高效率的知识挖掘式的检索[62]。在协同信息检索系统中,聚类检索的应用主要是为了改善最近邻居算法在协同检索系统中信息推荐不足和可扩展性差等问题。具体说,首先是要将用户进行聚类,然后利用在同一聚类中所有成员的信息,即在推荐层不仅只关注聚类代表。这也克服了基于聚类的协同过滤中推荐信息过于笼统,不够个性化的问题,提高了推荐的准确性[63]。

参考文献

[1][12] London S. Collaboration and community[EB/OL].[2015-04-13]. http://www.scottlondon.com/reports/collaboration.pdf.

[2] 中国社会科学院语言研究所词典编辑室.现代汉语词典:商务印书馆创立 115 年纪念版[M].第六版.北京:商务印书馆,2012:1440.

[3] Dillenbourg P. What do you mean by "collaborative learning"? [M]// Dillenbourg P. Collaborative Learning: Cognitive and Computational Approaches. Amsterdam: Pergamon, Elsevier Science, 1999:1-16.

[4][9] Denning P J, Yaholkovsky P. Getting to "We"[J]. Communications of the ACM, 2008, 51(4):19-24.

[5][7][19][28] Shah C. Collaborative Information Seeking: the Art and Science of Making the Whole Greater than the Sum of all[M]. Berlin: Springer, 2012.

[6] Taylor-Powell E, Rossing B, Geran J. Evaluating collaboratives: reaching the potential[EB/OL]. [2015-04-22]. http://learningstore.uwex.edu/assets/pdfs/G3658-8.pdf.

[8] Gray B. Collaborating:Finding Common Ground for Multiparty Problems[M]. San Francisco :Jossey-Bass,1989.

[10] Spence P R,Reddy M C,Hall R. A survey of collaborative information seeking practices of academic researchers[C]//Proceedings of the 2005 international ACM SIGGROUP conference on Supporting group work. ACM,2005:85 -88.

[11] Grudin J. Groupware and social dynamics:eight challenges for developers[J]. Communications of the ACM,1994,37(1):92 -105.

[13] Carstensen P H,Schmidt K. Computer supported cooperative work:new challenges to systems design [M]// Itoh K. Handbook of Human Factors. Tokyo: Asakura Publishing,1999.

[14] Wilson P. Computer supported cooperative work:an introduction[M]. Oxford:Intellect Books,1991.

[15] Baecker R M. Readings in Human-Computer Interaction:toward the year 2000 [M]. San Francisco:Morgan Kaufmann Pub,1995.

[16] 柴少明,赵建华.教育政策与实践视野下的 CSCL——CSCL2011 国际会议综述[J].远程教育杂志,2011(5):15 -21.

[17][20 -21] Stahl G,Koschmann T,Suthers D. Computer-supported collaborative learning:an historical perspective[M]// Sawyer R K. Cambridge Handbook of the Learning Sciences. Cambridge:Cambridge University Press,2005:409 -426.

[18] 余亮.对 IJCSCL 近三年论文的内容分析[J].现代远距离教育,2010(2):32 -36.

[22] 董士海,王衡.人机交互[M].北京:北京大学出版社,2004.

[23][24][26] Hewett,Baecker,Card,et al. ACM SIGCHI Curricula for Human-Computer Interaction Chapter2:Human-Computer Interaction[EB/OL]. [2015 -05 -19]. http://old. sigchi. org/cdg/cdg2. html#2_1.

[25] 陈拥权,张羽,齐繁荣,等.人机交互方式的变革引领计算机科学的发展[J].中国电子商务,2013(16):77.

[27] Wikipedia. Human-Computer Interaction[EB/OL]. [2015 -05 -19]. http://en. wikipedia. org/wiki/Human% E2% 80% 93computer _ interaction # cite _ note-engineering-14.

[29] 胡壮麟.计算机中介交流的社会语言学思考[J].外语电化教学,2007(2):3 -13.

[30] Janssen C. Computer-mediated communication(CMC)[EB/OL]. [2015 -04 -20]. http://www. techopedia. com/definition/392/computer-mediated-communication-cmc.

[31] Walther J B. Theories of computer-mediated communication and interpersonal relations[M]// Knapp M L,Daly J A. The SAGE Handbook of Interpersonal Communication. 4th ed. Thousand Oaks:SAGE Publications,Inc,2011:443 -479.

[32] Tong S T,Walther J B. Just say "No thanks":romantic rejection in computer-me-

diated communication [J]. Journal of Social and Personal Relationships, 2011 (28): 488 - 506.

[33] Dunn R. Identity theories and technology[D]. Johnson City:East Tennessee State University,2013.

[34] Abrams Z. From theory to practice:intracultural CMC in the L2 classroom[M]// Ducate L, Arnold N. Calling on CALL: From Theory and Research to New Directions in Foreign Language Teaching. San Marcos:CALICO Publications,2006

[35] Warschauer M. Electronic literacies:language,culture and power in online education[M]. Mahwah:Lawrence Erlbaum Associates,1998.

[36][44] Kaplan A M,Haenlein M. Users of the world,unite! The challenges and opportunities of Social Media[J]. Business Horizons,2010,53(1):59 - 68.

[37] Murthy D. Twitter:social Communication in the Twitter Age[M]. Cambridge:Polity,2013:7 - 8.

[38] Kietzmann J H,Hermkens K,McCarthy I P,et al. Social media? Get serious! Understanding the functional building blocks of social media[J]. Business Horizons,2011,54(3):241 - 251.

[39] 唐磊,刘欢. 社会计算:社区发现和社会媒体挖掘[M]. 文益民,闭应洲,译. 北京:机械工业出版社,2012.

[40] Moody M. Teaching Twitter and beyond:tips for incorporating social media in traditional courses[J]. Journal of Magazine & New Media Research,2010,11(2):1 - 9.

[41] Fewkes A M,McCabe M. Facebook:learning tool or distraction? [J]. Journal of Digital Learning in Teacher Education,2012,28(3):92 - 98.

[42] Rheingold H. A slice of my life in my virtual community[J]. High Noon on the Electronic Frontier:Conceptual Issues in Cyberspace,1996:413 - 36.

[43] Wellman B. An electronic group is virtually a social network[J]. Culture of the Internet,1997,4:179 - 205.

[45] 百度百科. 对等网络[EB/OL]. [2013 - 04 - 07]. http://baike. baidu. com/view/302256. htm? fromId = 3280#refIndex_1_302256.

[46] Oster G,Mondéjar R,Molli P,et al. Building a collaborative peer-to-peer wiki system on a structured overlay[J]. Computer Networks,2010,54(12):1939 - 1952.

[47] Wu L S,Akavipat R,Menczer F. Adaptive query routing in peer web search[C]// Special interest tracks and posters of the 14th international conference on World Wide Web. New York:ACM,2005:1074 - 1075.

[48] Akavipat R,Wu L S,Menczer F. Small world peer networks in distributed Web search[C]//Proceedings of the 13th international World Wide Web conference on Alternate track papers & posters. New York:ACM,2004:396 - 397.

[49] Lele N,Wu L S,Akavipat R,et al. Sixearch. org 2. 0 peer application for collabo-

rative web search[C]//Proceedings of the 20th ACM conference on Hypertext and hypermedia. New York:ACM,2009:333 – 334.

[50] Wu L S, Menczer F. Diverse peer selection in collaborative web search[C]//Proceedings of the 2009 ACM symposium on Applied Computing. New York:ACM,2009:1709 – 1713.

[51] Stewart J, Bederson B B, Druin A. Single display groupware: a model for co-present collaboration[C]//Proceedings of the SIGCHI conference on Human Factors in Computing Systems. New York:ACM,1999:286 – 293.

[52] Pedersen E R, McCall K, Moran T P, et al. Tivoli: an electronic whiteboard for informal workgroup meetings[C]//Proceedings of the INTERACT'93 and CHI'93 conference on Human factors in computing systems. New York:ACM,1993:391 – 398.

[53] Myers B A, Stiel H, Gargiulo R. Collaboration using multiple PDAs connected to a PC[C]//Proceedings of the 1998 ACM conference on Computer supported cooperative work. New York:ACM,1998:285 – 294.

[54] Stewart J, Raybourn E M, Bederson B, et al. When two hands are better than one: enhancing collaboration using single display groupware[C]//CHI 98 Cconference Summary on Human Factors in Computing Systems. New York:ACM,1998:287 – 288.

[55] Morris M R, Paepcke A, Winograd T. TeamSearch: comparing techniques for co-present collaborative search of digital media[C]//Horizontal Interactive Human-Computer Systems, 2006. TableTop 2006. First IEEE International Workshop on. IEEE, 2006.

[56 – 57] 郑昌波,秦前清,袁军,等. 计算机远程控制技术研究及实践[J]. 计算机工程与设计,2005(6):1636 – 1638.

[58] 王家兵. 远程控制技术在图书馆的应用[J]. 图书馆学刊,2013(6):118 – 120.

[59 – 60] Golder S A, Huberman B A. Usage patterns of collaborative tagging systems [J]. Journal of Information Science, 2006, 32(2):198 – 208.

[61] Cernea D, Del Moral E, Gayo J. SOAF: semantic indexing system based on collaborative tagging[J]. Interdisciplinary Journal of E-Learning and Learning Objects, 2008, 4 (1):137 – 149.

[62] 马丽萍. 聚类检索述评[J]. 图书情报工作,2006,50(7):122 – 124.

[63] Altingovde I S, Subakan Ö N, Ulusoy Ö. Cluster searching strategies for collaborative recommendation systems[J]. Information Processing & Management, 2013, 49(3): 688 – 697.

第四章　影响协同信息检索行为的因素

协同信息检索行为受到很多因素的影响。我们全面调查了国内外研究协同信息检索行为的文献，从多个维度归纳总结了协同信息检索行为的影响因素。

第一节　任务因素

Morris[1]研究了需要进行协同信息检索的常见任务，她指出协同信息检索中最常见的任务类型依次为制订旅行计划、大件消费和文献检索。其他研究者就任务类型差异和任务自身特点对协同检索行为的影响进行了研究。

一、任务类型差异

任务类型差异因素的研究主要见表4－1。

表4－1　任务类型差异因素

研究者	研究时间	影响因素	影响方式
Nasser Saleh, Andrew Large	2011	任务类型	学习任务本身的特点影响了协同信息行为
Zhen Yue, Shuguang Han, Daqing He	2012	任务类型	影响协同检索交流行为的时间分布
Daqing He, Dan Wu, Zhen Yue, Anna Fu, Kim Thien Vo	2012	任务类型	影响资源类型选择

Nasser Saleh[2]等通过对本科生完成基于课程的工程项目作业的协同行为观察分析，研究了学习任务与工作任务的差异。研究者认为，学习任务不仅仅是完成任务回答问题，深层目的是考察学习成果，巩固学到的知

识，而工作任务的目的更多的只是得出结论或者找到解决问题的方法。学习任务的这种复杂的特点促使协同检索行为的发生。但是研究者并没有具体研究学习任务的特点是如何影响协同检索行为的。

Zhen Yue[3]等研究了两种不同任务类型（旅行计划和学术任务）对协同信息检索行为的影响。研究发现，任务类型差异对协同检索交流行为的时间分布有所影响。旅行计划类休闲任务的交流行为在整个检索过程中的变化更加平稳。学术任务中的交流行为频度在不同阶段有所波动：开始和结束的阶段较多，中间阶段较少。同时，旅行计划类休闲任务倾向于通过交流达成共识，而学术类检索任务更倾向于对检索结果进行讨论。

Daqing He[4]等研究者探讨了任务类型对协同信息检索中资源类型选择的影响。研究者发现，在检索复杂的学术任务时，包括准备课堂作业以及考试，本科生最常用的资源类型是在线电子资源，而在他们生活中最普及的社交网络站点并没有在学术检索中占据优势。在寻找书籍以及问题答案的时候，本科生对传统资源的利用与对电子资源的利用同样重视，甚至更加愿意使用传统资源，如图书馆目录以及面对面咨询。本科生在进行协同信息检索的时候更加愿意寻求容易分享的资源类型。

关于任务类型差异对协同信息检索的影响，研究者们主要从任务类型对协同检索交流行为的时间分布上、检索资源选择上的差异，以及由于任务差异触发的协同检索行为差异进行研究。

二、任务特点差异

任务特点差异因素的研究主要见表 4 – 2。

表 4 – 2　任务特点差异因素

研究者	研究时间	影响因素	影响方式
Martin Halvey, David Vallet, David Hannah, Yue Feng, Joemon M. Jose	2010	任务特点	检索效果
Roberto González-Ibáñez, Muge Haseki, Chirag Shah	2013	任务特点	影响任务分工和检索效果
Yihan Tao, Anastasios Tombros	2014	任务特点	检索效果

Martin Halvey[5]等研究了多媒体信息检索任务中多媒体协同检索工具的使用对检索效果的影响。研究发现，运用研究者自己开发的协同视频检索工具 ViGOR 进行同步协同检索和异步协同检索的效果都比单独检索的效果好；利用协同视频检索工具的小组比单独检索能够检索到更多视频。

Roberto González-Ibáñez[6]等研究者探讨了任务自身特点对协同检索的影响。他们认为不易分工的任务(如需要头脑风暴的任务)更加适合面对面交流的协同形式,易分工的任务更加需要一定程度的独立性,而不仅仅是单纯地提供更方便的交流机制。

Yihan Tao 和 Anastasios Tombros[7]发现协同信息检索用户研究中的任务是主题性的研究型任务,任务难度大,且要求检索人员尽量没有相关背景知识。在这样的任务背景下,协同检索人员面临的最大挑战就是无法在任务开始时就构建出任务结构,并且导致各自搜集的信息出现重复。

关于任务特点的实证研究主要探讨了由于任务自身特点导致的协同检索行为特点。这类研究仅仅针对某一种类型的任务,分析用户在检索时的行为特点。通过以上分析可以发现,前人对任务因素的研究还没有关注到任务难度对协同检索行为的研究。

第二节　场景因素

场景不同,信息和信息流的特点就不同,协同信息检索行为因此也有可能不同。以下的研究者研究了不同场景中的协同信息检索行为,关注场景差异对协同信息检索行为是如何产生影响的。

一、实验室场景

实验室环境中的工作场景研究是指在实验室环境中模拟工作场景,人为地设置不同条件的工作场景,观察协同信息检索行为。研究焦点包括:交流机制的差异、空间差异、激励机制差异、检索策略差异和认知情境差异。有关实验室场景的主要研究见表 4 – 3。

表 4 – 3　实验室场景因素

研究者	研究时间	影响因素	影响方式
Bracha Shapira, Paul B. Kantor, Benjamin Melamed	2001	激励机制	贡献行为
Chirag Shah, Roberto González-Ibáñez	2012	交流机制	检索效果
Meredith Ringel Morris, Andreas Paepcke, Terry Winograd	2012	检索策略	检索效果

续表

研究者	研究时间	影响因素	影响方式
Roberto González-Ibáñez, Muge Haseki, Chirag Shah	2013	空间差异	交互行为
Michael B. Spring, Vichita Vathanophas	2003	认知情境	交互行为和检索效果
Chirag Shah	2013	认知情境	检索效果
Robert Villa, Joemon M. Jose	2012	认知情境	检索效果和检索行为

Bracha Shapira[8]等研究者要求实验对象在不同的激励机制环境中完成协同信息检索任务。研究发现,用户在激励机制环境中受到小组之间的竞争环境和协同检索系统提供的奖励两个外在动机的激励,贡献行为明显提高。贡献行为的提高能够使协同系统更加高效。

Chirag Shah 和 Roberto González-Ibáñez[9]等研究者通过设置了三种不同交流机制的工作场景,分别是:共同在场、异地并支持文本聊天交流、异地并支持文本聊天和视频聊天。研究发现协同检索中的交流行为并不是越多越好。实验结果显示,仅被提供文本交流的异地协同人员独立性更强,查找到的信息更加多元化。存在更多交互行为的共同在场协同人员被交流行为分散精力,检索效果并不理想。这说明提供更加便利的交流机制并不是全部,协同检索需要一定程度的独立性。被提供文本和视频两种交流方式的异地协同人员综合了前两者的优势,取得了最好的检索效果。

Meredith Ringel Morris[10]等研究者在自行设计的 TeamSearch 系统上探讨了检索策略差异对协同信息检索效果的影响。一种策略将所有组员的活动都看作完成一个检索的过程,一种策略将所有组员的活动解释为独立的、平行的检索过程。研究结果显示,这两种策略同样有效,但是集体协同检索在增强小组协作和团队认知上更有优势。

Roberto González-Ibáñez[11]等在另一项研究中设置三种不同空间条件的工作场景,探讨了空间差异对协同检索中交互行为的影响。这三种工作场景分别是:两人共用一台电脑、两人分别使用一台电脑并在同一房间内、两人在不同的房间内各自使用一台电脑。研究发现,两人使用一台电脑的场景下产生了更多交互行为,并且对找到的信息有更多评价性的交流。两人分别使用各自的电脑能找到更多信息,并且尝试了更加多样化的检索形式。虽然在同一空间工作的小组比在不同共建工作的小组产生了更多的交互行为,但是在不同空间工作小组的工作效果更好。

在实验室场景中,有关认知情境的差异研究较多,主要关注认知情境对交互行为和检索效果的差异。

Michael B. Spring 和 Vichita Vathanophas[12] 的研究发现,认知工具的使用对检索效果具有消极影响,同时也使交流行为减少了。认知工具的使用使交流需求减少,对某些实验参与者的工作积极性也有消极影响。认知工具持续地实时抓取传输情境信息,使参与者能及时意识到自己的贡献,但是这些信息也干扰了检索。作者认为认知工具的界面应该简单。

Chirag Shah[13] 也研究了不同认知情境下的协同信息检索行为,他将用户的认知情境设置为:最低限度的认知——不提供进程认知信息,个人程度的认知——提供个人进程认知信息和团队程度的认知——提供团体进程认知信息。他认为第三种认知情境提供的认知信息不仅信息数量最充足而且信息类型最合适,这种有效认知信息能使小组的合作效果达到最好。

Robert Villa[14] 等研究了不同认知环境下多媒体信息的协同检索行为,他们也将用户设置在不同的认知情境中,研究发现用户在提供认知信息的环境中比在不提供认知信息的环境中能够找到更多相关的视频信息。研究者还发现虽然提供认知信息能够帮助提高用户的检索效果,但是同时也降低了用户达到更好检索效果需付出的努力程度。

实验室场景是一种模拟的工作场景,除此以外,还有大量对真实工作场景因素的研究,主要是指在真实的工作场景中通过观察访谈等方式研究特定工作领域内产生的协同信息行为。

二、医疗场景

有关医疗场景的主要研究见表 4 – 4。

表 4 – 4　医疗场景因素

研究者	研究时间	影响因素	影响方式
Madhu C. Reddy, Paul Dourish	2002	信息环境特点	行为方式
Madhu C. Reddy, Patricia Ruma Spence	2008	信息环境特点	触发协同信息检索行为
Madhu C. Reddy, Bernard J. Jansen	2008	信息检索特点	缺少领域专家;复杂的信息需求
Sharoda A. Paul, Madhu C. Reddy	2010	信息环境特点	触发协同信息理解行为
Morten Hertzum	2010	信息失误	医疗事故

Madhu C. Reddy 和 Paul Dourish[15]早在 2002 年就对医疗场景中的协同信息检索进行了研究，他们认为医疗情境中的协同检索不是简单地询问和解答，而是能够使信息在对的时间对的地点被获取。他们发现医疗从业者在做出决策时必须持续地平衡并整合医疗相关的和组织相关的信息，他们搜寻和提供信息的过程与其他工作紧密地交织在一起，而不是孤立地提出问题和解答问题。研究者指出信息仓储系统并不只是存储和检索信息的地方，而应该是能够支持工作任务的完成。

Madhu C. Reddy 和 Patricia Ruma Spence[16]在另一项研究中发现除了信息需求的复杂性之外，触发协同信息检索行为的因素还包括缺乏专业知识以及易理解的信息。研究者进一步深入研究了需要处理复杂情况的急诊病房中的信息行为，归纳了医疗场景中七种特有的信息需求类型。研究发现，医疗场景中需求的信息除了与医疗相关的信息，同时还有大量的组织性的信息需求，以便成员间更好的配合。

Madhu C. Reddy 和 Bernard J. Jansen[17]还调查了两类拥有类似专业训练背景但是在两种完全不同的医疗机构任职的医疗工作团队，一个是位于市区的大型医院的重症监护病房，一个是位于郊区的小型医院的急诊病房。研究者更多的调查了两个团队在协同行为方面的共性，以及这种共性与个人信息行为的差异。研究者认为协同信息行为与个人信息行为的差异主要在于交流行为上的差异。个人信息行为中，交流仅仅局限于提问和解答；而协同信息行为中，交流行为成为信息共享的机制，促使个人行为转变为协同信息行为，在于复杂的信息需求。

Sharoda A. Paul 和 Madhu C. Reddy[18]认为医疗场景中的协同人员同时面临信息过载和信息缺失。他们需要处理的信息大多具有歧义，因职位不同而存在信息分配失衡，部分人员缺少专业知识技能，因此出现协同信息行为。

Morten Hertzum[19]研究了医疗场景中协同信息检索中的失误(breakdowns)行为，即医生在分工合作环境中由于信息缺失导致的工作失误，这种失误有可能导致医疗事故。他把这种信息失误归纳为两类，一是医疗流程中的所有相关人员均已知该信息，即信息搜寻失误；二是部分人员未知该信息导致工作失误，而流程中的其他人员已知该信息，即协同达成共识失误。研究者发现：医疗过程中的大部分信息失误是协同达成共识的失误而不是信息搜寻的失误；大部分信息失误是由于使用记录信息而不是口头交流，口头交流能很好地弥补记录信息的不足；同时医疗人员的隔离程度与信息失误的风险成正比。

三、军事场景

有关军事场景的主要研究见表4－5。

表4－5　军事场景因素

研究者	研究时间	影响因素	影响方式
Diane H. Sonnenwald, Linda G. Pierce	2000	军事场景	竞争性的协同行为
Paul Prekop	2002	军事场景	协同信息检索要素

Diane H. Sonnenwald 和 Linda G. Pierce[20] 早在 2000 年就开始研究军事场景中的协同信息检索行为，他们认为军事场景中的环境信息非常错综复杂，包括个人环境认知信息、组内环境认知信息和组间环境认知信息。成员间频繁交流，交流信息内容也涉及工作环境、工作进程以及专业领域信息等。研究者发现军事场景中的协同信息行为通常是一种具有竞争性的协同，团队成员维持着一种外在的合作，但在更深层次上却更多地关注自身利益，这种模式往往会损害合作成果。

Paul Prekop[21] 的研究定义了军事场景中协同信息检索行为的三种要素：信息检索的定位、信息检索的模式以及两者所处的工作环境。他认为协同信息检索中存在以下几类功能性角色：信息查寻发起者、信息认证者、信息收集者、信息参考者、信息提取者、小组管理者和小组维护者。信息检索的模式包括：通过推荐检索，直接提问检索和宣传信息路径。他认为环境支持和技术支持是带来良好合作效果的重要因素。

对军事场景中的协同信息检索行为研究开始的较早，但是研究数量并不多，主要研究了军事场景中协同信息检索的构成要素以及具有竞争性的协同行为特点。

四、科研场景

有关科研场景的主要研究见表4－6。

表4－6　科研场景因素

研究者	研究时间	影响因素	影响方式
Diane H. Sonnenwald, Kelly L. Maglaughlin, Mary C. Whitton	2004	科研场景	环境认知信息对协同信息行为的影响
Jette Hyldegård	2006	完成学习任务	个人信息检索行为与协同信息检索行为的差异性
Jette Hyldegård	2009	完成学习任务	情境因素和社交因素对检索效果产生影响

Diane H. Sonnenwald[22]等研究者探讨了科研场景中的环境认知对协同信息检索行为的影响，认为在复杂动态的科研活动中，环境认知扮演了重要角色。研究者通过对科研工作者采访并观察，阐释了环境认知在科学领域的复杂性，认为科研场景中的环境认知信息是由情境、任务和流程信息以及社会情感信息组成的。

Jette Hyldegård[23]在研究中发现有些协同检索成员在任务完成后存在不确定、困惑和失望情绪，他认为这是由于组内成员的动机、目标和关注点没有达成一致造成的，这说明并不能简单地把一个协同检索"小组"模式化为一个"个人"。

Jette Hyldegård[24]从个人信息行为（IIB）和协同信息行为（CIB）对比的角度，说明完成学习任务过程中，情境因素和社交因素对协同信息行为的影响。完成学习任务的动态过程中，各个不同的阶段会在小组视角和个人视角之间转换，导致子任务和行为的差异。这些转换和差异限制了达成共识和得到协同结果。社交因素对协同信息行为产生了积极影响，使得组织成员更加自信，同时不确定性以及困惑的程度更低。

对科研场景中的协同信息检索行为研究主要关注科研场景中复杂的环境信息特点及其组成，科研场景中个人信息行为和协同信息行为的差异性，以及情境因素和社交因素对协同信息检索行为的影响。

五、工商业场景

有关工商业场景的主要研究见表4－7。

表4－7　工商业场景因素

研究者	研究时间	影响因素	影响方式
Raya Fidel, Annelise Mark Pejtersen, Bryan Cleal, Harry Bruce	2004	设计领域	协同检索动机
Preben Hansen, Kalervo Järvelin	2005	专利领域信息特点	两种协同方式
Chunke Su, Noshir Contractor	2011	咨询领域特定资源类型	信息检索行为

Raya Fidel[25]等研究者研究了设计领域的协同检索行为，他们从多个维度分析了检索人员协同检索的动机以及面临的挑战，认为协同检索系统应该能够支持检索人员的各个维度的交互，并且能够帮助获知其他成员的

知识、想法和观点。

Preben Hansen 和 Kalervo Järvelin[26]发现专利领域的工作流程中涉及大量的协同检索行为，他们根据信息资源的存储方式不同，将协同信息检索行为划分为基于文档的协同行为和基于人的协同行为。研究发现专利工程师并没有分享资源的行为，作者分析是因为专利工程师们非常熟悉需要使用的资源。另外，由于专利应用模式已经非常成熟，所以出现了重复使用检索式并共享检索路径的行为，并且在完成检索任务前会有组内讨论核实的行为。

Chunke Su 和 Noshir Contractor[27]探索了知识资源类型（人所拥有的知识和数字知识仓储）对咨询人员协同信息检索行为的影响：咨询人员是否直接向团队成员寻求相关信息，很大程度上取决于团队成员自身的知识丰富程度和相关知识信息的获取难易程度；咨询人员是否向数字知识仓储寻求相关信息，很大程度上取决于该知识仓储存储信息的丰富程度以及与他们关系密切的同事是否从该知识仓储中获取知识。

工商业场景的研究主要涉及信息环境复杂的专利领域、咨询领域和设计领域。研究重点在于该领域的信息特点、协同方式、资源类型对检索行为的影响和检索动机的分析。

第三节　用户群因素

用户群因素方面，主要从用户群关系和用户群类型两个维度进行分析归纳。用户群关系主要是由于用户关系类型差异导致的协同行为差异。用户群类型维度主要是指由于用户群类型差异导致的协同行为差异。

一、用户群关系

有关用户群关系因素的主要研究见表 4 – 8。

表 4 – 8　用户群关系因素

研究者	研究时间	影响因素	影响方式
Mamata Bhandar, Shan-Ling Pan, Bernard C. Y. Tan	2007	现实组间关系	激励、整合、促进
Brynn M. Evans, Sanjay Kairam, Peter Pirolli	2010	社交关系（现实、虚拟）	检索效果

续表

研究者	研究时间	影响因素	影响方式
Jérôme Dinet, Robin Vivian	2012	现实朋友关系	检索效果
Rich Gazan	2010	网络问答社区中的虚拟关系	资质与身份差异影响其他成员的行为
Nan Zhou, Gerry Stahl	2007	网络学习社区中的虚拟关系	网络社区中的信息需求类型
Oisín Boydell, Barry Smyth	2010	网络检索中的虚拟关系	提供更加符合检索者偏好的摘要信息
Chia-Ching Lin, Chin-Chung Tsai	2011	网络检索中的虚拟关系	加书签、评论、标注

Mamata Bhandar[28]等的研究认为社交资源在协同信息系统项目(Collaborative Information System Project)的不同阶段中充当了多重的杠杆作用,激励、整合、促进了知识聚合。同时,研究者认为社交资源在项目知识整合中的积极作用具有偶然性,这种偶然性取决于每个小组目标与整个项目目标的一致程度。

Brynn M. Evans[29]等通过设置社交情境和非社交情境研究了社交因素对协同检索行为的影响。社交情境允许实验对象使用社交资源完成检索任务,社交资源包括朋友、同事、社交网络、问答网站以及博客,不允许使用传统的搜索引擎。非社交情境下,只允许实验对象使用传统的搜索引擎,另外也包括维基百科。实验显示,当社交资源与搜索引擎结合起来时,能够在最大程度上帮助用户获取信息。

Jérôme Dinet 和 Robin Vivian[30]进一步探讨了朋友关系对协同信息检索的影响。研究结果显示,以小组为单位的检索效果比一个人单独的检索效果要好:检索到更多答案,检索到的正确答案更多,检索效率更高。没有朋友关系的小组比有朋友关系的小组的检索效果要好:检索到更多答案,检索到的正确答案更多,检索效率更高。由朋友组成的小组产生了更多无关的检索式。由朋友组成的小组产生了更多矛盾,而由非朋友关系组成的小组更多关注于达成一致性的搜寻。

Rich Gazan[31]调查了社会化问答社区中的用户关系。他认为,不同于传统的将解决问题看作信息检索行为的中心,在社会化问答社区中,社交需求如交流需求、荣誉感以及利他主义往往在解决问题之上。研究人员通过对问答社区中产生的协同信息行为进行观察分析,得出协同信息搜寻行为是一种综合性的需求,需要综合考虑嵌入式的技术支撑、情感需求、社区的社会动机以及协同行为发生时的信息环境。

Nan Zhou 和 Gerry Stahl[32]研究了数学学习社区中的虚拟社交关系,定义了网络学习社区中的信息需求类型。他们认为,在网络学习社区中需求的信息包括流程相关的信息、问题相关的信息、环境相关的信息、社交相关的信息。

Oisín Boydell 和 Barry Smyth[33]提出通过归纳检索结果,利用具有相同兴趣检索者的协同检索行为,得出更加符合检索者偏好的摘要信息。

Chia-Ching Lin 和 Chin-Chung Tsai[34]研究了社会化标注的特点和模式,以及社会化书签对协同信息行为的影响。他们认为社会化标注能够有效地支持协同信息检索活动,并且可以通过同龄人的评述和推荐帮助学生群体进行网络学习。

用户群关系方面,研究者主要从现实关系和虚拟关系两种角度进行。现实关系包括现实生活中的组间关系、朋友关系。虚拟关系包括网络社区和网络检索中的关系。研究发现,现实生活中的组间关系资源对知识整合的积极作用具有偶然性,取决于小组目标和项目目标的一致程度。朋友资源在与搜索引擎结合时能最大限度地帮助用户,但是过分密切的朋友关系资源也会对检索效果产生消极影响。对网络社区中虚拟关系的研究,主要侧重于信息需求类型研究。网络检索虚拟关系的研究,更多地关注如何利用这种虚拟关系提高系统和用户的检索效果。

二、用户群类型

有关用户群类型因素的主要研究见表 4 – 9。

表 4 – 9　用户群类型因素

研究者	研究时间	影响因素	影响方式
Andrew Large, Jamshid Beheshti, Tarjin Rahman	2002	性别	检索行为差异
BrachaShapira, Paul B. Kantor, BenjaminMelamed	2001	用户群类型	贡献行为
Catherine Blake, Wanda Pratt	2006	用户群类型	协同参与度
Chirag Shah, Jeremy Pickens, Gene Golovchinsky	2010	成员角色定位	检索效果

Andrew Large[35]等研究者的研究关注性别因素对协同信息检索行为造成的差异,选择三年级小学生为研究对象,研究发现男生组比女生组在用搜索引擎检索构建检索式时使用了更少的单词,输入了更多的检索式,花了更少的时间浏览网页,每分钟点击了更多了超文本链接,每分钟进行了更多的页面跳转,更多地保存信息。总体来说,男生比女生在信息检索方面更加活跃。男生和女生的相同点是几乎都没有用过任何检索策略,包括逻辑检索符。

Bracha Shapira[36]等研究了两类用户群在不同激励机制条件下的协同信息行为,发现 MBA 学生在没有激励机制的情况下较有激励条件的本科生产生了更多帮助改进系统的贡献行为。这项研究还发现,在受到小组间竞争环境和网站提供的奖励这两种外在动机的激励下,用户会产生更多帮助提高协同系统性能的贡献行为。

Catherine Blake 和 Wanda Pratt[37]研究了两类医疗团队的协同检索行为,发现医疗领域中互不相识的专家小组比共事多年但专业背景参差不齐的小组的协同参与度更高。

Chirag Shah[38]等构建了一种模型,能够整合并重新分配检索结果,以此满足协同信息检索情境中不同角色用户的需求。研究定义了两种角色,收集者和研究者:收集者关注快速发现尽可能多的相关信息,研究者深入探索更加多元化的文件集合。通过协同中不对称的角色定位和责任归属,研究者希望能够达到全部大于部分之和的检索效果。

用户群类型研究关注类型差异情况下的行为差异,主要包括贡献行为、协同参与行为,以及通过定义用户类型来提高检索效果。

第四节　协同信息检索行为影响因素小结

这一章中,我们从影响因素的角度总结了协同信息检索领域中的已有研究成果。已有的研究在影响因素方面主要从任务、场景和用户这三类大因素出发,分别展开细分研究。在任务方面,既有对比两种任务类型差异,也有针对某一种任务的特点展开的研究。在场景方面,既有模式实验环境下的工作场景研究,也有不同门类真实工作场景的观察访谈研究。在用户方面,既有对比不同类型用户群差异的研究,也有根据用户类型所做的研究。

本书下一章将主要从用户、情境和任务这三个影响因素维度构建协同信息检索行为模型,并探究这些因素对协同信息检索行为的影响。我们的研究在任务差异、情境设置和用户类型方面均有所突破:任务类型方面突破两种任务类型的比较,分别对比了三种类型和难度的任务;情境方面既有实验室环境下研究也有现实工作场景的研究;用户方面既对比了不同类型的个人用户,也对比了不同类型的群体用户。

参考文献

[1] Morris M R. A survey of collaborative web search practices[C]//Proceedings of the SIGCHI Conference on Human Factors in Computing Systems. ACM,2008:1657 – 1660.

[2] Saleh N,Large A. Collaborative information behaviour in undergraduate group projects:A study of engineering students[J]. Proceedings of the American Society for Information Science and Technology,2011,48(1):1 – 10.

[3] Yue Z,Han S,He D. An investigation of search processes in collaborative exploratory web search[J]. Proceedings of the American Society for Information Science and Technology,2012,49(1):1 – 4.

[4] He D,Wu D,Yue Z,et al. Undergraduate students' interaction with online information resources in their academic tasks:a comparative study[J]. Aslib Proceedings:New Information Perspectives. 2012:64(6),615 – 640.

[5] Halvey M,Vallet D,Hannah D,et al. An asynchronous collaborative search system for online video search[J]. Information processing & management,2010,46(6):733 – 748.

[6][11] González-Ibáñez R,Haseki M,Shah C. Let's search together,but not too close! An analysis of communication and performance in collaborative information seeking [J]. Information Processing & Management,2013,49(5):1165 – 1179.

[7] Tao Y,Tombros A. Investigating collaborative sensemaking behavior in collaborative information seeking[J]. Computer,2014,47(3):38 – 45.

[8][36] Shapira B,Kantor P B,Melamed B. The effect of extrinsic motivation on user behavior in a collaborative information finding system[J]. Journal of the American Society for Information Science and Technology,2001,52(11):879 – 887.

[9] Shah C,González-Ibáñez R. Spatial context in collaborative information seeking [J]. Journal of Information Science,2012,38(4):333 – 349.

[10] Morris M R,Paepcke A,Winograd T. Teamsearch:comparing techniques for co-present collaborative search of digital media[C]//Horizontal Interactive Human-Computer Systems,2006. TableTop 2006. First IEEE International Workshop on. IEEE,2006:8.

[12] Spring M B,Vathanophas V. Peripheral social awareness information in collaborative work[J]. Journal of the American Society for Information Science and Technology,2003,54(11):1006 – 1013.

[13] Shah C. Effects of awareness on coordination in collaborative information seeking

[J]. Journal of the American Society for Information Science and Technology, 2013, 64(6): 1122 - 1143.

[14] Villa R, Gildea N, Jose J M. A study of awareness in multimedia search[C]//Proceedings of the 8th ACM/IEEE-CS joint conference on Digital libraries. ACM, 2008: 221 - 230.

[15] Reddy M, Dourish P. A finger on the pulse: temporal rhythms and information seeking in medical work[C]//Proceedings of the 2002 ACM conference on Computer supported cooperative work. ACM, 2002: 344 - 353.

[16] Reddy M C, Spence P R. Collaborative information seeking: a field study of a multidisciplinary patient care team[J]. Information Processing & Management, 2008, 44(1): 242 - 255.

[17] Reddy M C, Jansen B J. A model for understanding collaborative information behavior in context: a study of two healthcare teams[J]. Information Processing & Management, 2008, 44(1): 256 - 273.

[18] Paul S A, Reddy M C. Understanding together: sensemaking in collaborative information seeking[C]//Proceedings of the 2010 ACM conference on Computer supported cooperative work. ACM, 2010: 321 - 330.

[19] Hertzum M. Breakdowns in collaborative information seeking: A study of the medication process[J]. Information Processing & Management, 2010, 46(6): 646 - 655.

[20] Sonnenwald D H, Pierce L G. Information behavior in dynamic group work contexts: interwoven situational awareness, dense social networks and contested collaboration in command and control[J]. Information Processing & Management, 2000, 36(3): 461 - 479.

[21] Prekop P. A qualitative study of collaborative information seeking[J]. Journal of Documentation, 2002, 58(5): 533 - 547.

[22] Sonnenwald D H, Maglaughlin K L, Whitton M C. Designing to support situation awareness across distances: an example from a scientific collaboratory[J]. Information Processing & Management, 2004, 40(6): 989 - 1011.

[23] Hyldegård J. Collaborative information behaviour — exploring Kuhlthau's Information Search Process model in a group-based educational setting[J]. Information Processing & Management, 2006, 42(1): 276 - 298.

[24] Hyldegård J. Beyond the search process — exploring group members' information behavior in context[J]. Information Processing & Management, 2009, 45(1): 142 - 158.

[25] Fidel R, Mark Pejtersen A, Cleal B, et al. A multidimensional approach to the study of human information interaction: a case study of collaborative information retrieval[J]. Journal of the American Society for Information Science and Technology, 2004, 55(11): 939 - 953.

[26] Hansen P, Järvelin K. Collaborative information retrieval in an information-inten-

sive domain[J]. Information Processing & Management,2005,41(5):1101 - 1119.

[27] Su C, Contractor N. A multidimensional network approach to studying team members' information seeking from human and digital knowledge sources in consulting firms [J]. Journal of the American Society for Information Science and Technology,2011,62(7):1257 - 1275.

[28] Bhandar M,Pan S L,Tan B C Y. Towards understanding the roles of social capital in knowledge integration:a case study of a collaborative information systems project[J]. Journal of the American Society for Information Science and Technology, 2007, 58 (2): 263 - 274.

[29] Evans B M,Kairam S,Pirolli P. Do your friends make you smarter?:An analysis of social strategies in online information seeking[J]. Information Processing & Management, 2010,46(6):679 - 692.

[30] Dinet J,Vivian R. The impact of friendship on synchronous collaborative retrieval tasks in the primary school[J]. British Journal of Educational Technology,2012,43(3): 439 - 447.

[31] Gazan R. Microcollaborations in a social Q&A community[J]. Information Processing & Management,2010,46(6):693 - 702.

[32] Zhou N,Stahl G. Towards building a math discourse community:investigating collaborative information behavior[M]//Online communities and social computing. Springer Berlin Heidelberg,2007:509 - 518.

[33] Boydell O,Smyth B. Social summarization in collaborative web search[J]. Information Processing & Management,2010,46(6):782 - 798.

[34] Lin C C, Tsai C C. Applying social bookmarking to collective information searching(CIS):an analysis of behavioral pattern and peer interaction for co-exploring quality online resources[J]. Computers in Human Behavior,2011,27(3):1249 - 1257.

[35] Large A,Beheshti J,Rahman T. Gender differences in collaborative web searching behavior:an elementary school study[J]. Information Processing & Management,2002,38(3):427 - 443.

[37] Blake C,Pratt W. Collaborative information synthesis I:a model of information behaviors of scientists in medicine and public health[J]. Journal of the American Society for Information Science and Technology,2006,57(13):1740 - 1749.

[38] Shah C,Pickens J,Golovchinsky G. Role-based results redistribution for collaborative information retrieval [J]. Information Processing & Management, 2010, 46 (6): 773 - 781.

第五章　协同信息检索行为模型框架的提出

第一节　协同信息检索行为相关理论模型

协同信息检索行为领域的研究方兴未艾，与传统信息检索领域相比还缺乏权威、成熟的理论体系。但目前已有一批学者运用各种研究方法构建协同信息检索行为模型，弥补相关空白，以不断完善和推进协同信息检索理论发展。一方面，这些行为模型的构建大多采用两种思路，既有借鉴已有信息检索模型，在其基础上进行改进，适应协同信息检索行为的特点；也有从现实生活的合作中直接总结协同信息检索行为特征，从而形成对应模型。另一方面，从模型本身形态构成来看，现有的协同信息检索行为模型基本可以分为两类，基于过程和基于要素的协同信息检索行为模型。本节将据此划分标准对协同信息检索行为相关理论模型进行介绍。

一、基于过程的协同信息检索行为模型

这一类型的模型主要以时间为轴，以此揭示不同阶段协同信息检索行为及其相互关系，侧重于行为本身的变化和演进。Preben Hansen 和 Kalervo Järvelin 在专利检索这一信息密集领域现实场景下探寻信息查寻和检索过程中协同活动的表达。他们发现专利检索任务在信息查寻和检索过程中包含高度协同的方面[1]，并且还将这些行为归类对应到不同的检索阶段，形成专利检索领域的协同信息检索行为模型图，如图 5 - 1 所示。

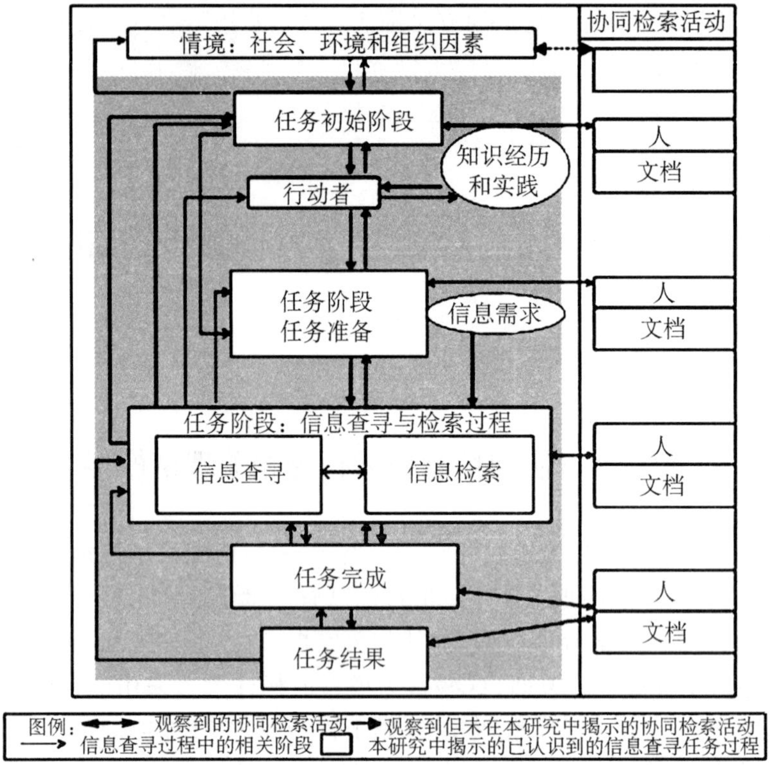

图 5－1　专利领域协同信息检索行为模型[2]

韩毅等人借鉴 Ingwersen 整体认知观思想，嵌入合作信息查寻与检索过程，构建了信息查寻与检索的社会认知模型[3]。该模型整体置于社会、组织和文化情境下，具体又分为任务情境、合作查寻检索情境和查寻检索情境，这些情境间是嵌套关系。韩毅等人还针对任务主体不同分为单用户和群体用户，并相应提出了不同的执行过程，见图 5－2。

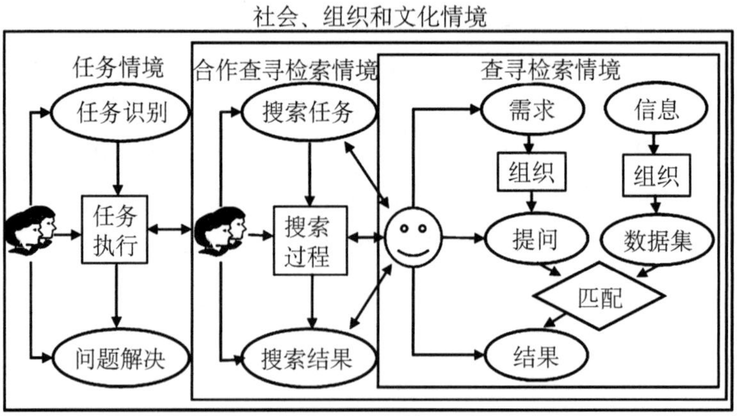

图 5－2　信息查寻与检索社会认知模型[4]

童迎等人利用基于案例的方法描述合作信息查寻与检索过程。通过案例行为数据的扎根分析，最终得到五个核心范畴：查寻者、实际任务、信息查寻与检索任务，信息查寻与检索过程及结果和合作问题解决，并将上述核心范畴的相互作用关系进一步细化，构建了合作信息查寻与检索过程模型[5]，如图 5 – 3 所示。在该过程模型中，合作相关性判断居于核心地位。

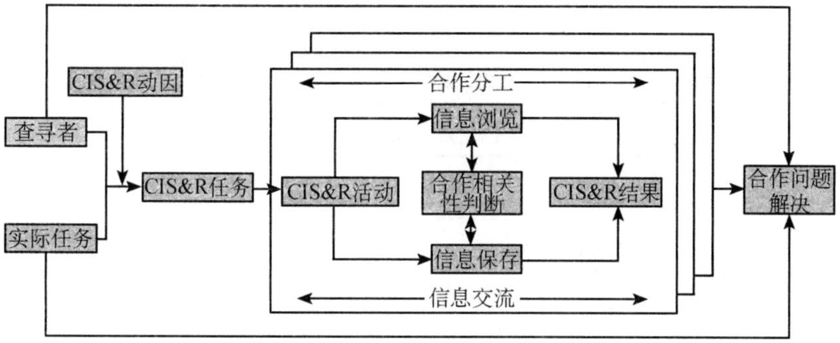

图 5 – 3　合作信息查寻与检索过程模型[6]

与之类似，李鹏和韩毅通过真实合作信息查寻与检索活动案例的数据，聚焦出影响群体用户合作相关性判断的五个主要因素，即查寻者个体与群体、合作信息查寻与检索任务、合作查寻结果、语境和相关性判断表达与交流，据此构建合作信息查寻与检索相关性判断过程模型，见图 5 – 4。该模型是对合作信息查寻与检索过程模型中合作相关性判断环节的细化，模型中合作相关性判断受实际任务或问题驱动，目的是为了解决问题[7]。

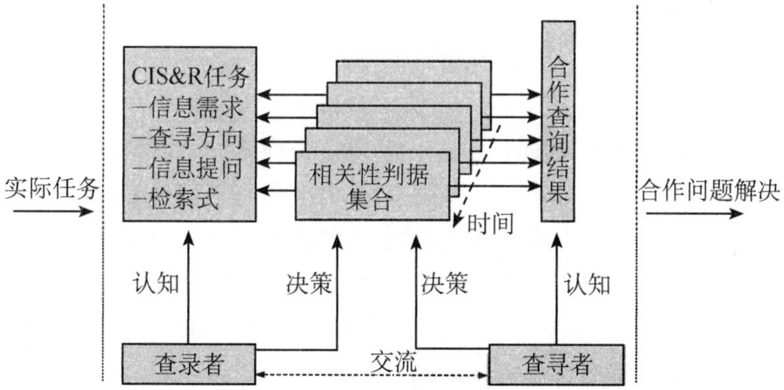

图 5 – 4　合作信息查寻与检索的相关性判断过程模型[8]

González-Ibáñez 和 Shah 关注协同信息查寻中小组情感的相关性和动机等以用户为中心的概念，因此他们提出了一个在支持协同信息检索系统上实施并研究小组情感相关性（Group Affective Relevance，GAR）的模型[9]。他们认为，当开始实现模型中的活动时，用户就产生了信息需求并同时执行符合 Kuhlthau 的 ISP（Information Search Process，信息搜索过程）模型[10]。借鉴 ISP 模型，González-Ibáñez 等人的 GAR 模型框架如图 5－5 所示。

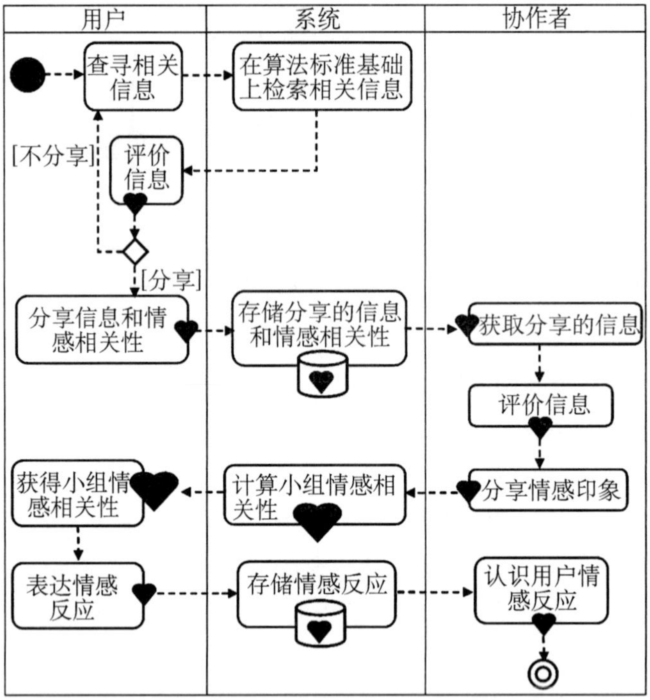

图 5－5　GAR 模型图[11－12]

Jette Hyldegård 同样引入 ISP 模型，讨论在基于小组的教育背景下该模型是否能描述小组成员的行为。ISP 模型将检索分为六个阶段，即开始、选择、探索、形成、收集和展示，并且在各阶段都有对应的情感、意识和行为，如图 5－6 所示。结果表明，虽然在某些程度上小组成员和 ISP 模型中的个人有着相同的认知体验，但是这不仅仅受到信息搜寻行为的影响，也受到工作任务活动和组内交互的影响，所以“小组”概念并不能被认作为“个人”，ISP 模型不适合研究协同信息检索行为[13]。

阶段	初始	选择	探索	形成	收集	展示
情绪(情感)	不确定	乐观	疑惑/失望/困惑	清晰	方向感/自信	轻松/满意或失望
想法(认知)	一般/模糊 ………………			限制/清晰	兴趣增长	→清晰或聚焦
行动(物理)	查寻背景信息		查寻相关信息		查寻相关或焦点信息	

图 5－6　ISP 模型[14]

二、基于要素的协同信息检索行为模型

目前,从数量上看,更多的协同信息检索行为模型是基于要素的模型,主要从不同方面列举出协同信息检索中重要成分,并着重表现这些要素之间的相互关联。Sharoda A. Paul 通过多种质性研究方法,在其他意义建模模型的基础上提出了协同信息查寻情境下的意义建构(sensemaking)框架,如图 5－7 所示。该框架反映了协同意义建构产生的原因和方式,分为三个部分,协同信息检索活动、协同意义建构的触发因素以及协同意义建构过程中产生的行为。由于该框架仅仅是描述性的,所以其中的触发因素和行为并不一定适用于特定协同信息检索活动[15]。

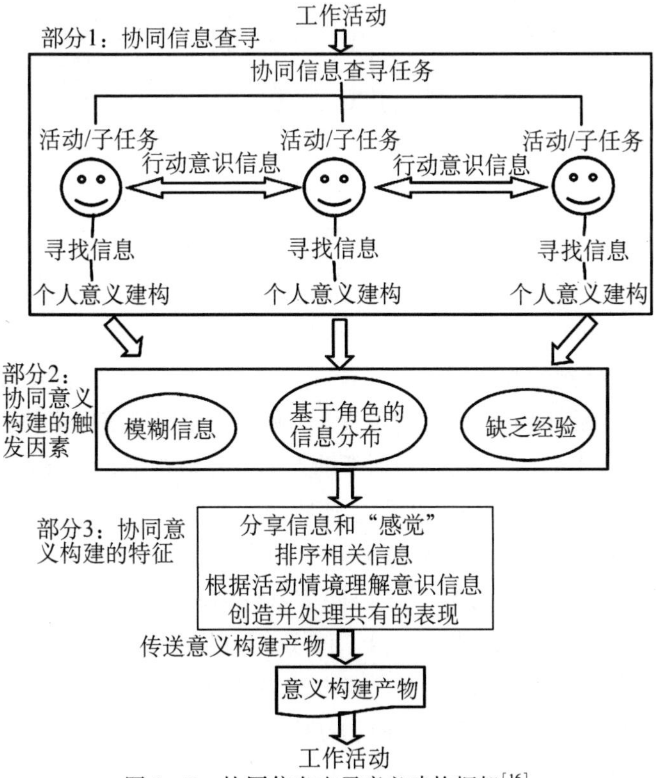

图 5－7　协同信息查寻意义建构框架[16]

Odumuyiwa 和 David 从决策制定的角度研究协同信息检索行为,并将情境限定在经济智能(Economic Intelligence,EI)领域,提出了协同信息检索的3CM 模型,见图5-8。3CM 代表了协同检索的四个方面,即协同者间的沟通(communication)、信息交换的合作方式(collaboration modes)、协同者间交互的协调(coordination)以及协作中所涉及各种形式知识的管理(management)[17]。并且他们在此模型的基础上还总结出了协同信息检索的沟通模型(Communication model for CIR,COCIR),见图5-9。该模型也是由四个主要属性组成,包括发送者、客体、接收者和情境[18]。

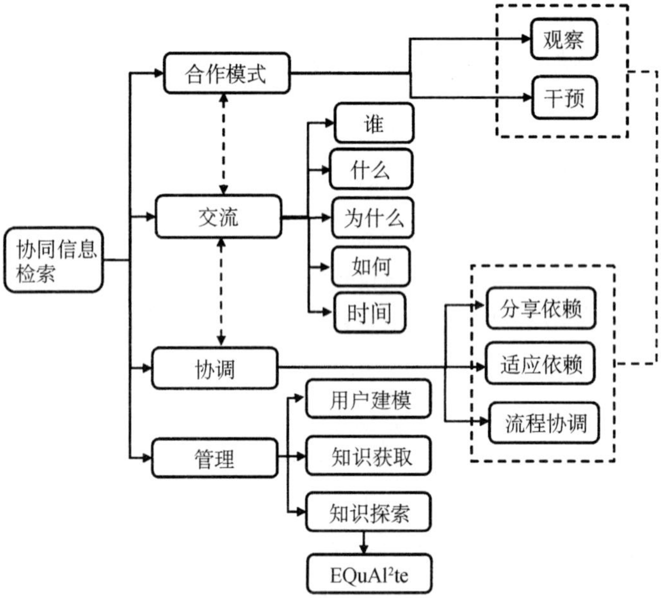

图5-8　3CM 模型[19]

González-Ibáñez 提出了一种收集协同信息查寻实验中所产生数据的方法,并利用新颖的收敛图(convergence map)来整合所收集到的数据。通过收敛图也能从诸如相关性、收敛性、不确定性和情感等因素描述和研究协同信息查寻中的用户行为,从而帮助人们更好地辨别行为模式和提供更高效合作情境有关的有用信息[20]。该收敛图如图5-10所示。

Reddy 和 Jansen 通过实证方法研究协同信息行为的各个方面,并根据这些研究结果从三个维度构建了协同信息行为模型,即用户行为、环境元素和情境触发因素[21],见图5-11。该模型反映了个人和协同信息查寻之间的联系,也显示了这两种查寻形式中的关键因素。其中行为轴和情境轴在问题、中介和互动三个方面同时相互作用。

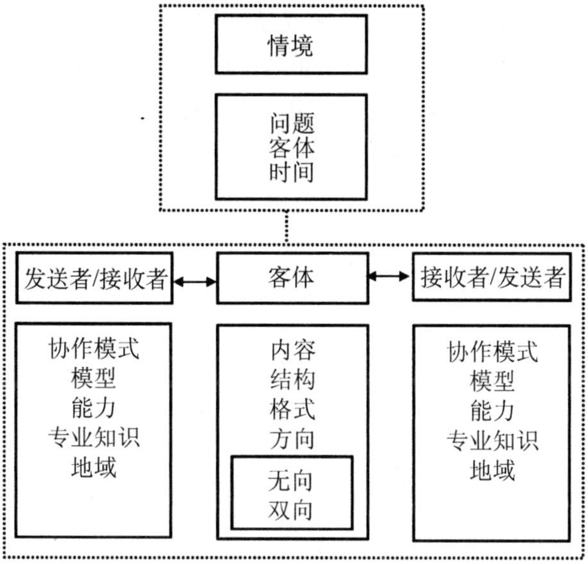

图 5－9　COCIR 模型[22]

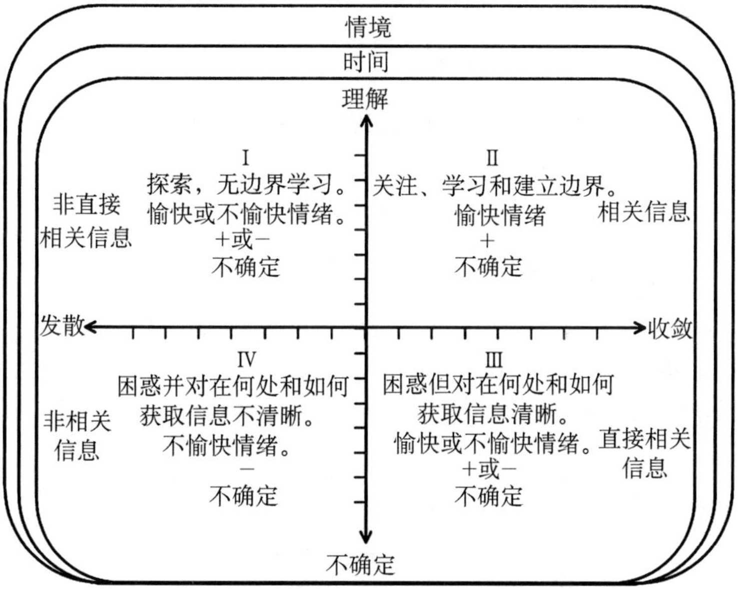

图 5－10　收敛图[23]

Paul Prekop 利用扎根理论的方法在澳大利亚国防军队中进行样本调查，这些被调查者需完成一个命令和控制支持（Command and Control Support，C2S）研究。该研究是对澳大利亚国防军队命令和控制能力持续三年的复杂大型调查。他通过对执行 C2S 调查研究小组的协同信息搜寻行为进行编码，总结出三个对协同信息检索活动十分重要的因素，即信息搜寻角色、信息搜寻模式和情境[24]，并形成相应的模型图，如图 5－12。其中情境包括协同信息查寻情境和组织情境，用于描述事件、历史、文化、知识和理解的集合。信息搜寻角色反映了用户在小组内的行为和责任，共有七种。而信息搜寻模式指用户的典型活动、互动和行为。

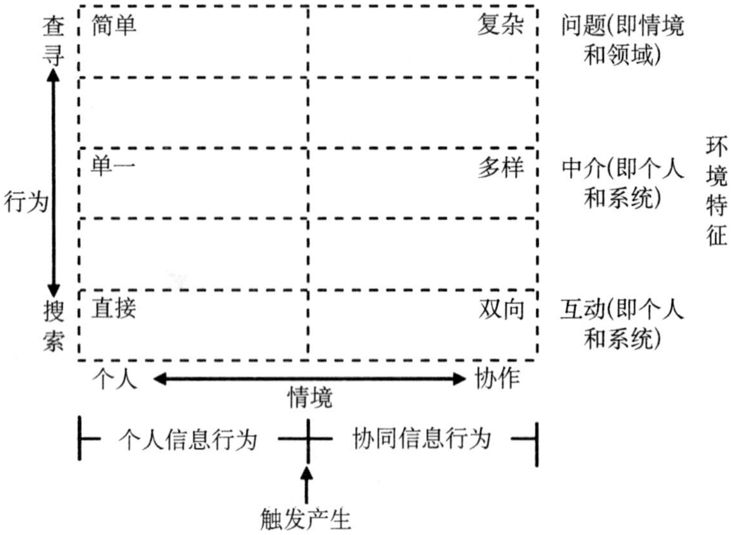

图 5－11　个人和协同信息行为关系模型[25]

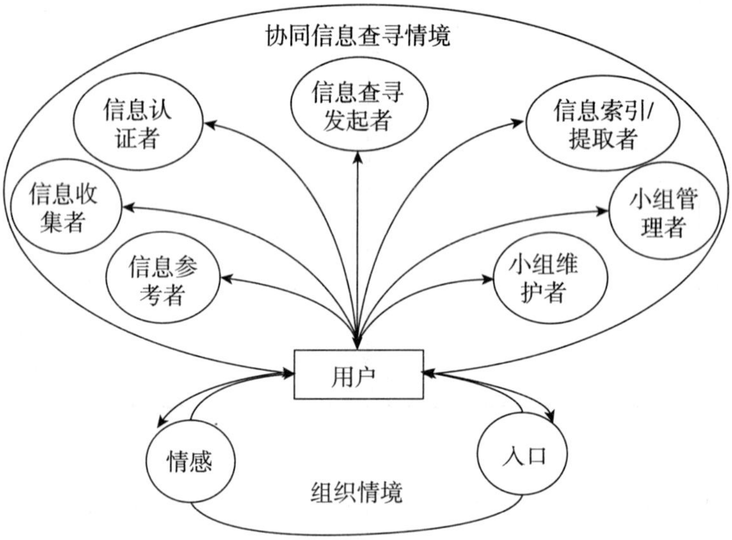

图 5－12　C2S 协同信息查寻模型[26]

Shah 的协同信息检索行为模型形成主要经历了三个阶段。首先，他构建了一个以信息获取和信息组织为中心的单用户模型，主要分为资源层、工具层、用户层和结果层,用户通过协同工具在检索资源层收集信息,并能在结果层分享信息。然后通过在这四层里的多种实体间合作进行模型扩展。最后将该框架放到研究用户利用传统或者协同工具实现个人或共有目标的情境中,整合形成最终的协同信息查寻模型,见图 5 - 13。该模型的四个层次分别对应合作三个不同的方面中的一个或多个,包括预交涉或问题设置、方向设置和实施[27]。

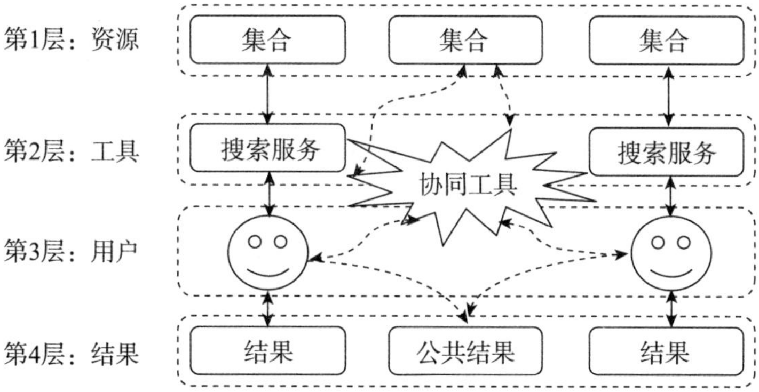

图 5 - 13　Shah 的协同信息查寻模型[28]

Raya Fidel 和 Harry Bruce 等人采用观察和访谈法,以认知工作分析(Cognitive Work Analysis)模型为指导对微软工程人员协同信息检索活动进行研究[29-30]。该框架同时关注用户任务、环境以及执行任务的用户感知、认知和人体工程学属性,如图 5 - 14 所示。

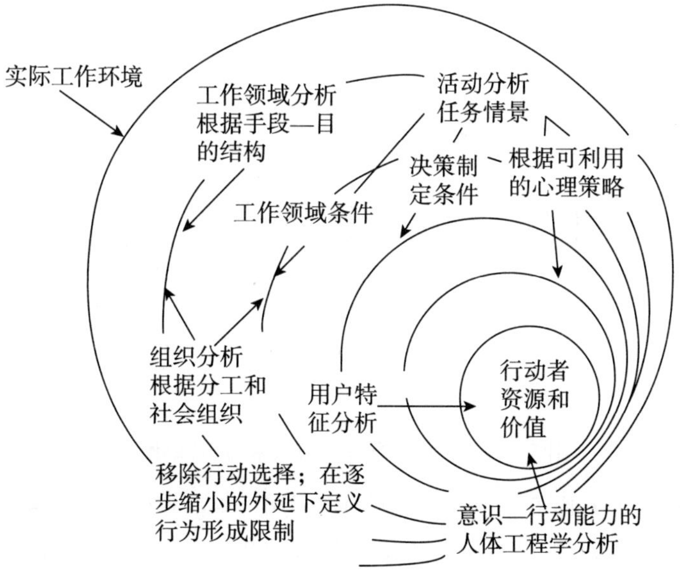

图 5 - 14　认知工作分析模型[31]

Shah 和韩毅等人都关注了协同信息检索行为中合作的最基本的元素并均总结为 5C。Shah 的 C5 模型中包括五个集合，即交流（communication）、贡献（contribution）、协调（coordination）、合作（cooperation）和协同（collaboration），如图 5－15 所示。可以看出，内圈概念是外圈概念的支持或是必需。另外图中关系也能说明，真正的协作需要更紧密的整合[32]。而韩毅在语境（context）环境下阐述了交流（communication）、合作（collaboration）、贡献（contribution）和共识（consensus）的概念及特定语境下合作信息查寻与检索的理想路径，如图 5－16 所示。他还指出，在某个决策点还存在不同的选择，故可形成一个信息查寻与检索行为的演化谱系，合作信息查寻与检索仅是这个谱系中的一种可能[33]。

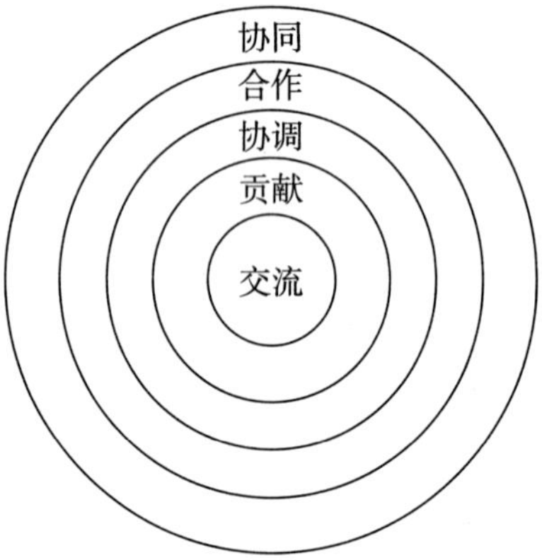

图 5－15　基于集合的 C5 协同模型[34]

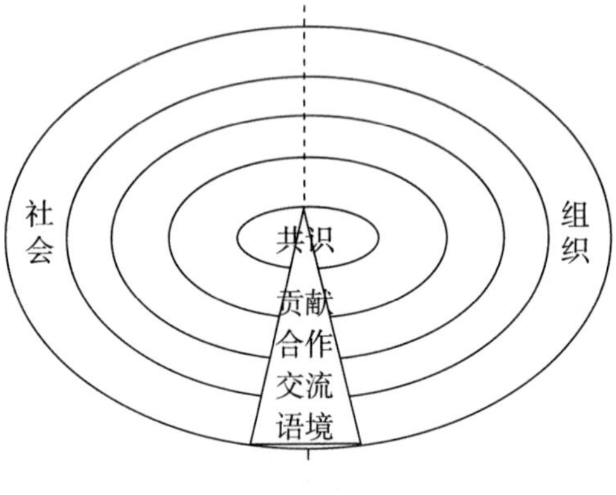

图 5－16　合作信息查寻与检索的 5C 模型[35]

徐树维等人将重点放在同步协作检索中，考察其检索模型和协作感知机制。他们认为，在同步协作检索中如何建立一个协作检索环境，在该环境中提供各种协作感知信息，并利用这些感知信息来协调动态检索过程中协作关系的生成和描述问题是同步协作检索能否顺利进行的关键。故他们归纳出一个同步协作检索概念模型的基本组成元素包含用户、群组、协作检索任务、检索活动和协作成果，并确定了这些元素间的关系[36-37]，见图5-17。

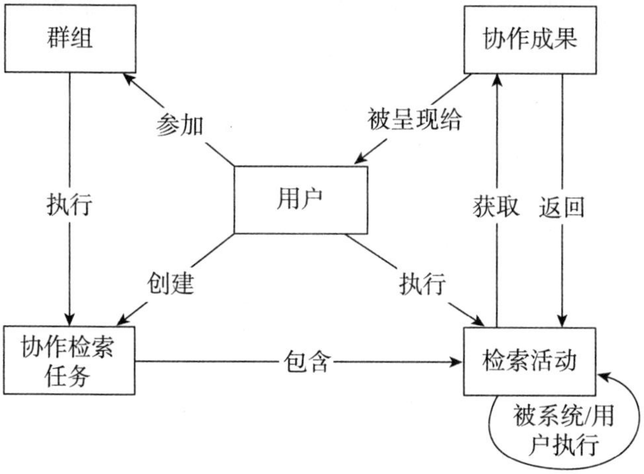

图5-17 同步协作检索概念模型[38]

李鹏等通过社会案例分析社会合作信息查寻与检索过程机制，从而概括出社会合作查寻与检索的框架模型，见图5-18。另外因触发合作的吸引子种子有所不同，该模型又可以分为两种社会合作信息查寻与检索的基本形式：拉方式和推方式，分别对应上下两部分[39]。

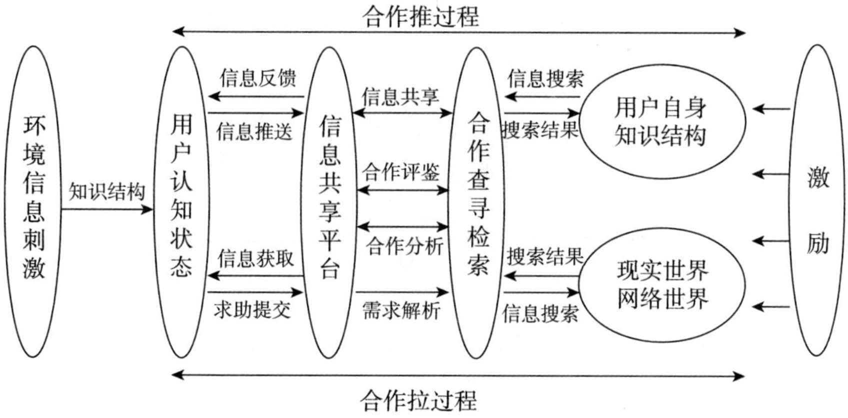

图5-18 社会合作信息查寻与检索框架模型[40]

国内有学者从知识共享角度总结协同信息检索模型。王翰等指出合作信息查寻与检索的本质是知识共享过程，并以二人合作为对象，引入博弈学习理论，就检索过程共享和检索结果共享构建知识共享的博弈学习模型，分析“共享”和“学习”之间的博弈策略[41]，如图 5－19 所示。韩毅等人认为合作信息查寻与检索是一种社会群体性的认知行为，并从情境及任务的视角出发，在社会认知观的指导下构建合作信息查寻与检索知识共享模型，其构成要素包括共享主体、共享客体、共享行为和共享情境[42]，其中共享情境模型如图 5－20 所示。然后通过对图 5－20 中信息交流过程的具体化，他们构建了合作信息查寻与检索的知识共享机制，如图 5－21 所示，其中不同路径代表不同知识共享机制。

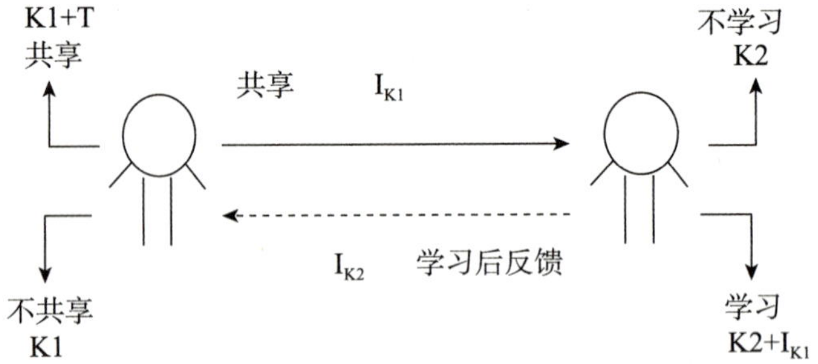

图 5－19　二人的合作信息查寻与检索博弈学习机制[43]

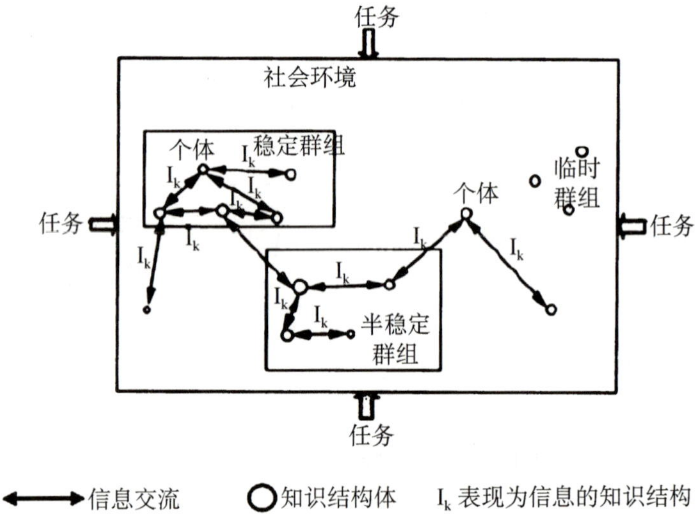

图 5－20　合作信息查寻与检索的知识共享情境模型[44]

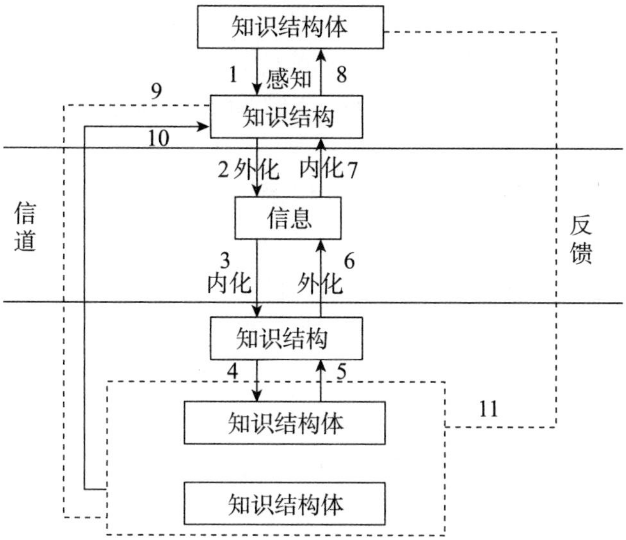

图 5－21　合作信息查寻与检索的知识共享机制[45]

三、协同信息检索行为模型小结

以上通过模型本身形式的特点将其分为基于过程和基于要素两类协同信息检索行为模型。虽然各模型构成要素和呈现形态各不相同，但也能发现其中的共性。基于过程的协同信息检索行为模型共同关注主要的检索过程，即任务初始、任务执行、结果展示，从而达到问题解决的目的。其中，任务初始包括任务识别；任务执行是最重要的阶段，主要是信息查寻与检索行为；通过前两步完成检索任务。基于要素的模型数量上更为丰富，每个模型都有其侧重点，有的适用于一般检索环境，有的适用于特殊检索环境，如经济领域，或者是特定的检索步骤，如意义建构和知识共享等。但这些模型均以用户（或行动者）为核心，用户或为个人或为群体。围绕着用户，其行为是研究的重点，包含情感和认知，如收敛图和 C2S 图。另外，沟通、协调和协作方式也是基于要素的模型中常关注的元素，甚至学者还单独提出了沟通交流模型。基于要素的协同信息检索行为模型不一而足，值得注意的是，学者越来越重视情境在协同检索中的影响。很多模型都是置于情境中，部分还讨论情境中的触发因素。这也说明信息检索嵌套在信息查寻行为的情境之内，其本身则处于与工作相关或日常的工作任务情境和情境之中，交互和合作是信息查寻和利用过程的重要部分[46]。

第二节 基于 C2S 模型的研究框架构建

结合上文所介绍的诸多模型可以发现,用户和情境是协同信息检索行为研究中重要且极具价值的内容。鉴于本研究旨在重点考察协同信息检索行为的影响因素,故采取基于要素的模型构建方式。经过比较分析,最终选取 C2S 模型作为研究框架的基础。C2S 模型和其他模型相比对行为和情境阐述更为全面、细致、清晰。并且这种情境有更强的普适性,一般和特殊的环境下均可讨论,使得模型本身的适用范围更广泛。但同时,C2S 模型本身并未体现协同信息检索行为模式,并且对影响因素没有揭示和描述,仅指出信息查寻活动通常发生在合作情境中,且这种情境受组织环境的影响。而本研究不仅要研究各种情境下的协同信息检索行为表现,更要探寻协同信息检索行为的影响因素,所以本研究在 C2S 模型的基础上进行了改进。由于 C2S 模型已包含用户、情境等因素,所以保留了该模型的大体形式。另外,因为 C2S 模型以角色来代表协同检索行为,在本研究的模型中直接被替换为检索过程中可能包括的协同行为。并且本研究将原有模型中的协同信息查寻情境和组织情境进行统一,然后区分为一般和特殊两类。鉴于 C2S 模型未考察协同信息检索的影响因素,故本研究主要的改进体现即在原有模型基础上添加了影响因素。最终形成的本研究的协同信息检索行为模型,如图 5 – 22 所示。与 C2S 模型相比,在协同信息检索行为阐述方面更为明了,行为探索方面更为深入全面,模型各部分的关系更为清晰。

可以看出,本研究提出的基于 C2S 的协同信息检索行为模型框架是以用户(participant)为中心,主要包含三个要素,即协同信息检索情境(collaborative information seeking context)、协同信息检索行为(collaborative information seeking behavior)和影响协同信息搜索的因素(impact factors of collaborative information search)。协同信息检索情境包括一般场景和特殊场景(如科研合作场景和医疗合作场景等),从而探讨不同环境对协同信息检索行为特征可能产生的影响及其影响因素。协同信息检索行为主要参考了 Kuhlthau 的 ISP(Information Search Process)模型[47],该模型中将整个检索过程分为六个阶段,并且把检索过程中的情感、思想和行动分别对应为情感行为、认知行为和物理行为。根据 ISP 模型,并参考其他相关信息检索行为文献[48-49],本研究基于 C2S 模型框架中的协同信息检索行为包括检索方式、检索效果、编辑方式、认知方式、协同方式、交流分享和情感状态等七个方面，其中认知方式又包含情境认知、任务认知、协同认知等。而影响因素是本模型框架区别于之前C2S模型的最大特点，主要从个人用户、小组用户和任务三个维度探究这些因素对协同信息检索行为的影响。个人因素如协同能力，小组因素如小组类型和小组知识结构，而任务维度可包含任务类型和任务难度等。

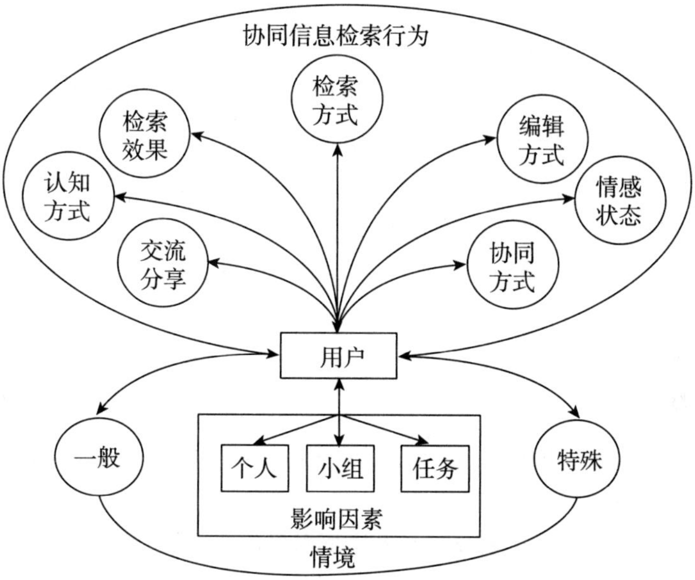

图5－22　基于C2S的协同信息检索行为模型框架

第三节　相关假设的提出

在基于C2S的协同信息检索行为模型框架下，本研究提出协同信息检索行为的研究假设，即在“协同信息检索情境”背景下，该模型中的所有影响因素均对“协同信息检索行为”包含的各行为产生影响。主要假设如下：

假设1：个人因素（如协同能力）对协同信息检索行为（检索方式、检索效果、编辑方式、认知方式、协同方式、交流分享和情感状态）有影响。

假设2：小组因素（如小组类型和小组知识结构）对协同信息检索行为（检索方式、检索效果、编辑方式、认知方式、协同方式、交流分享和情感状态）有影响。

假设3:任务因素(如任务类型和任务难度)对协同信息检索行为(检索方式、检索效果、编辑方式、认知方式、协同方式、交流分享和情感状态)有影响。

在形成上述假设后,本研究将在不同场景下采取多种实验方法,逐一检验这些假设是否正确。本书在后面章节将通过三个实验来检验如下一系列子假设。

一、一般情境下个人因素和任务因素的检验

我们首先将检验一般情境下的各项因素。由于一般情境下的任务往往不具有明显目的性且任务是多样化的,因此我们认为其可能会与个人或小组因素一起影响协同信息检索行为。因此,实验一将检验一般情境下,个人因素和任务因素对协同信息检索行为的影响,验证如下子假设:

假设1.1:在一般情境下,个人协同能力对协同信息检索的检索方式有影响。

假设1.2:在一般情境下,个人协同能力对协同信息检索的检索效果有影响。

假设1.3:在一般情境下,个人协同能力对协同信息检索的编辑方式有影响。

假设1.4:在一般情境下,个人协同能力对协同信息检索的认知方式有影响。

假设1.5:在一般情境下,个人协同能力对协同信息检索的协同方式有影响。

假设1.6:在一般情境下,个人协同能力对协同信息检索的交流分享方式有影响。

假设1.7:在一般情境下,个人协同能力对协同信息检索的情感状态有影响。

假设3.1:在一般情境下,任务类型对协同信息检索的检索方式有影响。

假设3.2:在一般情境下,任务类型对协同信息检索的检索效果有影响。

假设3.3:在一般情境下,任务类型对协同信息检索的编辑方式有影响。

假设3.4:在一般情境下,任务类型对协同信息检索的认知方式有影响。

假设 3.5：在一般情境下，任务类型对协同信息检索的协同方式有影响。

假设 3.6：在一般情境下，任务类型对协同信息检索的交流分享方式有影响。

假设 3.7：在一般情境下，任务类型对协同信息检索的情感状态有影响。

二、一般情境下小组因素和任务因素的检验

除了个人因素外，小组因素也可能会对协同信息检索行为产生影响。同样，在一般情境下，由于任务的多样性，任务可能会与小组因素一起影响协同信息检索行为。因此，实验二将检验一般情境下，小组因素和任务因素对协同信息检索行为的影响，验证如下子假设：

假设 2.1：在一般情境下，小组类型对协同信息检索的检索方式有影响。

假设 2.2：在一般情境下，小组类型对协同信息检索的检索效果有影响。

假设 2.3：在一般情境下，小组类型对协同信息检索的编辑方式有影响。

假设 2.4：在一般情境下，小组类型对协同信息检索的认知方式有影响。

假设 2.5：在一般情境下，小组类型对协同信息检索的协同方式有影响。

假设 2.6：在一般情境下，小组类型对协同信息检索的交流分享方式有影响。

假设 2.7：在一般情境下，小组类型对协同信息检索的情感状态有影响。

假设 3.8：在一般情境下，任务难度对协同信息检索的检索方式有影响。

假设 3.9：在一般情境下，任务难度对协同信息检索的检索效果有影响。

假设 3.10：在一般情境下，任务难度对协同信息检索的编辑方式有影响。

假设 3.11：在一般情境下，任务难度对协同信息检索的认知方式有影响。

假设 3. 12：在一般情境下，任务难度对协同信息检索的协同方式有影响。

假设 3. 13：在一般情境下，任务难度对协同信息检索的交流分享方式有影响。

假设 3. 14：在一般情境下，任务难度对协同信息检索的情感状态有影响。

三、特殊情境下小组因素的检验

最后，我们将探索特殊情境下的影响因素。本书选择科研合作作为特殊情境的一个特例，因为面对大数据环境，个人的力量在信息挖掘方面已愈发不足，单个个体知识结构的局限性也使其很难独立完成一个课题，因而跨组织、跨地区、跨学科、跨领域合作日益普遍。围绕同一主题，来自不同组织、地区或学科领域的研究者们从自身研究出发，发挥各自优势与专长，合作探索，这实际上就是协同学术信息检索行为最集中的体现。学术领域中的协同信息检索行为与科研跨学科、跨领域等合作现象密不可分，目的是集合众人的智慧与能力来面对当今科研任务日益复杂的挑战。并且协同学术信息检索能提高和改进人们从海量和辅助的数据中获取知识的能力，改善知识构成，进而加速科学研究的速度与步伐，提高科学生产力，让人们拥有更多机会发挥科学技术对社会发展的巨大推动作用。

而由于特殊情境下，检索任务是有明确目的的，因此我们设计的实验三仅检验科研合作情境下，小组因素对协同信息检索行为的影响，验证如下子假设：

假设 2. 8：在科研合作情境下，小组知识结构对协同信息检索的检索方式有影响。

假设 2. 9：在科研合作情境下，小组知识结构对协同信息检索的检索效果有影响。

假设 2. 10：在科研合作情境下，小组知识结构对协同信息检索的编辑方式有影响。

假设 2. 11：在科研合作情境下，小组知识结构对协同信息检索的认知方式有影响。

假设 2. 12：在科研合作情境下，小组知识结构对协同信息检索的协同方式有影响。

假设 2. 13：在科研合作情境下，小组知识结构对协同信息检索的交流分享方式有影响。

假设2.14：在科研合作情境下，小组知识结构对协同信息检索的情感状态有影响。

参考文献

[1-2] Hansen P, Järvelin K. Collaborative information retrieval in an information-intensive domain[J]. Information Processing & Management, 2005, 41(5):1101-1119.

[3-4] 韩毅，李鹏，李琳琳，等. 嵌入合作的信息查寻与检索社会认知模型[J]. 情报科学，2012(3):444-449.

[5-6] 童迎，李鹏，夏慧. 合作信息查寻与检索相关性判据的探索性因子分析[J]. 图书情报工作，2013，57(19):30-36.

[7-8] 李鹏，韩毅. 扎根理论视角下合作信息查寻与检索行为的案例研究[J]. 图书情报工作，2013(19):24-29，56.

[9][11] González-Ibáñez R I, Shah C. Group's affective relevance: a proposal for studying affective relevance in collaborative information seeking[C]//Proceedings of the 16th ACM international conference on Supporting group work. ACM, 2010:317-318.

[10][12] González-Ibáñez R, Shah C. A Proposal for Measuring and Implementing Group's Affective Relevance in Collaborative Information Seeking[C]//HCIR 2010: Proceedings of the Fourth Workshop on Human-Computer Interaction and Information Retrieval. 2010:107.

[13-14] Hyldegård J. Collaborative information behaviour-exploring Kuhlthau's Information Search Process model in a group-based educational setting[J]. Information Processing & Management, 2006, 42(1):276-298.

[15-16] Paul S A, Reddy M C. Understanding together: sensemaking in collaborative information seeking[C]//Proceedings of the 2010 ACM conference on Computer supported cooperative work. ACM, 2010:321-330.

[17-19][22] Odumuyiwa V, David A. Collaborative information retrieval among Economic Intelligence actors[C]//CollabTech 2008, Fourth international conference on collaboration technologies. 2008.

[20][23] González-Ibáñez R. A proposal for studying users'behaviors in collaborative information seeking through a convergence map [EB/OL]. [2014-07-23]. http://collab.infoseeking.org/resources/papers/GonzalezIbanezRutgers.pdf.

[21][25] Reddy M C, Jansen B J. A model for understanding collaborative information behavior in context: a study of two healthcare teams[J]. Information Processing & Management, 2008, 44(1):256-273.

[24][26] Prekop P. A qualitative study of collaborative information seeking[J]. Journal of Documentation, 2002, 58(5):533-547.

[27-28] Shah C. Collaborative information seeking: the art and science of making the

whole greater than the sum of all[M]. Berlin:Springer,2012.

[29][31] Fidel R, Mark Pejtersen A, Cleal B, et al. A multidimensional approach to the study of human-information interaction: a case study of collaborative information retrieval [J]. Journal of the American Society for Information Science and Technology, 2004, 55(11): 939 - 953.

[30] Bruce H, Fidel R, Pejtersen A M, et al. A comparison of the collaborative information retrieval behaviour of two design teams[J]. The New Review of Information Behaviour Research, 2003, 4(1): 139 - 153.

[32][34] Shah C. Collaborative information seeking[J]. Journal of the American Society for Information Science and Technology, 2014, 65(2): 215 - 236.

[33][35] 韩毅. 合作信息查寻与检索的5C模型与语境机制[J]. 图书情报工作, 2013(19):43 - 49,42.

[36][38] 徐树维. 同步协作检索中的协同感知机制[J]. 图书情报工作,2012(13):129 - 134.

[37] 徐树维,齐惠颖,刘兰. 同步协作信息检索模型及其机制研究[J]. 图书情报工作,2009(21):114 - 117.

[39 - 40] 李鹏,韩毅. 社会合作信息查寻与检索:机制、模型与特征[J]. 情报杂志,2012(1):151 - 155,165.

[41][43] 王翰,韩毅. 合作信息查寻与检索中知识共享的博弈学习机制研究[J]. 图书情报工作,2013(19):37 - 42.

[42][44 - 45] 韩毅,李鹏. 合作信息查寻与检索的知识共享模型[J]. 中国图书馆学报,2011(11):43 - 49.

[46] Ingwerson P, Järvelin K. 转折——在情境中集成信息查寻与检索[M]. 张新民,译. 北京:科学技术文献出版社,2007.

[47] Kuhlthau C C. Inside the search process: information seeking from the user's perspective[J]. Journal of the American Society for Information Science, 1991, 42(5): 361 - 371.

[48] Bilal D. Children's use of the Yahooligans! Web search engine: I. Cognitive, physical, and affective behaviors on fact-based search tasks[J]. Journal of the American Society for information Science, 2000, 51(7): 646 - 665.

[49] Peterson J W. Networked generation youth's information seeking process: an examination of cognitive, affective, and physical information seeking behaviors and problem solving techniques[D]. Denton: University of North Texas, 2008.

第六章　协同信息检索系统比较及实验平台选择

本章将在介绍协同信息检索系统概念和分类的基础上，对比几个典型的协同信息检索系统，并根据本研究的需要选择合适的系统作为实验平台。

第一节　协同信息检索系统

协同技术的发展很大程度上推动了用户协同信息检索行为的研究。Romano[1]等人对单用户信息检索和群体支持系统（GSS）做了对比研究；Hertzum[2]研究了协同检索系统设计过程的用户角色；Stein 和 Maier[3]研究了协同检索的合作会话机制；Wiki 技术的开发也在很大程度上促进了开放式的协同创作网站的发展。各种支持用户协同信息检索的原型系统与试用系统也得到了开发。

一、协同信息检索系统的概念

对于协同信息检索系统，学者们并没有给出一个明确的定义。在很多情况下，它是作为协同信息检索不可分割的重要组成部分出现的，或者是为了解决某一个具体的协同检索问题，适应某个具体目标、环境的信息检索系统。事实上，协同信息检索系统与群组软件（groupware）或者协同软件（collaborative software）有着密切的联系，许多协同信息检索系统借鉴或是直接运用了群组软件的功能。因为群组软件或者协同软件是为帮助人们完成共同的任务目标而设计的。协同软件就是有意的群体合作加上能支持他们的软件[4]。协同软件的设计目的在于转变文件和媒体资源的分享方式，从而促进更加有效的团队合作。同时，协同软件可以促使行动导向的团队一起合作，通过提供辅助交流、协作和问题解决的工具来克服地理空间上的距离。有学者认为协同软件与 CSCW 是等价的,也有学者认为它是 CSCW 的一部分。不过和 CSCW 相比较,协同软件或者群组软件更强调的是实际的基于计算机的系统。

为了更好地把握协同信息检索系统的设计与实现,就需要理解三个团队协作中的独特要素,即控制(control)、交流(communication)和认知(awareness)[5]。控制既包括系统中人、装置和规则之间的关系,也包括协同信息活动中的信息及其流动、处理;交流是协同中最关键的组成之一,交流系统也是 CSCW 系统中最为成熟和应用最为广泛的系统;认知就是对他人活动的理解,从而营造了一个自身活动的环境,包括团队认知、工作空间认知、情境认知和外围认知。而一个高效的协同系统应该有以下特性:一个灵活的机制以辅助结构化信息传递,促进参与者及装置之间控制的方法,以及能使小组中的每个人在任何时候认识协同环境中的各种事物、过程和人。

协同信息检索系统的实施适应了信息检索发展的需求,顺应了组织活动中的合作趋势,降低了个人劳动的强度与复杂度,营造了协同工作的环境与氛围。同时也支持了相关协同信息检索行为的研究。

二、协同信息检索系统分类

根据其协作方式,协同信息检索可分为隐性协同信息检索系统和显性协同信息检索系统。

(1)隐性协同信息检索系统。指通过再次利用以前用户的检索式及检索结果来提高当前用户的协同检索效率的系统。如以数据挖掘算法和规则来发现网络中有意义信息的 VisSearch 系统[6];以社区成员的信息检索行为来发现具有相同信息需求的检索者的 I-SPY 系统[7];支持推荐、注释与评价的 Tapestry 系统[8]、GroupLens 系统[9]与 Annotate! 系统[10]。此外,一些社区网站如 Yahoo Answers、Google's Personalized Search、豆瓣、Amazon Shopping Recommendation 等也是隐性的异步协作检索系统。

(2)显性协同信息检索系统。是通过用户间的实时交互来提高检索效率的原型系统。如支持用户进行同时同地的协同信息检索的 TeamSearch 系统[11];支持异步检索的 S^3 系统[12];支持信息共享的 CoSearch 系统[13];支持用户间对一个共享的目标进行协作检索的 SearchTogether 系统[14]、Cerchiamo 系统[15]、Coagmento 系统[16];支持用户间协作感知交流的 BABBLE 系统[17]等。

通过以上研究可以看出,隐性协同检索系统占了协同信息检索系统的大多数，在这些系统中用户之间没有显性的合作行为，而是通过用户与系统交互产生的数据的使用来影响当前的信息行为。而显性协同检索系统是以显性的方式主动进行的协作。用户之间的交互、感知以及知识与经验的共享和重用是协同信息检索行为研究中要解决的关键技术。

此外，也有一些其他的分类方法。传统意义上，协同活动的分类与CSCW矩阵一样，分为时间和空间两个维度[18]。所以根据所支持的协同活动的类型不同，协同信息检索系统也可以按照时空标准来分类。在此基础上，Golovchinsky等人[19]增加了协同意图和算法两个维度，即在时间上分为同步、异步，在空间上分为同地、异地，在协同意图上分为显性、隐性，在算法上分为用户界面调节（UI-only mediation）和深层算法调节（deeper algorithmic mediation）。他们认为这四个维度中搜索者的意图是区分协同信息检索系统最重要的因素，其次是算法的深度和并发性（即同步或异步）。Tom Rodden和Gordon Blair[20]将控制的类型引入协同信息检索系统的分类中，将系统分为五种类型——基于会话的系统、办公室过程系统、半正式化的主动讯息系统、会议系统以及同等组群或无控制系统。

第二节　典型协同信息检索系统

本小节采用四维分类法，主要标准是协同意图、算法深度、并发性和地域性，并据此从各类型中选取一个典型例子，即Annotate！、Cerchiamo、CoSearch和Coagmento四个协同信息检索系统，进行相关调查和比较分析。各系统基本分类情况，如表6－1所示。

表6－1　典型协同信息检索系统的分类

标准 系统	协同意图	算法	并发性	地域性
Annotate！	隐性	深层算法调节	异步	异地
Cerchiamo	显性	深层算法调节	同步	同地
CoSearch	显性	用户界面调节	同步	同地
Coagmento	显性	用户界面调节	同步	同地/异地

一、Annotate！

Annotate！是Ginsburg设计的协同信息检索工具。通过前期研究，他发现网络信息检索系统面临匹配不准确、人工大量文件筛选和用户之间交流或协作缺失等问题。虽然计算机硬件和网络技术快速发展，但传统基于网络的全文搜索引擎在前端查询界面使用超媒体界面，在终端检索界面却只是指向源文件的一系列超链接。从用户的角度，现有网络搜索引擎缺失查询、检索和文件浏览界面中的数据及元数据线索。所以 Annotate！包括两个数据集，可以支持文件评注并捕捉全球的使用记录，从而为用户提供数据和元数据线索来指导检索任务的开展[21]。

二、Cerchiamo

Cerchiamo 是美国 FX Palo Alto 实验室开发的一款协同检索系统。它能使一群人在共同目标下协同他们的检索活动[22]。Cerchiamo 引入了算法调节，即系统从不同协同检索者异步收集输入并且利用输入流影响检索和显示的信息的能力。它的另一个特点在于强调用户各自的角色及之间实时、无缝、整合和双向的影响。每个角色都有各自的检索界面，深层次算法将重新分配信息并调整潜在检索算法参数[23]。

三、CoSearch

CoSearch 解决的是多人共用一台电脑时面临的问题。虽然计算机已普及，但很多情况下并不能保证小组成员都有电脑，共用电脑的现象依旧存在。Twidate 等人在研究图书馆用户的协同信息检索活动时就发现“联合检索”（Joint Search）[24]的协作类型，即一群人围坐在一台电脑旁进行检索。学校和办公室中共用电脑的现象也很普遍。此类情况中存在一些问题。如使用键盘和鼠标的人，即操作者（driver）和其他成员（observer）之间容易一方过于占据主导地位，从而导致两者参与及贡献程度不均衡，降低团队协作意识。另外阅读速度和习惯也会阻碍协同信息检索活动的有效开展。因此，CoSearch 通过增加手机、鼠标等外围设备方便群体同地协同信息检索[25]。

四、Coagmento

Coagmento 是美国新泽西州立大学 Chirag Shah 等人吸取了协作和群组软件（groupware）系统的成功经验，从而开发的支持多场景交互信息查询系统[26]。它的设计遵循简单、整合及灵活的特点。从 2007 年至今经历多次版本更新，并拥有浏览器插件和手机 app 等形式的软件选择。Coagmento 有两个核心组成部分，浏览器插件和基于网络的协同空间 CSpace，插件又包括工具栏和侧边栏。Coagmento能支持信息收集和分享、信息评分、交流、协同报告和资源整理等[27]。所以它不仅仅是简单的一个系统，更是一个支持系统信息查询、整合和意义建构的一个框架。

第二节　协同信息检索系统比较

一、框架结构

框架结构是系统实现的基础。协同信息系统主要采用多层次框架结构和C/S结构。

（一）多层次框架结构

Annotate！和Cerchiamo由于涉及数据挖掘和加工，不仅有用户界面调节，更有深层算法调节，所以采用较为复杂的多层次系统框架结构，每一层次完成对数据的不同处理任务。但二者在具体设计上又略有不同。

Annotate！根据用户任务映射了三个交互层，即查询、检索和文件。同时形成了两个数据和元数据集——讨论数据（discussion data）和任务数据（session data）：讨论数据可将单一作者文件转换为多个参与讨论的论坛，消除作者和读者之间理解的差异；任务数据则给无界的网络应用增加范围限定，使组织能从使用历史中受益，推动建立学习型组织。Annotate！的数据集和交互层之间也存在映射关系，如图6－1。讨论数据是核心文件和相关多个评注（annotate）的结合。对评注而言，评注本身对应的是查询层，评注的元数据（如标识符、评注原因和评注内容）则作为检索层的指针，而文件界面用来收集用户评注，从而不断增加讨论数据的例子。任务数据在查询层对应用户提交检索式的时间；在检索层对应系统返回检索结果的时间；而在文件层，对应开始及结束阅读检索结果的时间。

在形成交互层之间、数据集之间、交互层和数据集之间的映射关系后，Annotate！最终建立在拥有一系列小型服务器端Perl模块的Excite核心搜索引擎上。选择Excite是因为Excite良好的分布性，并利用Excite界面数据集的源代码控制前端和搜索引擎返回结果的应用外观。故Annotate！是建立在Excite搜索引擎之上的多层次协同信息检索系统。

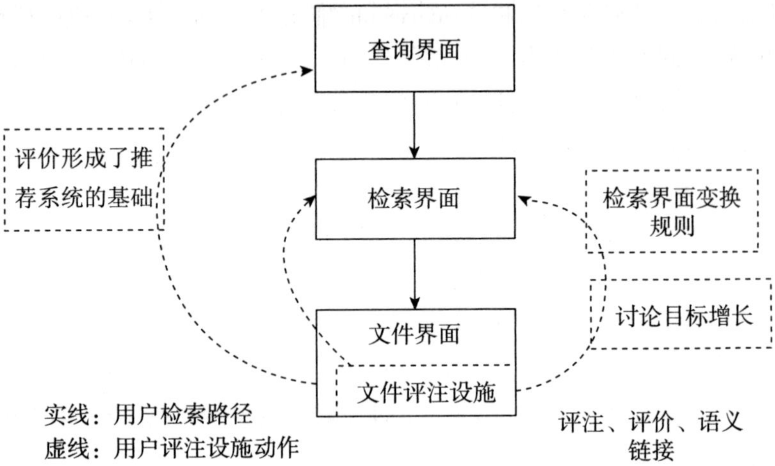

图 6-1　Annotate！讨论数据和不同交互界面之间的影响关系[28]

Cerchiamo 同 Annotate！相似，其框架结构也分为三层，不过不是仅根据用户任务分层，而是根据数据流动分为用户界面层、调节层和算法层，如图 6-2。系统各组成部分通过网络服务器 API 交流，并有不同组合方式。每一层的功能与检索者的角色有关。

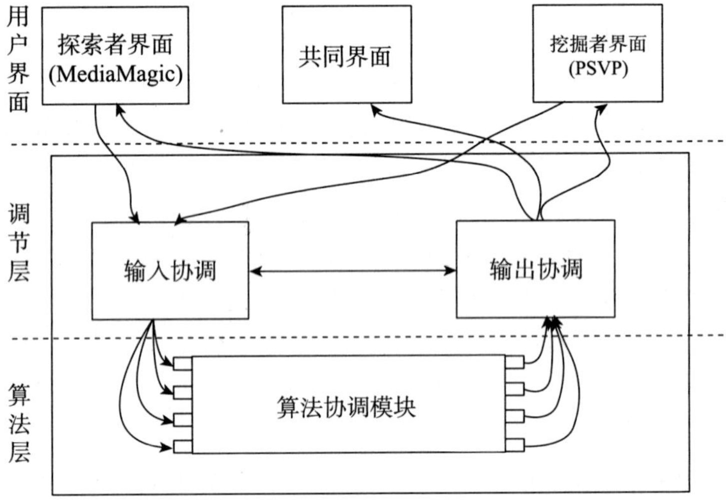

图 6-2　Cerchiamo 的内部框架结构[29]

用户界面层主要分为针对探索者（Prospector）提交检索式和浏览结果的 MediaMagic 界面，为挖掘者（Miner）做出相关性判断的可视化快速浏览界面（RSVP），以及一个包含和检索任务相关信息共享显示屏。调节层主要用来管理、控制探索者和挖掘者之间的影响，包括一个输入调节器和一个输出调节器。输入调节器可以捕捉和存储检索者的活动,如查询和相关性判断等。输出调节器能接受从算法层返回的信息,并将信息返回到合适的协作者。用户无须为分享信息而打断正在进行的工作[30]。算法层则包含一系列函数,能将检索者的活动结合起来,产生文件、排名、查询建议和其他相关信息。

(二)C/S 框架结构

CoSearch 和 Coagmento 仅支持用户界面交互,搜索者行为没有被潜在的引擎采用而影响其他参与者行为,因为搜索引擎本身不支持协作。所有影响停留在界面上或者实时交流中,不深入到系统深层算法调节过程,故使用 C/S 框架结构。如图 6－3 所示,a、b 分别为 CoSearch 和 Coagmento 的框架结构。

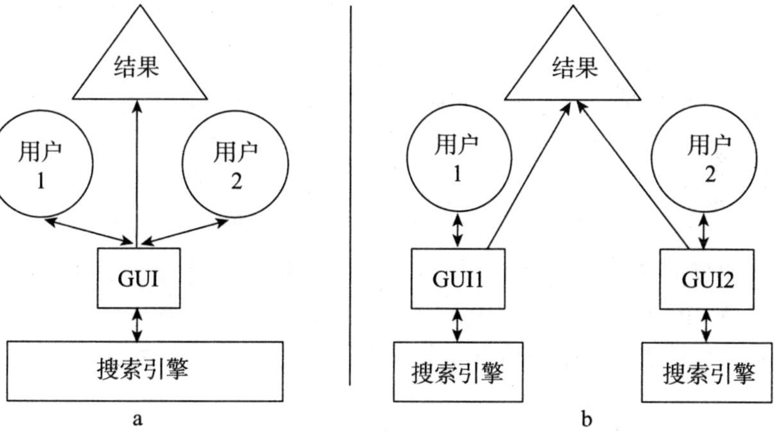

图 6－3 CoSearch 和 Coagmento 的框架结构

CoSearch 的 C/S 结构体现在用户 PC 和手机上安装相应的 CoSearch 应用软件,可分别与搜索引擎进行交互,但不同用户有一个共用的检索结果显示界面。在 Coagmento 中,用户则各自拥有一个检索界面,分别进行检索,从而实现异地、异步检索,另外其服务器内嵌在浏览器中。

二、支撑技术

支撑技术是系统实现的关键环节,各系统的支撑技术如表 6－2 所示,有成熟的网络技术,如 XML、即时信息和蓝牙等,也有根据系统需求构建的算法模型和 Microsoft Windows MultiPoint 等新兴技术。总体上看,协同信息检索系统的技术主要分为两类,即数据技术和交互技术。但技术的具体采用并无统一标准或者规定,主要在于功能和目标定位。

表 6-2　典型协同信息检索系统支撑技术

协同信息检索系统	支撑技术
Annotate!	XML、数据和代理技术、JavaScript、MBR
Cerchiamo	挖掘者算法、探索者算法
CoSearch	Microsoft Windows MultiPoint、蓝牙、WiFi
Coagmento	即时信息、推荐机制

(一)数据技术

数据技术包括数据定义技术和数据协调技术。Annotate! 的技术应用主要体现在数据与元数据集定义与建设方面。XML 是 Annotate! 实现的主要技术之一,因为它是语义标记语言,可扩展性强,能自定义标签。同时,DTD(Document Type Definition,文档类型定义)能从网络上发布或植入,从而在一个特定组织中快速修正一个原型评注结构。另外,为了定义触发规定,即根据映射结构哪个数据实例将会改变交互界面,Annotate! 采用了合适的数据或代理技术。当检索集产生后,JavaScript 可以记录检索窗口开始(加载)时间和退出窗口时间,据此就能判断用户在各网页上停留的时间(最后一个打开的网页除外)。并且在任务数据集中,如果将查询和检索看作环境,文件浏览看作动作,利用数据技术——MBR(Memory Based Reasoning,基于记忆的推论),就可以指导和先前环境相似的其他用户开展检索活动,提高检索效率和检索结果重用性[31]。

Cerchiamo 使用的技术体现在数据协调方面,关键技术是其算法。分为挖掘者算法和探索者算法,主要涉及两个变量:衡量新鲜度的 $W_f(L_k)$ 和相关度的 $W_r(L_k)$,其中,L_k 是检索式 K 检索到的文件的有序名单,新鲜度变量 W_f 是未被发现的文档数和已发现的文档数的比值。相关度变量 W_r 是在已发现文档中相关文档的比例[32]。这两个变量根据检索过程和相关性的判断不断更新、变化,从而影响不同检索者看到的信息。

(二)交互技术

交互技术包括支持交互的技术和传输技术。这在显性协同检索系统中尤为重要。CoSearch 和 Coagmento 采用了不同支持交互的技术。CoSearch 使用的 Microsoft Windows MultiPoint Server 是一种能支持多光标在一台电脑上同时独立操作的技术平台,可允许 2－35 人在一台电脑装备上同时作业[33]。作为一种简单经济的方法,它能增加更多师生使用技术的机会,改进学习,同时降低设备、能源和维护成本。所以和其他技术相比,它的硬件和软件要求都较低[34]。这样一台电脑能由多光标操作，从而支持多人在同一场地的合作，使他们能共同参与到检索活动中。而 Coagmento 中使用的是传统即时信息技术和推荐机制，其中即时信息是与 PHP Free Chat 的整合。

传输方面主要体现为 CoSearch 的手机应用和电脑的连接上采用了成熟的蓝牙技术和 WiFi 技术，实现手机和电脑之间数据的传输和实时交互。

三、系统功能

各系统的功能如表 6－3 所示。隐性协同检索系统功能较为单一，主要是通过一定技术，利用已有信息来提高检索效率，不涉及其他检索功能。而显性协同检索系统为支持用户间实时交流，就会有更多技术来实现同步检索，为提高协同检索效率提供多元化解决方法。从表 6－3 还可看出，协同检索系统大多还支持评注功能，即时交流也是一个重要部分。除此以外，一些新颖的功能，如检索结果评注分析和可视化、检索记忆保存，也在协同检索系统中有所运用。

表 6－3　典型协同信息检索系统实现功能简表

协同信息检索系统	实现功能
Annotate!	检索、评注
Cerchiamo	检索，产生文件、排名、查询建议和其他有关信息
CoSearch	查询、浏览、添加笔记和持续检索
Coagmento	推荐、即时交流、检索、评级、笔记和保存书签

（一）检索结果评注的分析和可视化

这点主要体现在 Annotate！系统中。在检索结果的组织方面，Annotate！有相关性和主题两种，并有不同的评价项目：G 代表评注的总体原因，并用不同图标代替，如眼睛的图案代表可以参见这个链接等；F 和 Q 表示用户对于该文档事实准确性和质量的满意度，用李克特七级量表衡量，并对应不同表情图标。$\bar{F}$ 和 $\bar{Q}$ 提供总结性数据，$\bar{F}$ 是真实性的平均值，$\bar{Q}$ 是质量的平均值。此外，通过不同颜色显示评注活动等级，对应不同的标准 Excite 相关性分数，其中，红色代表非常活跃、绿色代表中等、蓝色代表不活跃，使得检索结果更为直观。

（二）检索记忆的保存

这个功能主要在 CoSearch 和 Coagmento 中有所实现，但是两者侧重点不同。CoSearch 主要通过检索结果元数据的保存与利用，来保存检索记忆。通过保存当前页面的元数据(题名、URL 和笔记的内容)并能通过邮件功能发送给每个小组成员来实现。而 Coagmento 可以存储之前的检索过程,能显示已检索界面的截图及检索时间、检索者,为持续检索、保存检索记忆提供了帮助。

第三节　系统评估

目前,协同信息检索系统大多还处于实验阶段,没有在实际中运用,故本节主要通过系统评估来介绍系统应用情况。

一、Annotate!

Annotate! 的评估设定在一个联邦财政服务公司。收集的数据包括定量数据,如用户浏览时长、文档阅读量和评注数据;还有定性数据,如用户满意度及系统处理任务的合适度。实验中几乎没有用户进行评注,但揭示了激励和社会考量因素对免费使用及合作评注的影响。从激励的角度看,管理者没有提供明确、积极的激励参与措施,或者邮件提醒系统的低请求使用情况,都会导致低水平的评注,甚至是无人评注的可能。从社会考量的角度看,用户可能赋予评注一些社会价值,比如利用评注帮助同伴提高工作产出质量并提供更具建设性的反馈;或者利用评注提高他人对自己文档的关注度。所以 Annotate! 的启示是组织必须提供可负担范围内的激励措施,并且通过向原作者报告评注情况,加快信息生产能力[35]。

二、Cerchiamo

为证明算法调节的方法优于检索后结果整合,Cerchiamo 的评估采用了比照的方法。评估主要侧重于检索能力以及对特定文档的发掘能力。对于检索能力,Cerchiamo 在发现、选择相关文档的准确率以及选择文档的查全率这三个方面都要明显优于检索后结果整合,尤其是当检索领域相关信息不明显时(超出 121.6%)。对于特定文档的发掘能力,特别是相关领域的信息较少时,Cerchiamo 也展示了其优势,比事后整合方法的发掘能力高出 12%－14%[36]。这说明,协同信息检索系统在发现特定文档、检索比较困难的主题方面具有很大优势。

三、CoSearch

同 Cerchiamo 一样，CoSearch 也设置了对比组，采用双因素方差分析法，分别比较平行检索（每人一台电脑独立检索）、共用一台电脑检索和 CoSearch 在保持小组交流和意识的水平、个人参与及分工的情况。结果表明，CoSearch 在小组交流和协作方面与共用电脑检索相当，优于平行检索。在分工和个人参与方面，CoSearch 有效减少了共用电脑检索时遇到的被忽略等问题，亦优于平行检索。但在保持小组合作意识方面，CoSearch 不及共用电脑检索（$p = 0.01$）。另外，虽然 CoSearch 能很快被人接受，一些关键功能，如用不同颜色代表不同成员、光标控制和在手机中查看网页等很受欢迎，但 CoSearch 在手机和蓝牙/WiFi 传输方面的技术局限也值得关注，亟待解决[37]。

四、Coagmento

在系统研发完成后，Shah 等人曾利用 TREC ciQA2007 数据集进行 Coagmento 测试运行。结果证明，Coagmento 系统功能具有新颖性，并且收集片段、保存并讨论有用文档等也是测试参与者最感兴趣的功能，但在反映与检索式和保存或讨论文档有关的元数据方面还略显不足[38]。Coagmento 进行版本更新后，Shah 等在 2009 年再次收集了用户使用反馈。用户普遍反映系统易用，保存书签和收集片段是最受欢迎的功能。另外，保存 PDF 文件的片段是用户最常见的系统改进建议，尤其是在学术领域。因为很多学术型文章是以 PDF 格式呈现的[39]。不过和上述三个还未投入公共利用的协同检索系统不同，从最原始的版本开始，Coagmento 已在多次与协同信息检索有关的实验中应用，既有可控制的实验，又有非控制的真实场景研究，应用多样灵活。在 2010 年 Shah 和 Marchionini 就曾在一次实验中要求 42 对研究者使用 Coagmento 进行探寻式搜索[40]，并且此次实验数据还支持了后续关于团队检索过程和协同相关性判断的两次实验[41-42]。随后在 2011 年，Coagmento 被投入到更大规模的控制实验中，参与的人数达到 200 人，其中包括 80 对实验对象和 40 个独立的实验者，并配合辅助工具捕捉到实验者的桌面活动（desktop activity）、眼动（eye movement）和面部表达（facial expression）等行为数据[43]。到 2013 年，Shah 等人将 Coagmento 运用到探索协同项目中不同交流渠道的影响。他们还利用这些结果帮助协同信息检索系统充分利用合适的交流方式，使设计更为有效[44]。

第四节　协同信息检索系统比较小结

通过对四个典型协同信息检索系统框架结构、支撑技术、实现功能和性能评价的比较分析可以看出,不同类型的协同信息检索系统在这些方面各有不同。尽管协同信息检索系统可以按照用户意图、算法深度和并发性等方面分类,事实上,这三者之间相互联系,即能允许一群人以相同目的共同检索的显性协同信息检索系统支持同步检索,采用用户界面调节;而隐性协同信息检索系统支持异步检索,是为了利用历史记录采用深层算法调节。故我们最后以用户意图作为区分协同信息检索系统的主要标准总结二者的区别(如表6-4所示)。

显性协同信息检索系统能支持人们为了一个共同需要进行文件检索,并且用户间可以实时互动,而隐性协同信息检索系统用户普遍只知道自己的检索结果部分依据其他用户数据,但不知道那些用户的身份及他们的目的,并且隐性协同信息系统不能支持用户间实时互动,所以之后的检索者可以从之前检索者的检索结果中受益,但之前的人无法从后续检索中受益。这是两者的本质区别。在框架结构方面,显性协同信息系统支持团队同一时间不同方面的检索,利用各自的窗口同时与服务器交流,并利用用户界面调节,未对每个人的贡献做过多处理,更多的只是一种呈现;而隐性协同信息检索系统运用深层算法调节则会利用每个人的检索,并经过一定算法处理,影响最终结果。所以在框架结构方面,显性协同信息检索系统使用 C/S 结构,而隐性系统使用多层次结构,因为不同层次会对信息流有着不同处理,可以显现在检索算法中不同人的贡献。在技术方面,显性协同信息检索系统为了更好地支持成员间互动,会采用如即时信息等技术,重视在系统界面上对用户活动调节;而隐性协同信息检索系统则侧重历史记录的再利用,故隐性协同信息检索系统中多出现数据或代理技术,即通过代理智能收集、加工、处理、利用已有用户信息,改善检索结果,提高检索效率,并且利用深层算法,挖掘用户之间潜在联系。就功能而言,显性协同信息检索系统功能比隐性协同信息检索系统更为丰富。通常显性协同信息检索系统可支持用户间实时交流、劳动分工、评论、评价、推荐和持续检索等,而隐性协同信息检索系统就支持评论、评价、推荐这些类型的功能。

表 6-4　显性与隐性协同信息检索系统的比较

系统（按用户意图）	算法深度	并发性	地域性	框架	技术	功能
显性协同信息检索系统	用户界面调节	同步	同地/异地	C/S	即时信息技术、自动分工	丰富，如实时交流、分工、评论、推荐和持续检索等
隐性协同信息检索系统	深层算法调节	异步	同地/异地	多层次结构	数据或代理技术	较为单一，如评论、评价、推荐等

结合不同类型协同信息检索系统的分析可以发现，协同信息检索系统的设计并无固定模式，每种都有优缺点，需要根据实际用户功能需求选择合适的框架模型，并采用相应技术予以支持。此外，协同信息检索系统在用户界面上同其他检索系统一致，简洁、明晰、友好度高的界面更能被用户接受，进而改善协同检索效果。现有协同信息检索系统也存在不足，如忽视个人隐私和数据安全保护等。

第五节　本研究实验平台选择

本研究由于需要所有实验对象在各自计算机上同时同地进行任务检索，并就检索进程进行交流，故选择显性协同信息检索系统更为合适。如前文所述，Coagmento 已经在现实场景中有过多次应用，与其他协同检索系统相比，功能强大，并发性好，应用十分成熟，且支持中文环境，所以本研究选择 Coagmento 作为实验平台。Coagmento 最近一次网站版本更新于 2013 年 11 月，这次版本更新后，主要交互功能保留，移除了自我报告当时情绪的功能，但增加了 Collaboratory 部分。Coagmento Collaboratory 是进行用户研究的开源工具包，是 Coagmento 的版本之一，具有模块化、可扩展和文档化的特点[45]。

具体而言，系统界面的顶端工具栏上有书签（Bookmark）、推荐（Recommend）、注释（Annotate）、剪切片段（Snip）、编辑（Editor）按钮，可以帮助标注、推荐、收集、共同编辑信息等，如图 6-4 所示。

图 6-4　Coagmento 工具栏

点击工具栏上的书签(Bookmark)、注释(Annotate)、剪切片段(Snip)按钮,可以帮助用户收集、标注和分享所需要的页面信息,并能为该信息进行五星级评分和添加简单评注。其中,书签和注释都是针对整个页面,而剪切片段可以只分享一个页面中某些重要的片段和语句。推荐(Recommend)则能将有用的信息以邮件形式将网页元数据分享给小组内特定的某些成员。而编辑(Editor)窗口能支持八人同时进行协同写作,并用相应的颜色对各人进行区分。

而Coagmento系统界面的右侧栏有四个选项卡,如图6-5所示。聊天窗口(Chat)提供交流功能;检索历史窗口(History)提供各小组成员的检索历史;记事本窗口(Notepad)可以记录或分享用户的笔记;提醒窗口(Notifications)可以提供队友的每一步检索行动。这些都是实验中可利用的功能。不过由于原有的聊天窗口不提供截图、图片粘贴等一些功能,且不能导出聊天记录,为了更便于实验用户之间的交流与共享信息,和后期结果的分析,本研究以QQ聊天工具来代替Coagmento中原有的聊天功能,实现更全面、灵活、快捷的沟通和交流。

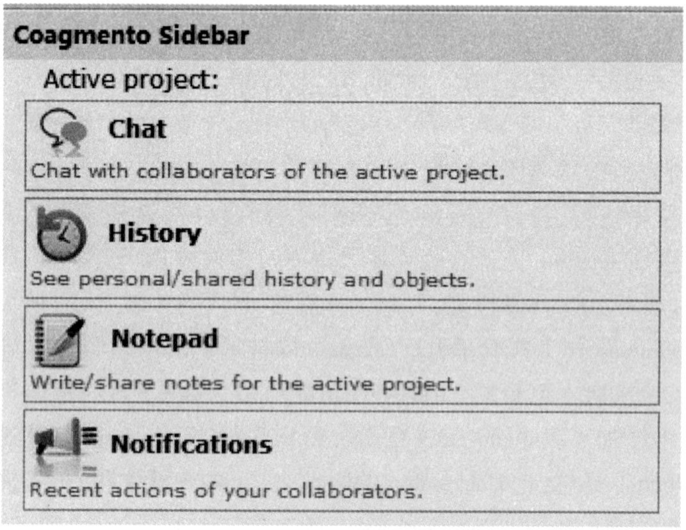

图6-5　Coagmento侧边栏

就实验结果分析而言,Coagmento系统包含有系统日志功能,可以通过打开"Print Report"查看小组每个成员的检索历史的数据信息,根据用户名和检索时间简单统计和列举检索式、已查看网页和系统功能使用情况等,能分别了解小组个人和整体成员的各项检索行为的数量。

参考文献

[1] Romano Jr N C, Nunamaker Jr J F, Roussinov D, et al. Collaborative information retrieval environment: Integration of information retrieval with group support systems[C]//Systems Sciences, 1999. HICSS-32. Proceedings of the 32nd Annual Hawaii International Conference on. IEEE, 1999: 10.

[2] Hertzum M. Collaborative information seeking: the combined activity of information seeking and collaborative grounding[J]. Information Processing & Management, 2008, 44(2): 957 - 962.

[3] Stein A, Maier E. Structuring collaborative information-seeking dialogues[J]. Knowledge-Based Systems, 1995, 8(2): 82 - 93.

[4] Johnson-Lenz P, Johnson-Lenz T. Rhythms, boundaries, and containers: creative dynamics of asynchronous group life[M]. Lake Oswego, Oregon: Awakening Technology, 1990.

[5] Shah C. Lessons and challenges for Collaborative Information Seeking(CIS) systems developers[C]// Proceedings of GROUP 2009 Workshop on Collaborative Information Behavior, Sanibel Island, Florida, 2009.

[6] Lee Y J. VisSearch: a collaborative web searching environment[J]. Computers & Education, 2005, 44(4).

[7] Smyth B, Freyne J, Coyle M, et al. I-SPY — anonymous, community-based personalization by collaborative meta-search[M]//Research and Development in Intelligent Systems XX. Springer London, 2004: 367 - 380.

[8] Maltz D, Ehrlich K. Pointing the way: active collaborative filtering[C]//Proceedings of the SIGCHI conference on Human factors in computing systems. ACM Press/Addison-Wesley Publishing Co., 1995: 202 - 209.

[9] Resnick P, Iacovou N, Suchak M, et al. GroupLens: an open architecture for collaborative filtering of netnews[C]//Proceedings of the 1994 ACM conference on Computer supported cooperative work. ACM, 1994: 175 - 186.

[10][21][28][31] Ginsburg M. Annotate! a tool for collaborative information retrieval[C]//Enabling Technologies: Infrastructure for Collaborative Enterprises, 1998. (WET ICE'98) Proceedings Seventh IEEE International Workshops on. IEEE, 1998: 75 - 80.

[11] Morris M R, Paepcke A, Winograd T. Teamsearch: comparing techniques for co-present collaborative search of digital media[C]//Horizontal Interactive Human-Computer Systems, 2006. TableTop 2006. First IEEE International Workshop on. IEEE, 2006: 8.

[12] Morris M R, Horvitz E. S^3: storable, shareable search[M]//Human-Computer Interaction-INTERACT 2007. Springer Berlin Heidelberg, 2007: 120 - 123.

[13][25][37] Amershi S, Morris M R. CoSearch: a system for co-located collaborative web search[C]//Proceedings of the SIGCHI Conference on Human Factors in Computing

Systems. ACM,2008:1647 – 1656.

[14] Morris M R,Horvitz E. SearchTogether:an interface for collaborative web search [C]//Proceedings of the 20th annual ACM symposium on User interface software and technology. ACM,2007:3 – 12.

[15][23][29] Golovchinsky G,Adcock J,Pickens J,et al. Cerchiamo:a collaborative exploratory search tool [J]. Proceedings of Computer Supported Cooperative Work (CSCW),2008.

[16][27] González-Ibáñez R,Shah C. Coagmento:a system for supporting collaborative information seeking[J]. Proceedings of the American Society for Information Science and Technology,2011,48(1):1 – 4.

[17] Bradner E,Kellogg W A,Erickson T. The adoption and use of "Babble":a field study of chat in the workplace[C]//ECSCW'99. Springer Netherlands,1999:139 – 158.

[18] Chester B. Fundamentals of collaboration systems[J]. E-Doc Magazine,January/February,2005,10.

[19][30] Golovchinsky G,Pickens J,Back M. A taxonomy of collaboration in online information seeking[J]. arXiv preprint arXiv:0908.0704,2009.

[20] Rodden T,Blair G. CSCW and distributed systems:the problem of control[C]// Proceedings of the Second European Conference on Computer-Supported Cooperative Work ECSCW'91. Springer Netherlands,1991:49 – 64.

[22][32][36] Pickens J,Golovchinsky G,Shah C,et al. Algorithmic mediation for collaborative exploratory search[C]//Proceedings of the 31st annual international ACM SIGIR conference on Research and development in information retrieval. ACM, 2008: 315 – 322.

[24] Twidale M B,Nichols D M,Paice C D. Browsing is a collaborative process[J]. Information Processing & Management,1997,33(6):761 – 783.

[26] Shah C. Coagmento-a collaborative information seeking,synthesis and sense-making framework[J]. Integrated demo at CSCW,2010:6 – 11.

[33] Microsoft MultiPoint [EB/OL]. [2013 – 04 – 16]. http://www.ceta.pku.edu.cn/view/research/jiaoshizhuangbeizhuantizu/zhuantiziyuan/Windows% 20Multipoint% 20-% 20UPG.pdf.

[34] Microsoft MultiPoint Server [EB/OL]. [2013 – 09 – 21]. http://www.microsoft.com/china/windows/multipoint/default.aspx.

[35] Ginsburg M,Kambil A. Annotate:a Web-based knowledge management support system for document collections[C]//Systems Sciences,1999. HICSS-32. Proceedings of the 32nd Annual Hawaii International Conference on. IEEE,1999:10.

[38] Shah C,Marchionini G,Kelly D. Learning design principles for a collaborative information seeking system[C]//CHI'09 Extended Abstracts on Human Factors in Computing

Systems. ACM,2009:3419 – 3424.

[39] Shah C. Collaborative information seeking: the art and science of making the whole greater than the sum of all[M]. Berlin: Springer, 2012.

[40] Shah C, Marchionini G. Awareness in collaborative information seeking[J]. Journal of American Society of Information Science and Technology, 2010, 61(10): 1970 – 1986.

[41] González-Ibáñez R, Shah C. Group's affective relevance: a proposal for studying affective relevance in collaborative information seeking[C]//Proceedings of the 16th ACM international conference on Supporting group work. New York: ACM, 2010, 317 – 318.

[42] Shah C, González-Ibáñez R. Exploring information seeking process in collaborative search tasks[C]//Annual Meeting of the American Society for Information Science and Technology, 2010, 61(10): 1970 – 1986.

[43] Shah C, González-Ibáñez R. Evaluating the synergic effect of collaboration in information seeking[C]//Proceedings of the 34th annual international ACM SIGIR conference on Research and development in information retrieval, Beijing China, 2011.

[44] González-Ibáñez R, Haseki M, Shah C. Let's search together, but not too close! An analysis of communication and performance in collaborative information seeking[J]. Information Processing & Management, 2013, 49(5): 1165 – 1179.

[45] Coagmento. Collaboratory[EB/OL]. [2014 – 07 – 05]. http://www.coagmento.org/collaboratory.php.

第七章　一般情境下小组因素和任务因素分析：二人组协同信息检索实验一

长期以来，信息检索领域的研究重点一直聚焦于单个用户层面。然而，在现代生活中，团队合作的精神和能力被越来越多地提倡，而且很多复杂工作、活动、任务仅靠一个人的力量很难完成。有研究表明，人们在很多搜索任务中，如旅行计划、组织社会活动或者完成家庭作业等，都有着协同检索的需求[1]。协同信息检索行为可以发生在一个特定的工作背景下，也可以发生在一个更开放的小组环境下[2]。Huang 和 Tsai 认为，个体因处在一个较小的地理范围内或由于频繁的交互而形成小组[3]。协同信息检索的小组环境指的是小组成员有着共同的工作任务或兴趣爱好，存在着集体实践活动，以及成员间具有规律性和持续性的交互活动。虽然大部分协同信息检索行为发生在小组环境中，但是很少有研究关注到小组类型对用户协同信息检索行为的影响。伴随着小组用户的协同信息检索行为逐渐成为一种普遍现象，信息检索的研究对象应该由个人层面扩展到小组层面。本章以本书第五章所提出的基于 C2S 的协同信息检索模型框架要素为基础，探究小组因素和任务因素对协同信息检索行为的影响，验证相关假设是否正确。实验将采取两人为一个小组进行一般情境下的模拟检索实验，二人组是协同信息检索实验常用的方式。

第一节　实验设计

一、实验目的

结合上文分析和基于 C2S 的协同信息检索模型，本章的实验目的即验证一般情境下小组因素和任务因素对协同信息检索行为的影响，验证第五章中提出的基于 C2S 的协同信息检索行为模型框架的要素及假设，并揭示模型框架中不包括但该实验中反映出的与协同信息检索行为相关的因素,其中小组因素指小组类型,而任务因素指任务难度。具体产生了两个研究问题:

研究问题1:小组因素(如小组类型)对协同信息检索行为(检索方式、检索效果、编辑方式、认知方式、协同方式、交流分享和情感状态)是否有影响?又有何影响?

研究问题2:任务因素(如任务难度)对协同信息检索行为(检索方式、检索效果、编辑方式、认知方式、协同方式、交流分享和情感状态)是否有影响?又有何影响?

研究问题3:个人因素和任务因素对模型外的其他检索方面是否有影响?又有何影响?

二、实验流程

本实验以小组类型为切入点,将现实小组分为专业小组和兴趣小组两大类,试图通过比较小组成员和非小组成员的协同信息检索行为,探索小组因素对协同信息检索行为的影响,以及小组类型对协同信息检索行为的影响程度。专业小组指的是以学习为目的,在一段时期内共同学习某个专业知识的群体,特点是这些小组成员具有专业知识,且交互机会较多。兴趣小组指的是具有某些共同爱好的人相聚而成的组织,特点是这些小组成员不具有专业知识,但都对某方面内容感兴趣,通过定期举办的活动进行交互。

小组以电影为主题,分别寻找电影专业的学生、热爱电影并参与同一电影社团的非专业人员,以及对电影不了解并且不属于任何电影社团的人员,作为三类小组成员的代表。学习电影专业的学生所在的班级属于专业小组;电影社团属于兴趣小组;第三类人员并不组成关于电影的任何类型小组,既对电影没有特别喜爱又具有不同专业背景,且相互不认识,他们属于非小组。最终,本研究招募了XX大学XX系电影学专业的六名同学作为专业小组成员;XX大学XX戏剧社的六名同学作为兴趣小组成员;以及来自XX大学图书馆学、社会保障学、化学等不同专业的六名同学作为非小组。每个小组的实验者都采取两人一组进行实验,每个小组有三组,共九组。

我们将每组实验用户分别设置在两个单独的房间内进行检索实验,他们只能通过Coagmento提供的协同检索功能,以及即时聊天工具QQ合作完成任务。实验全程在实验指导人员的控制下完成,包括系统介绍、问卷发放回收,解答不干预实验的相关问题,控制时间以及访谈。具体实验流程,如图 7 - 1 所示。

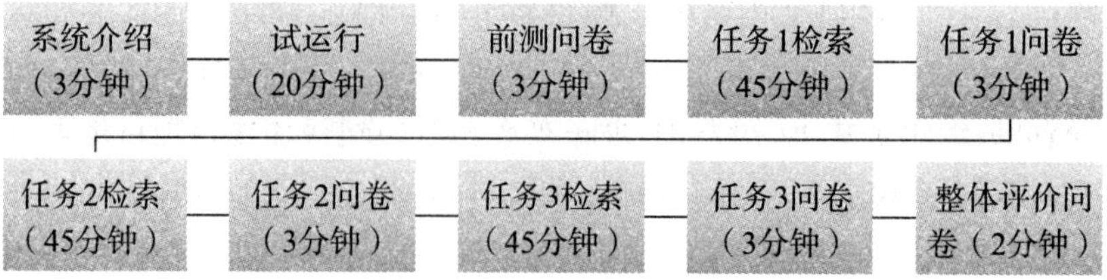

图 7 - 1　实验一流程

三、实验任务设计

(一)检索任务

Broder[4]提出的协同信息检索三种常见的检索任务包括:信息类任务(information task),事务类任务(transactional task)和导航类任务(navigational task)。Morris[5]认为制订旅行计划和学术文献搜寻是最常见的两种协同信息检索任务。由于本实验以电影为主题,并且有一定的专业性,我们参考了北京电影学院考研科目《电影历史与理论》中名词解释题、简答题和分析题的题目类型和难度,对应设置了列举题、信息题和分析题三种题目类型,题目难度逐步增加。实验用户可以访问任何网络资源查找任务相关的信息,当找到有用的信息,可以利用 Coagmento 系统提供的协同工具突出显示和保存有关信息片段,还可以保存相关网页,小组检索和收集完信息后需要根据任务的具体问题进行编辑,形成文档。本实验的具体任务及问题如下。

任务 1(列举题,初等难度):

写出两种电影类型,各列出十部此类型的典型电影,并写出每部电影的国别、导演和编剧。类型电影是艺术产品标准化的产物,即按照不同类型的既定要求而创作出来的影片,是好莱坞全盛时期所特有的一种电影创作方法,绝大部分成功的商业片几乎都是类型片。

任务 2(信息题,中等难度):

谢尔盖 · 爱森斯坦《战舰波将金号》(1925)的结构特点和它所运用的蒙太奇手法。《战舰波将金号》问世于 1925 年,是苏联蒙太奇学派的顶峰之作,上映后震惊整个电影界,由苏联电影大师谢尔盖 · 爱森斯坦执导的这部影片,是为纪念 1905 年“波将金”号军舰起义而拍摄的,它不仅是蒙太奇美学的开山之作,也是电影史上最伟大也最具影响力的电影之一。

任务3（分析题，高等难度）：

从主题、叙事、美学等方面分析经典好莱坞和新好莱坞的异同。“好莱坞”，美国电影的代名词，20世纪初美国电影业逐步从东部向西部迁移，20世纪20年代以后一些美国电影大师为美国电影赢得了世界声誉，电影产业也迅速膨胀。经历几十年的发展，到60年代末，受欧洲各国新电影浪潮、自身电影制作的衰退和电视的冲击以及美国社会的动荡与政治危机的影响，好莱坞的一批电影人开始反思，从而进入了“新好莱坞”时代。

（二）检索任务的评价标准

本研究参照英国OMNI的Stoker和Cooke提出的八项信息评价指标[6]，美国乔治大学教授Wilkinson等人提出的11项信息评价指标[7]，以及Robert提出的“CARS”检索体系[8]，结合本次实验的特点，分别从信息来源的多样性和可靠性、信息检索的准确性和完整性，以及信息编辑的逻辑性和条理性这三个部分六个方面制定检索效果的评价标准。由于本实验主要考察的是信息检索行为，因此信息检索准确性和完整性的权重均为30%，信息来源和信息编辑中的四项指标权重均为10%，满分为10分（评价标准见附录3）。

四、实验方法

（一）数据采集方法

在数据采集方面，本实验基于模拟实验，主要采用了问卷调查法、Web日志收集法和访谈法。模拟实验要求实验用户两人一组进行协同检索，每个实验用户必须利用Coagmento这一协同信息检索系统，分别在两台电脑上协同完成三个关于电影的检索任务，以小组为单位编辑出共同的答案。同时，检索实验过程中将同步运行电脑屏幕活动录制软件，将实验用户的所有操作直观地记录为视频数据。

问卷调查法：调查问卷一共由五个部分组成，第一部分是用户背景调查，问卷分为两个子部分，第一个子部分是全体实验用户必答题，主要调查所有实验用户的网络检索经验、协同检索经验、电影知识了解程度以及参与社团（现实和虚拟）的相关情况。第二个子部分是小组成员必答题，非小组成员无须作答，这一子部分主要调查不同小组类型成员对各自所在的电影小组的相关认知，包括个人与电影小组的交互情况、个人与电影小组其他成员的交互情况。第二部分到第四部分是实验用户认知情况的考察，从任务、协同、情感和小组四个方面调查实验用户对检索过程的认知数据。第五部分是调查用户在完成所有检索任务后对系统的总体评价。问卷中所有题目都采用了5分量表制,1到5分表示同意的程度由低到高,1分表示完全不同意,5分表示非常同意。调查问卷具体内容见附录1。

Web日志收集法:Coagmento系统提供了简单的系统日志功能,可以查看小组每个成员的检索历史的数据信息,包括Webpage、Search、Bookmark、Snippet、Annotate和Recommend六项系统数据。因为用户登录Coagmento后所有的操作都是在Coagmento监视下进行的,所以利用其提供的系统日志功能能够真实、准确地收集到用户的操作数据。考虑到各小组在任务完成时收集和分享的图片也能反映用户协同检索的行为特征,因此,QQ聊天记录中粘贴的图片也被收集出来,作为衡量用户协同检索行为的一项指标。最后得到了Webpage、Search、Bookmark、Snippet、Annotate、Recommend和Image七项反映用户检索行为的指标。

访谈法:所有任务完成后便对实验用户进行单独访谈,挖掘深层次数据,发现定量数据中用户行为所不能反映出来的定性数据。访谈问题主要是配合实验过程中的问卷调查,从个人和团队整体的视角上探讨不同小组类型的实验用户以及不同难度的检索任务是怎样与检索行为相关联的,研究每个小组成员对既定的实验环境、任务是否会存在不同的感知和体会,并且可以揭示随着时间的变化,实验用户的情感和认知的动态变化过程。另外针对小组成员和非小组成员,分别设置了一道关于小组经历认知的访谈问题。访谈提纲见附录2。

(二)数据分析方法

数据采集完成后,即是数据分析的过程。对问卷调查得到的数据,利用描述性统计分析、比较分析、相关分析等统计分析方法;对Web日志数据,利用方差分析等统计分析方法。另外通过人工扫描录屏数据,对实验者的协同检索过程进行具体分析,例如统计分析协同检索实验者的检索工具选择特点、检索式构造特点、检索结果浏览和选择过程、检索结果编辑特点等。除此之外,通过建立评分系统,对检索结果进行打分评价,最直观地揭示检索结果的好坏,进而分析出现差异的原因。最后,将用户的访谈音频转录为文字,通过ATLAS. ti内容分析软件对访谈数据进行编码,以了解实验者内在认知、情感与其外在行为的关系。ATLAS. ti是一款数据定性分析软件,通过对文本等各类型非结构化数据进行提取、编码、分类,并对数据段进行关联,进而实现数据的结构化分析。

第二节　实验结果分析

在实验结果分析这一部分，我们将小组类型和任务难度两种因素纳入考察范围，综合分析了这两种因素对协同信息检索行为的影响，采用了双因素方差分析方法对各项统计数据进行分析。

笔者对每项检索任务完成后针对任务设计的认知问卷进行了内部一致性信度检验，信度指标 Cronbach's Alpha 系数为 0.842 >0.8，问卷信度良好。对效度进行了因子分析，KMO 的值为 0.682 >0.5，问卷的效度也得到保证。

整体评价问卷方面，经内部一致性信度检验，信度指标 Cronbach's Alpha 系数为 0.742 >0.7，问卷信度可以接受。对效度进行了因子分析，KMO 的值为 0.625 >0.5，问卷的效度也得到保证。

一、对协同信息检索方式的影响

（一）网络检索经验背景调查

在研究实验用户在本次实验中的检索方式之前，我们通过问卷的形式调查了实验用户的网络检索经历，包括网络检索信心和网络检索工具使用情况，问卷采用李克特 5 级量表，1 到 5 分表示程度由低到高，1 分表示程度很低，5 分表示程度很高。问卷结果分析见表 7－1。

选项 1：您对网络检索的信心。

选项 2：您在检索网络信息时，对数字化的传统检索工具，如年鉴、手册、图录、词典、索引等的使用频率。

选项 3：您在检索网络信息时，对联机检索工具，如 DIALOG、First Search 等的使用频率。

选项 4：您在检索网络信息时，对搜索引擎，如 Yahoo、Google、新浪、搜狐、百度等的使用频率。

表 7－1　各类网络检索工具使用情况平均值

	数字化传统检索工具	联机检索工具	搜索引擎
专业小组	3.3	2.2	5
兴趣小组	2.5	1.5	5
非小组	2.3	1.5	5

网络检索信心方面，专业小组成员的均分为4.2，兴趣小组成员的均分为4，非小组成员的均分为3.7，所有成员的网络检索信心均较高。专业小组、兴趣小组、非小组成员的网络检索信心依次下降。

网络检索工具使用情况方面，三类小组成员主要使用搜索引擎进行网络检索，几乎不使用联机检索工具，数字化的传统检索工具使用也较少。

（二）检索日志行为分析

本研究从 Coagmento 系统日志中收集了反映用户协同行为的六项数据：Bookmark、Snippet、Annotate、Recommend、Search 和 Webpage。由于 Coagmento系统的 Chat 功能在国内使用不畅，我们使用 QQ 作为即时交流工具，实验对象通过 QQ 发送的图片也能反应协同检索行为特点，因此 Image 也作为衡量标准之一。从小组类型和任务难度两个维度，将每一小组类型下所有实验对象在三个检索任务中产生的系统日志数据进行整合，分析了小组类型和任务难度对这七项数据的影响程度。

表7-2可以看出，小组类型只在 Recommend 上存在显著性差异（$p = 0.017 < 0.05$）。Recommend 推荐功能表示直接给对方提出建议，告诉对方该如何做，最能体现用户之间的合作和交流。这说明小组类型因素对协同信息检索行为中的推荐行为存在较大影响。

任务难度差异在 Search（检索词数量）和 Webpage（浏览网页数量）上均存在较大的显著性差异，p 值分别为0.000和0.004。这说明对检索词数量和浏览网页数量产生影响的因素是任务难度而非小组类型。

小组类型和任务难度的交互效应在协同信息检索行为的七项指标中都没有产生显著性差异。

表7-2　小组类型和任务难度对协同信息检索行为的影响

源	因变量	III型平方和	df	均方	F	P值
小组类型	Bookmark	3.63	2	1.815	0.875	0.434
	Snippet	15.63	2	7.815	2.573	0.104
	Annotate	5.556	2	2.778	2.778	0.089
	Recommend	18.074	2	9.037	5.191	0.017*
	Search	171.185	2	85.593	1.602	0.229
	Webpage	333.852	2	166.926	0.25	0.781
	Image	2.889	2	1.444	1.258	0.308

续表

源	因变量	III 型平方和	df	均方	F	P 值
任务难度	Bookmark	3.63	2	1.815	0.875	0.434
	Snippet	2.741	2	1.37	0.451	0.644
	Annotate	4.222	2	2.111	2.111	0.15
	Recommend	0.296	2	0.148	0.085	0.919
	Search	2763.185	2	1381.593	25.851	0.000*
	Webpage	9920.963	2	4960.481	7.441	0.004*
	Image	0.667	2	0.333	0.29	0.751
小组类型*任务难度	Bookmark	1.481	4	0.37	0.179	0.947
	Snippet	4.593	4	1.148	0.378	0.821
	Annotate	2.222	4	0.556	0.556	0.698
	Recommend	1.037	4	0.259	0.149	0.961
	Search	201.481	4	50.37	0.942	0.462
	Webpage	5553.481	4	1388.37	2.083	0.125
	Image	2.444	4	0.611	0.532	0.714

* 表示有显著差异, $p < 0.05$

进一步从小组类型维度对 Recommend 行为进行单因素方差两两分析发现(表 7-3),专业小组和兴趣小组在 Recommend 行为上存在较大的显著性差异($p = 0.001 < 0.05$)。专业小组的小组成员本身对检索任务有相当的了解,拥有自己的观点,很容易对对方检索到的内容进行评价、发表观点或提出建议,并且由于专业小组成员之间本身就熟识,更容易发表自己的观点。而非小组成员对检索任务没有任何了解,不具有与对方检索到的内容相关的知识储备,故没有表达自己的观点。且非小组成员都是初相识,对发表意见还有些顾忌。专业小组和兴趣小组并不存在显著性差异,可能是因为兴趣小组的成员与专业小组成员一样,都相互熟识,比较容易发表自己的观点。

表 7-3　小组差异对推荐行为影响的两两对比

(I)组别	(J)组别	均值差值(I-J)	标准误差	P 值
专业小组	兴趣小组	1.111	0.55	0.055
	非小组	2	0.55	0.001*
兴趣小组	专业小组	-1.111	0.55	0.055
	非小组	0.889	0.55	0.119
非小组	专业小组	-2	0.55	0.001*
	兴趣小组	-0.889	0.55	0.119

* 表示有显著差异, $p < 0.05$

进一步通过两两对比分析任务难度差异对Search和Webpage的影响，可以看出(表7-4)：在检索词数量上，任务1和任务2、任务3均存在显著性差异；任务2和任务3没有显著性差异。在浏览网页数量上，也是任务1和任务2、任务3均存在显著性差异；任务2和任务3没有显著性差异。

任务1、任务2、任务3的差异在于，任务1难度最小，检索过程最烦琐，需要输入大量检索词，浏览大量网页。任务2和任务3难度较大，但是检索过程相对简单，输入检索词的数量较少，浏览的网页也较少。

表7-4　任务难度差异对Search和Webpage影响的两两对比

因变量	(I)任务	(J)任务	均值差值(I-J)	标准误差	P值
Search	1	2	22.89	3.446	0.000*
		3	19.67	3.446	0.000*
Webpage	1	2	43.11	12.172	0.002*
		3	37.67	12.172	0.006*

* 表示有显著差异，$p<0.05$

（三）重复检索式分析

不同小组类型出现重复工作的频次能反映小组因素对协同信息检索行为的影响程度，因此我们分析了重复检索式情况。由于任务设置不同导致协作方式不同，使得每个任务重复检索式的出现频次有所差异。

我们以小组类型和任务难度两个维度进行双因素方差分析，从表7-5可以看出这两个因素在重复检索式的数量上均未产生显著性差异。这可能是由于重复检索式数量太少导致。

表7-5　小组类型和任务难度对重复检索式数量的影响

源	III型平方和	df	均方	F	P值
小组类型	0.963	2	0.481	1.083	0.36
任务难度	1.185	2	0.593	1.333	0.288
小组类型*任务难度	2.593	4	0.648	1.458	0.256

* 表示有显著差异，$p<0.05$

重复检索式数量统计如表7-6。根据访谈得知，三种不同小组类型的小组成员在进行任务1和任务2时，多采用小组成员分别负责不同部分的方法完成，重复检索式应该较少。但是统计结果显示(如表7-6)，在总量上，专业小组在任务1和任务2中的重复检索式最多，这说明专业组成员间存在较多互相协助的情况,每名成员在完成自己负责部分的任务后会帮助另一名成员共同完成检索任务。

任务3为难度最大的分析类问题,很大程度上需要依赖专业知识和信息处理能力,三组的协作方式多采用各自检索素材最后汇总答案的方式,表7－6显示重复检索式的数量最少,组间差异也最小。

表7－6　三类小组的重复检索式数量

小组	任务1	任务2	任务3
专业小组	4	2	1
兴趣小组	2	1	0
非小组	0	3	1

二、对协同信息检索效果的影响

用户的检索效果能最直观地反映小组差异对协同检索行为的影响。根据系统协同编辑功能导出的编辑结果,对每个小组的检索结果进行评分。参照英国OMNI的Stoker和Cooke提出的八项信息评价指标[9],美国乔治大学教授Wilkinson等人提出的11项信息评价指标[10],以及Robert提出的"CARS"检索体系[11],结合本次实验的特点,分别从信息来源的多样性和可靠性、信息检索的准确性和完整性,以及信息编辑的逻辑性和条理性这三个部分共六个方面对检索效果进行评价。由于本研究主要考察的是信息检索行为,因此信息检索准确性和完整性的权重均为30%,信息来源和信息编辑中的四项指标权重均为10%,满分为10分。

用双因素方差对检索效果进行分析可以看出(表7－7),小组类型和任务难度对三个任务的得分情况均不存在显著性差异,说明小组类型差异和任务难度差异对协同检索效果没有影响。这可能是由于受到评分主观性的影响导致的。

表7－7　小组类型和任务难度对检索效果的影响

源	III型平方和	df	均方	F	P值
小组类型	2.282	2	1.141	1.665	0.217
任务难度	2.007	2	1.003	1.464	0.258
小组类型*任务难度	1.331	4	0.333	0.485	0.746

*表示有显著差异,$p<0.05$

三、对编辑方式的影响

编辑方式体现了各个小组在编辑最终答案时的协同行为。每个小组都需要在 Coagmento 系统提供的协同编辑界面上编辑最终答案。协同编辑界面中,不同的编辑者编辑的文字颜色不同,从中可以看出小组分工与协作方式的差异。

如图 7 -2 所示,任务 1 中,每类小组中的各个小组的最终答案中均出现了小范围颜色交替的情况,兴趣小组和非小组成员的答案中分别各有一组出现,专业小组三组成员的答案中均出现了此种情况。任务 1 为列举题,任务难度最小,易分工,实际检索较烦琐,考查检索能力。从协同编辑的角度来看,专业小组的成员出现互动的频率较高。

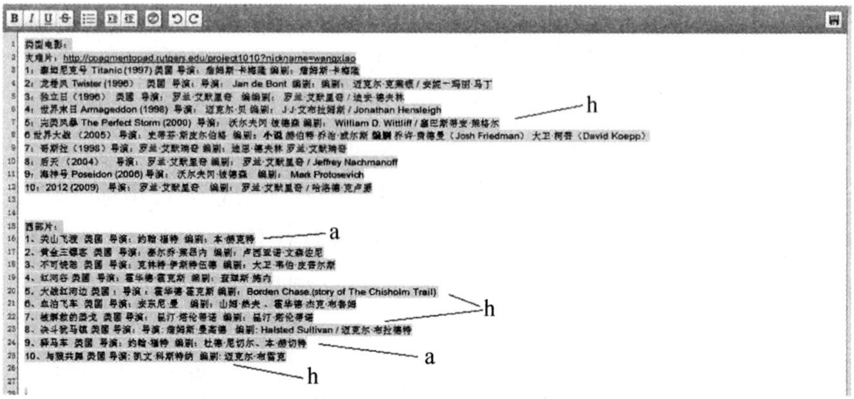

兴趣组 A

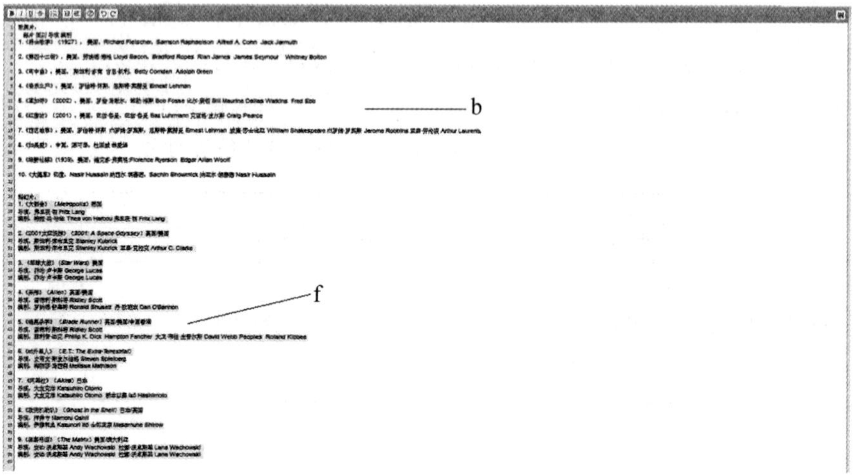

兴趣组 B

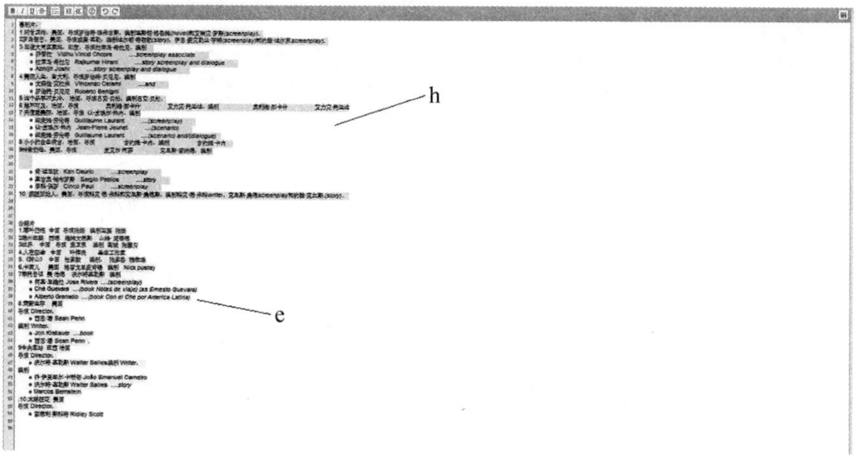

兴趣组 C

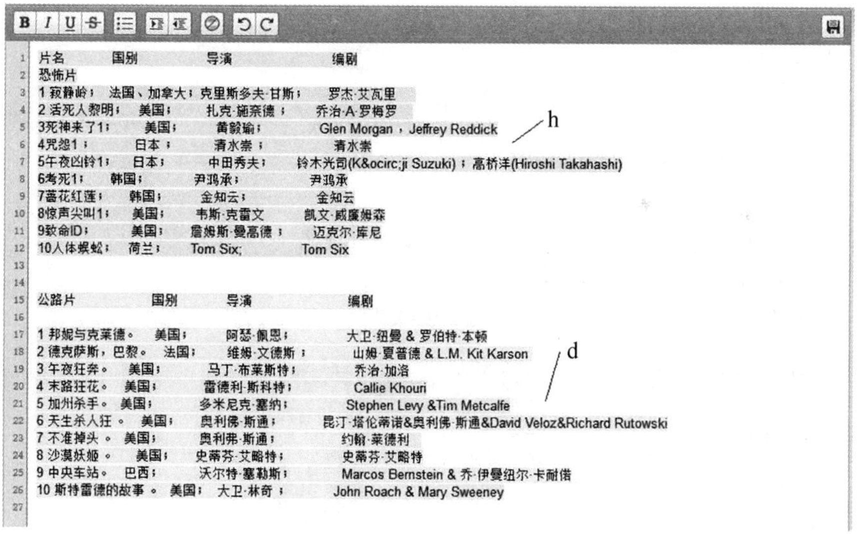

片名　　国别　　导演　　编剧
恐怖片
1 寂静岭；　法国、加拿大；克里斯多夫·甘斯；　罗杰·艾瓦里
2 活死人黎明；　美国；　扎克·施奈德；　乔治·A·罗梅罗
3死神来了1；　美国；　黄毅瑜；　Glen Morgan，Jeffrey Reddick
4咒怨1；　日本；　清水崇；　清水崇
5午夜凶铃1；　日本；　中田秀夫；　铃木光司(Kôji Suzuki)；高桥洋(Hiroshi Takahashi)
6考死1；　韩国；　尹鸿承；　尹鸿承
7蔷花红莲；　韩国；　金知云；　金知云
8惊声尖叫1；　美国；　韦斯·克雷文　凯文·威廉姆森
9致命ID；　美国；　詹姆斯·曼高德；　迈克尔·库尼
10人体蜈蚣；　荷兰；　Tom Six;　Tom Six

公路片　　国别　　导演　　编剧

1 邦妮与克莱德。　美国；　阿瑟·佩恩；　大卫·纽曼 & 罗伯特·本顿
2 德克萨斯，巴黎。　法国；　维姆·文德斯；　山姆·夏普德 & L.M. Kit Karson
3 午夜狂奔。　美国；　马丁·布莱斯特；　乔治·加洛
4 末路狂花。　美国；　雷德利·斯科特；　Callie Khouri
5 加州杀手。　美国；　多米尼克·塞纳；　Stephen Levy &Tim Metcalfe
6 天生杀人狂 。　美国；　奥利佛·斯通；　昆汀·塔伦蒂诺&奥利佛·斯通&David Veloz&Richard Rutowski
7 不准掉头 。　美国；　奥利弗·斯通；　约翰·莱德利
8 沙漠妖姬 。　美国；　史蒂芬·艾略特；　史蒂芬·艾略特
9 中央车站。　巴西；　沃尔特·塞勒斯；　Marcos Bernstein & 乔·伊曼纽尔·卡耐借
10 斯特雷德的故事 。　美国；　大卫·林奇；　John Roach & Mary Sweeney

非小组 A

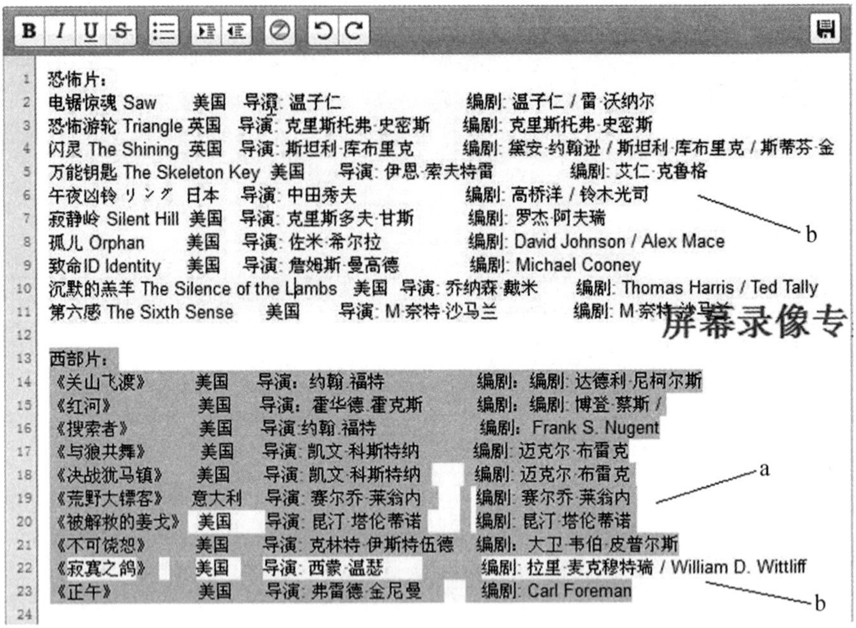
恐怖片：
电锯惊魂 Saw 美国 导演: 温子仁 编剧: 温子仁 / 雷·沃纳尔
恐怖游轮 Triangle 英国 导演: 克里斯托弗·史密斯 编剧: 克里斯托弗·史密斯
闪灵 The Shining 英国 导演: 斯坦利·库布里克 编剧: 黛安·约翰逊 / 斯坦利·库布里克 / 斯蒂芬·金
万能钥匙 The Skeleton Key 美国 导演: 伊恩·索夫特雷 编剧: 艾仁·克鲁格
午夜凶铃 リング 日本 导演: 中田秀夫 编剧: 高桥洋 / 铃木光司
寂静岭 Silent Hill 美国 导演: 克里斯多夫·甘斯 编剧: 罗杰·阿夫瑞
孤儿 Orphan 美国 导演: 佐米·希尔拉 编剧: David Johnson / Alex Mace
致命ID Identity 美国 导演: 詹姆斯·曼高德 编剧: Michael Cooney
沉默的羔羊 The Silence of the Lambs 美国 导演: 乔纳森·戴米 编剧: Thomas Harris / Ted Tally
第六感 The Sixth Sense 美国 导演: M·奈特·沙马兰 编剧: M·奈特·沙马兰
屏幕录像专
西部片：
《关山飞渡》 美国 导演：约翰·福特 编剧：编剧: 达德利·尼柯尔斯
《红河》 美国 导演：霍华德·霍克斯 编剧：编剧: 博登·蔡斯 /
《搜索者》 美国 导演:约翰·福特 编剧：Frank S. Nugent
《与狼共舞》 美国 导演: 凯文·科斯特纳 编剧: 迈克尔·布雷克
《决战犹马镇》 美国 导演: 凯文·科斯特纳 编剧: 迈克尔·布雷克
《荒野大镖客》 意大利 导演: 赛尔乔·莱翁内 编剧: 赛尔乔·莱翁内
《被解救的姜戈》 美国 导演: 昆汀·塔伦蒂诺 编剧: 昆汀·塔伦蒂诺
《不可饶恕》 美国 导演: 克林特·伊斯特伍德 编剧: 大卫·韦伯·皮普尔斯
《寂寞之鸽》 美国 导演: 西蒙·温瑟 编剧: 拉里·麦克穆特瑞 / William D. Wittliff
《正午》 美国 导演: 弗雷德·金尼曼 编剧: Carl Foreman
a
b
b

非小组 B

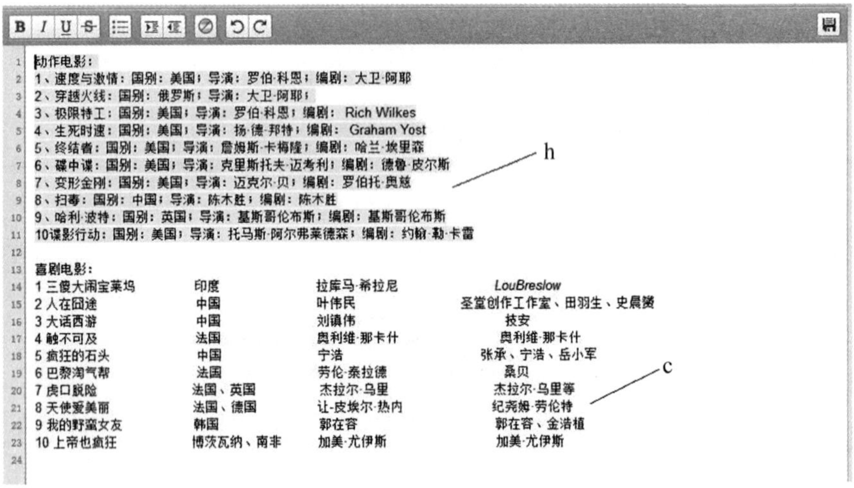
动作电影：
1、速度与激情：国别：美国；导演：罗伯·科恩；编剧：大卫·阿耶
2、穿越火线：国别：俄罗斯；导演：大卫·阿耶；
3、极限特工：国别：美国；导演：罗伯·科恩；编剧： Rich Wilkes
4、生死时速：国别：美国；导演：扬·德·邦特；编剧： Graham Yost
5、终结者：国别：美国；导演：詹姆斯·卡梅隆；编剧：哈兰·埃里森
6、碟中谍：国别：美国；导演：克里斯托夫·迈考利；编剧：德鲁·皮尔斯
7、变形金刚：国别：美国；导演：迈克尔·贝；编剧：罗伯托·奥慈
8、扫毒：国别：中国；导演：陈木胜；编剧：陈木胜
9、哈利·波特：国别：英国；导演：基斯哥伦布斯；编剧：基斯哥伦布斯
10谍影行动：国别：美国；导演：托马斯·阿尔弗莱德森；编剧：约翰·勒·卡雷
喜剧电影：
1 三傻大闹宝莱坞 印度 拉库马·希拉尼 LouBreslow
2 人在囧途 中国 叶伟民 圣堂创作工作室、田羽生、史晨獒
3 大话西游 中国 刘镇伟 技安
4 触不可及 法国 奥利维·那卡什 奥利维·那卡什
5 疯狂的石头 中国 宁浩 张承、宁浩、岳小军
6 巴黎淘气帮 法国 劳伦·泰拉德 桑贝
7 虎口脱险 法国、英国 杰拉尔·乌里 杰拉尔·乌里等
8 天使爱美丽 法国、德国 让-皮埃尔·热内 纪尧姆·劳伦特
9 我的野蛮女友 韩国 郭在容 郭在容、金浩植
10 上帝也疯狂 博茨瓦纳、南非 加美·尤伊斯 加美·尤伊斯
h
c

非小组 C

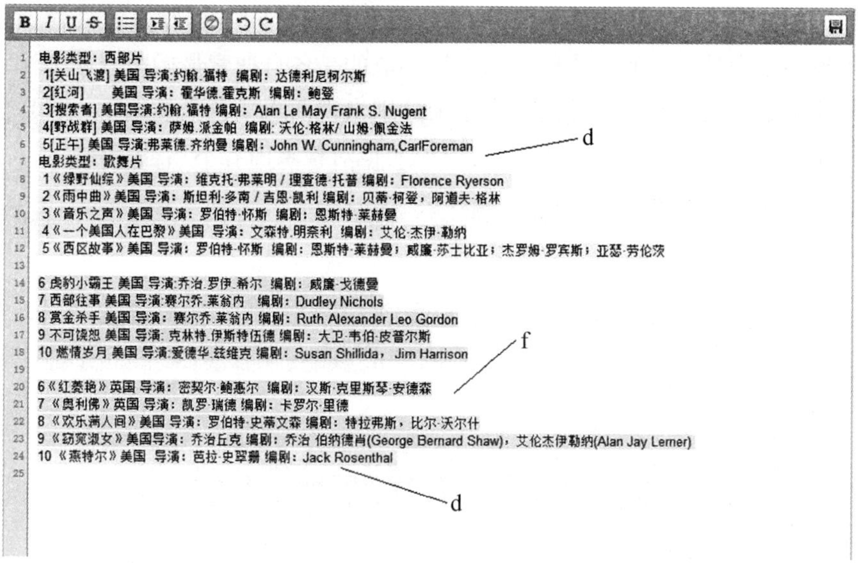

专业组 A

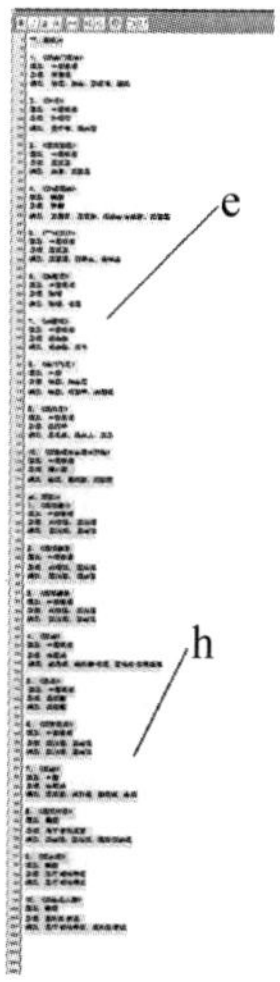

专业组 B

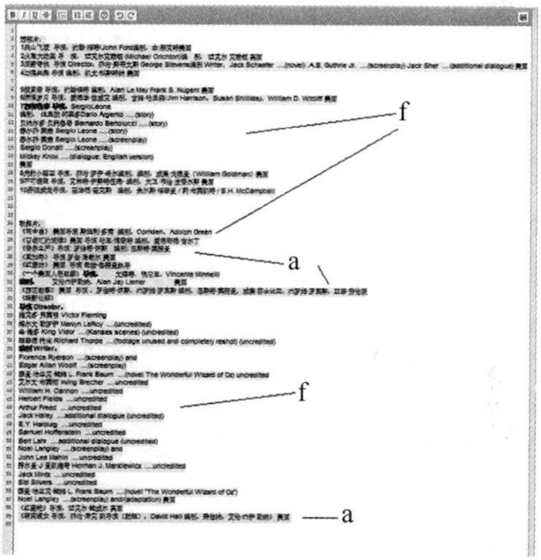

专业组 C

图 7－2　任务 1 各小组协同编辑最终完成结果界面

注:Coagmento 共为协同编辑者分配了 8 中颜色以示区分,分别是:a. 粉红色;b. 深黄色;c. 浅黄色;d. 绿色;e. 浅蓝色;f. 蓝色;g. 紫色;h. 浅紫色。(因印刷没有显示颜色,故用不同字母指代)

如图 7－3 所示,任务 2 中,专业小组中有一组出现了颜色交叉。兴趣小组和非小组中分别有两组出现了颜色交叉。任务 2 为简答题,难度上升,易分工。但因本检索任务中的两部分(sub-task)答案难度不一致,容易产生分工不均。根据访谈内容得知,专业小组中的三个小组均采用了明确的分工,其中一组出现颜色交叉编辑,说明成员之间有相互查看并修改。兴趣小组中的一组和非小组中的一组采取的是各自搜索最后整合的方法,其他组都是明确分工。这两类小组中分别出现两组颜色交叉编辑,成员之间相互补充对方检索到的内容,可以说明他对检索内容不熟悉,不确定。

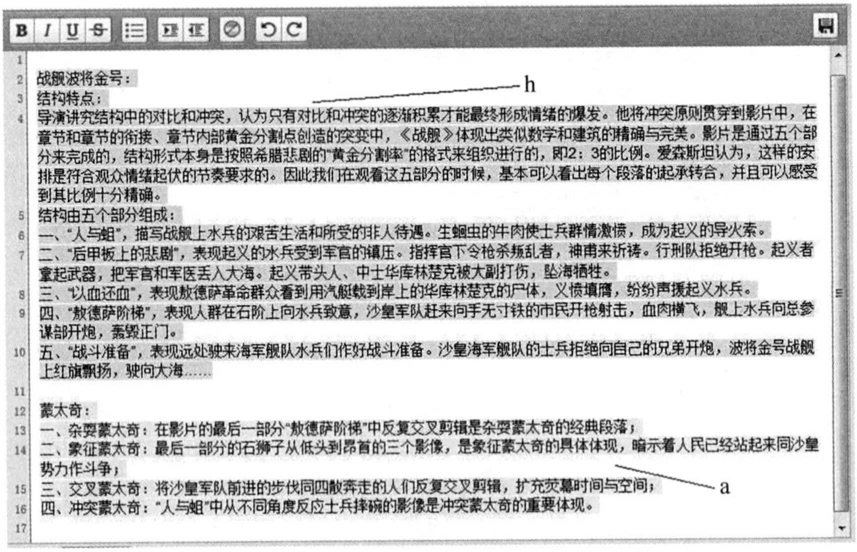

战舰波将金号:
结构特点:
导演讲究结构中的对比和冲突,认为只有对比和冲突的逐渐积累才能最终形成情绪的爆发。他将冲突原则贯穿到影片中,在章节和章节的衔接、章节内部黄金分割点创造的突变中,《战舰》体现出类似数学和建筑的精确与完美。影片是通过五个部分来完成的,结构形式本身是按照希腊悲剧的"黄金分割率"的格式来组织进行的,即2:3的比例。爱森斯坦认为,这样的安排是符合观众情绪起伏的节奏要求的。因此我们在观看这五部分的时候,基本可以看出每个段落的起承转合,并且可以感受到其比例十分精确。
结构由五个部分组成:
一、"人与蛆",描写战舰上水兵的艰苦生活和所受的非人待遇。生蛆虫的牛肉使士兵群情激愤,成为起义的导火索。
二、"后甲板上的悲剧",表现起义的水兵受到军官的镇压。指挥官下令枪杀叛乱者,神甫来祈祷。行刑队拒绝开枪。起义者拿起武器,把军官和军医丢入大海。起义带头人、中士华库林楚克被大副打伤,坠海牺牲。
三、"以血还血",表现敖德萨革命群众看到用汽艇载到岸上的华库林楚克的尸体,义愤填膺,纷纷声援起义水兵。
四、"敖德萨阶梯",表现人群在石阶上向水兵致意,沙皇军队赶来向手无寸铁的市民开枪射击,血肉横飞,舰上水兵向总参谋部开炮,轰毁正门。
五、"战斗准备",表现远处驶来海军舰队水兵们作好战斗准备。沙皇海军舰队的士兵拒绝向自己的兄弟开炮,波将金号战舰上红旗飘扬,驶向大海……

蒙太奇:
一、杂耍蒙太奇:在影片的最后一部分"敖德萨阶梯"中反复交叉剪辑是杂耍蒙太奇的经典段落;
二、象征蒙太奇:最后一部分的石狮子从低头到昂首的三个影像,是象征蒙太奇的具体体现,暗示着人民已经站起来同沙皇势力作斗争;
三、交叉蒙太奇:将沙皇军队前进的步伐同四散奔走的人们反复交叉剪辑,扩充荧幕时间与空间;
四、冲突蒙太奇:"人与蛆"中从不同角度反应士兵摔碗的影像是冲突蒙太奇的重要体现。

兴趣组 A

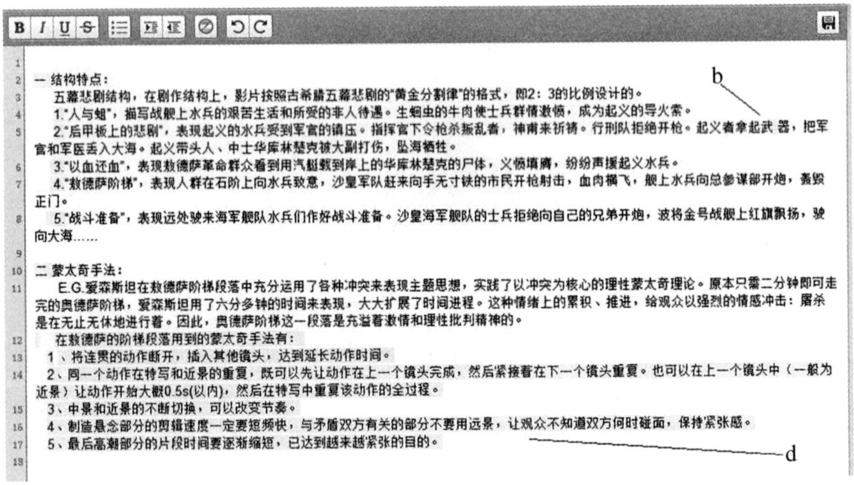

一 结构特点:
五幕悲剧结构,在剧作结构上,影片按照古希腊五幕悲剧的"黄金分割律"的格式,即2:3的比例设计的。
1."人与蛆",描写战舰上水兵的艰苦生活和所受的非人待遇。生蛆虫的牛肉使士兵群情激愤,成为起义的导火索。
2."后甲板上的悲剧",表现起义的水兵受到军官的镇压。指挥官下令枪杀叛乱者,神甫来祈祷。行刑队拒绝开枪。起义者拿起武 器,把军官和军医丢入大海。起义带头人、中士华库林楚克被大副打伤,坠海牺牲。
3."以血还血",表现敖德萨革命群众看到用汽艇载到岸上的华库林楚克的尸体,义愤填膺,纷纷声援起义水兵。
4."敖德萨阶梯",表现人群在石阶上向水兵致意,沙皇军队赶来向手无寸铁的市民开枪射击,血肉横飞,舰上水兵向总参谋部开炮,轰毁正门。
5."战斗准备",表现远处驶来海军舰队水兵们作好战斗准备。沙皇海军舰队的士兵拒绝向自己的兄弟开炮,波将金号战舰上红旗飘扬,驶向大海……

二 蒙太奇手法:
E.G.爱森斯坦在敖德萨阶梯段落中充分运用了各种冲突来表现主题思想,实践了以冲突为核心的理性蒙太奇理论。原本只需二分钟即可走完的奥德萨阶梯,爱森斯坦用了六分多钟的时间来表现,大大扩展了时间进程。这种情绪上的累积、推进,给观众以强烈的情感冲击:屠杀是在无止无休地进行着。因此,奥德萨阶梯这一段落是充溢着激情和理性批判精神的。
在敖德萨的阶梯段落用到的蒙太奇手法有:
1、将连贯的动作断开,插入其他镜头,达到延长动作时间。
2、同一个动作在特写和近景的重复,既可以先让动作在上一个镜头完成,然后紧接着在下一个镜头重复。也可以在上一个镜头中(一般为近景)让动作开始大概0.5s(以内),然后在特写中重复该动作的全过程。
3、中景和近景的不断切换,可以改变节奏。
4、制造悬念部分的剪辑速度一定要短频快,与矛盾双方有关的部分不要用远景,让观众不知道双方何时碰面,保持紧张感。
5、最后高潮部分的片段时间要逐渐缩短,已达到越来越紧张的目的。

兴趣组 B

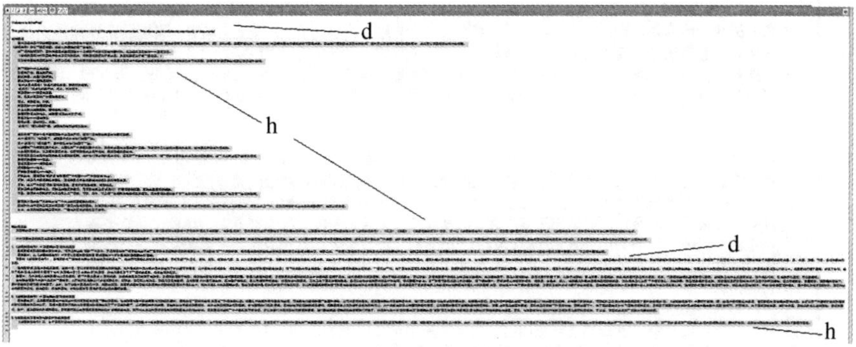
d
h
d
h

兴趣组 C

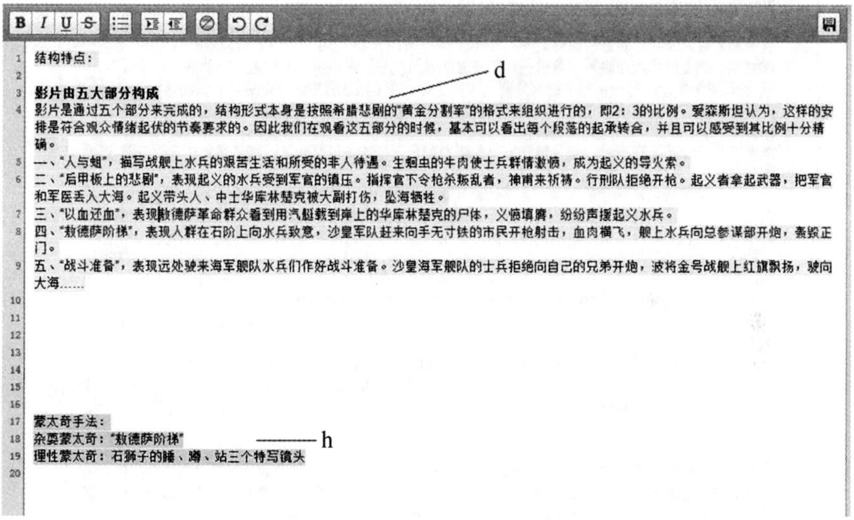
结构特点：
影片由五大部分构成
影片是通过五个部分来完成的，结构形式本身是按照希腊悲剧的"黄金分割率"的格式来组织进行的，即2：3的比例。爱森斯坦认为，这样的安排是符合观众情绪起伏的节奏要求的。因此我们在观看这五部分的时候，基本可以看出每个段落的起承转合，并且可以感受到其比例十分精确。
一、"人与蛆"，描写战舰上水兵的艰苦生活和所受的非人待遇。生蛆虫的牛肉使士兵群情激愤，成为起义的导火索。
二、"后甲板上的悲剧"，表现起义的水兵受到军官的镇压。指挥官下令枪杀叛乱者，神甫来祈祷。行刑队拒绝开枪。起义者拿起武器，把军官和军医丢入大海。起义带头人、中士华库林楚克被大副打伤，坠海牺牲。
三、"以血还血"，表现敖德萨革命群众看到用汽艇载到岸上的华库林楚克的尸体，义愤填膺，纷纷声援起义水兵。
四、"敖德萨阶梯"，表现人群在石阶上向水兵致意，沙皇军队赶来向手无寸铁的市民开枪射击，血肉横飞，舰上水兵向总参谋部开炮，轰毁正门。
五、"战斗准备"，表现远处驶来海军舰队水兵们作好战斗准备。沙皇海军舰队的士兵拒绝向自己的兄弟开炮，波将金号战舰上红旗飘扬，驶向大海……
蒙太奇手法：
杂耍蒙太奇："敖德萨阶梯"
理性蒙太奇：石狮子的睡、蹲、站三个特写镜头
d
h

非小组 A

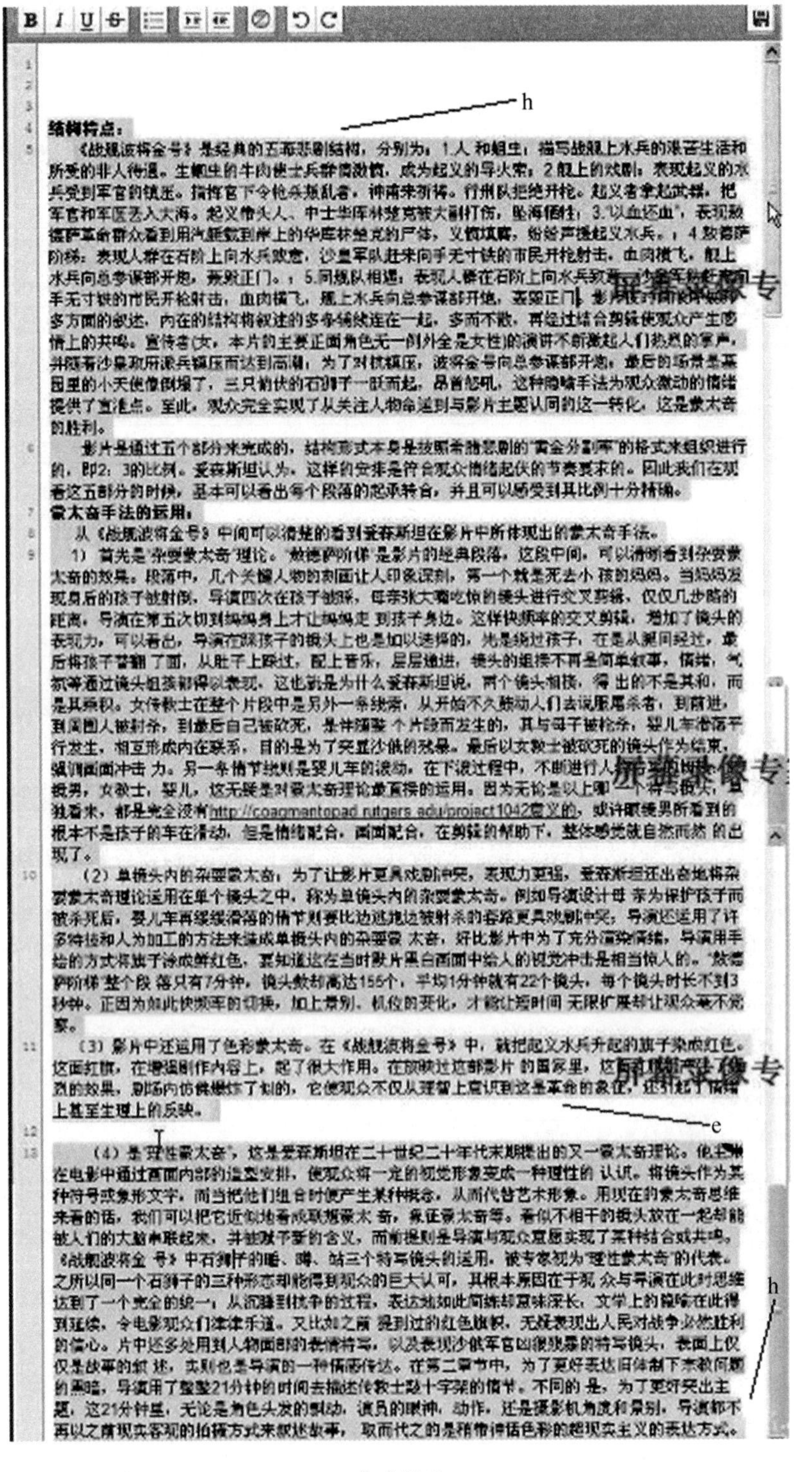

结构特点：
《战舰波将金号》是经典的五幕悲剧结构，分别为：1.人和蛆虫：描写战舰上水兵的艰苦生活和所受的非人待遇。生蛆生的牛肉使士兵群情激愤，成为起义的导火索；2.舰上的戏剧：表现起义的水兵受到军官的镇压。指挥官下令枪杀叛乱者，神甫来祈祷。行刑队拒绝开枪。起义者拿起武器，把军官和军医丢入大海。起义带头人、中士华库林楚克被大副打伤，坠海牺牲；3.“以血还血”，表现敖德萨革命群众看到用汽艇载到岸上的华库林楚克的尸体，义愤填膺，纷纷声援起义水兵。；4.敖德萨阶梯：表现人群在石阶上向水兵致意，沙皇军队赶来向手无寸铁的市民开枪射击，血肉横飞，舰上水兵向总参谋部开炮，轰毁正门。；5.同舰队相遇：表现人群在石阶上向水兵致意，沙皇军队赶来向手无寸铁的市民开枪射击，血肉横飞，舰上水兵向总参谋部开炮，轰毁正门。影片通过多方面的叙述，内在的结构将叙述的多条线贯连在一起，多而不散，再经过结合剪辑使观众产生感情上的共鸣。宣传者(女，本片的主要正面角色无一例外全是女性)的演讲不断激起人们热烈的掌声，并随着沙皇政府派兵镇压而达到高潮；为了对抗镇压，波将金号向总参谋部开炮，最后的场景是某园里的小天使像倒塌了，三只俯伏的石狮子一跃而起，昂首怒吼，这种隐喻手法为观众激动的情绪提供了宣泄点。至此，观众完全实现了从关注人物命运到与影片主题认同的这一转化，这是蒙太奇的胜利。
影片是通过五个部分来完成的，结构形式本身是按照希腊悲剧的“黄金分割率”的格式来组织进行的，即2：3的比例。爱森斯坦认为，这样的安排是符合观众情绪起伏的节奏要求的。因此我们在观看这五部分的时候，基本可以看出每个段落的起承转合，并且可以感受到其比例十分精确。
蒙太奇手法的运用：
从《战舰波将金号》中间可以清楚的看到爱森斯坦在影片中所体现出的蒙太奇手法。
1）首先是“杂耍蒙太奇”理论。“敖德萨阶梯”是影片的经典段落，这段中间，可以清晰看到杂耍蒙太奇的效果。段落中，几个关键人物的刻画让人印象深刻，第一个就是死去小孩的妈妈。当妈妈发现身后的孩子被射倒，导演四次在孩子倒瞬，母亲张大嘴吃惊的镜头进行交叉剪辑，仅仅几步路的距离，导演在第五次切到妈妈身上才让妈妈走到孩子身边。这样快频率的交叉剪辑，增加了镜头的表现力，可以看出，导演在踩孩子的镜头上也是加以选择的，先是绕过孩子，在是从腿间经过，最后将孩子踩翻了面，从肚子上踩过，配上音乐，层层递进，镜头的组接不再是简单叙事，情绪，气氛等通过镜头组接都得以表现，这也就是为什么爱森斯坦说，两个镜头相接，得出的不是其和，而是其乘积。女传教士在整个片段中是另外一条线索，从开始不久鼓动人们去说服屠杀者，到前进，到周围人被射杀，到最后自己被砍死，是伴随整个片段而发生的，其与母子被枪杀，婴儿车滑落平行发生，相互形成内在联系，目的是为了突显沙俄的残暴。最后以女教士被砍死的镜头作为结束，强调画面冲击力。另一条情节线则是婴儿车的滚动，在下滚过程中，不断进行人物的特写镜头，眼镜男，女教士，婴儿，这无疑是对蒙太奇理论最直接的运用。因为无论是以上哪一个特写镜头，单独看来，都是完全没有http://coagmentopad.rutgers.edu/project1042意义的，或许眼镜男所看到的根本不是孩子的车在滑动，但是情绪配合，画面配合，在剪辑的帮助下，整体感觉就自然而然的出现了。
（2）单镜头内的杂耍蒙太奇，为了让影片更具戏剧冲突，表现力更强，爱森斯坦还出奇地将杂耍蒙太奇理论运用在单个镜头之中，称为单镜头内的杂耍蒙太奇。例如导演设计母亲为保护孩子而被杀死后，婴儿车再缓缓滑落的情节则要比边逃跑边被射杀的套路更具戏剧冲突，导演还运用了许多特技和人为加工的方法来搞成单镜头内的杂耍蒙太奇，好比影片中为了充分渲染情绪，导演用手绘的方式将旗子涂成鲜红色，要知道这在当时默片黑白画面中给人的视觉冲击是相当惊人的。“敖德萨阶梯”整个段落只有7分钟，镜头数却高达155个，平均1分钟就有22个镜头，每个镜头时长不到3秒钟。正因为如此快频率的切换，加上景别、机位的变化，才能让短时间无限扩展却让观众毫不觉察。
（3）影片中还运用了色彩蒙太奇。在《战舰波将金号》中，就把起义水兵升起的旗子染成红色。这面红旗，在增强剧作内容上，起了很大作用。在放映过这部影片的国家里，这面红旗都产生强烈的效果，剧场内仿佛爆炸了似的，它使观众不仅从理智上意识到这是革命的象征，还引起了情绪上甚至生理上的反映。
（4）是“理性蒙太奇”，这是爱森斯坦在二十世纪二十年代末期提出的又一蒙太奇理论。他主张在电影中通过画面内部的造型安排，使观众将一定的视觉形象变成一种理性的认识。将镜头作为某种符号或象形文字，而当把他们组合时便产生某种概念，从而代替艺术形象。用现在的蒙太奇思维来看的话，我们可以把它近似地看成联想蒙太奇，象征蒙太奇等。看似不相干的镜头放在一起却能被人们的大脑串联起来，并被赋予新的含义，而前提则是导演与观众意愿实现了某种结合或共鸣。《战舰波将金号》中石狮子的睡、醒、站三个特写镜头的运用，被专家视为“理性蒙太奇”的代表。之所以同一个石狮子的三种形态却能得到观众的巨大认可，其根本原因在于观众与导演在此时思维达到了一个完全的统一；从沉睡到抗争的过程，表达如此简练却意味深长，文学上的隐喻在此得到延续，令电影观众们津津乐道。又比如之前提到过的红色旗帜，无疑表现出人民对战争必然胜利的信心。片中还多处用到人物面部的表情特写，以及表现沙俄军官凶狠残暴的特写镜头，表面上仅仅是故事的叙述，实则也是导演的一种情感传达。在第二章节中，为了更好表达旧体制下索敌阿斯的黑暗，导演用了整整21分钟的时间去描述传教士登十字架的情节。不同的是，为了更好突出主题，这21分钟里，无论是角色头发的飘动，演员的眼神，动作，还是摄影机角度和景别，导演都不再以之前现实客观的拍摄方式来叙述故事，取而代之的是精悍律话色彩的超现实主义的表达方式。
h
e
h

非小组 B

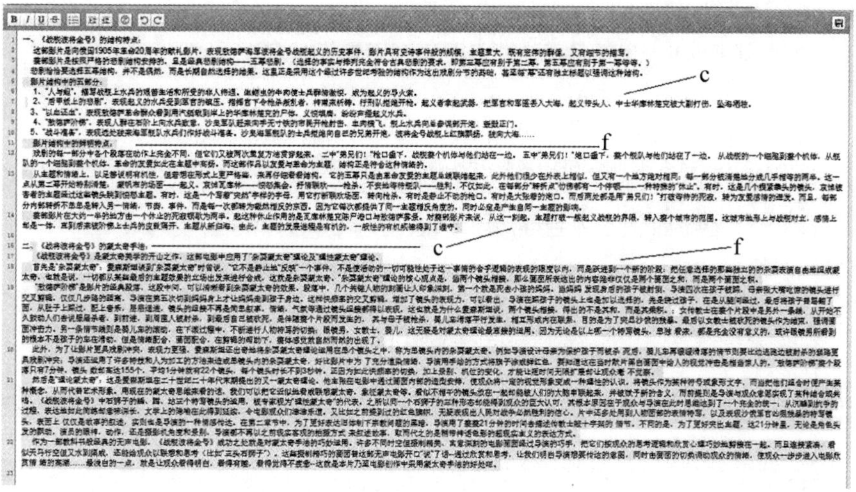

非小组 C

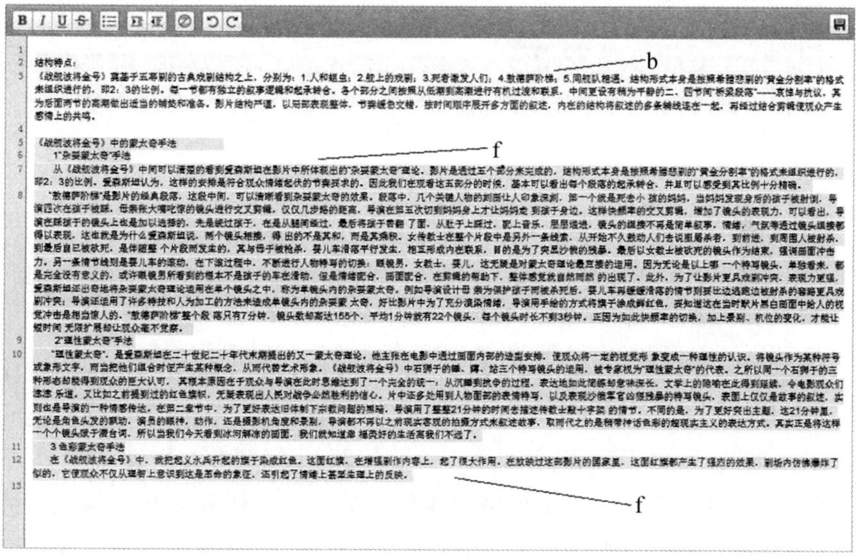

专业组 A

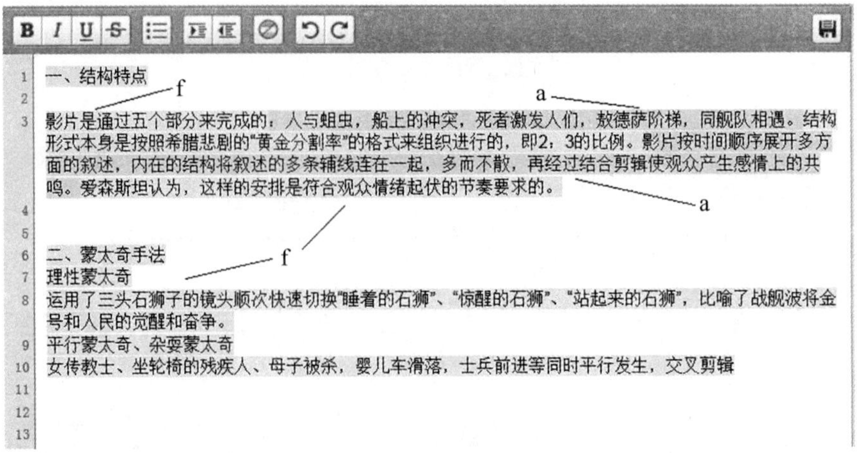

专业组 B

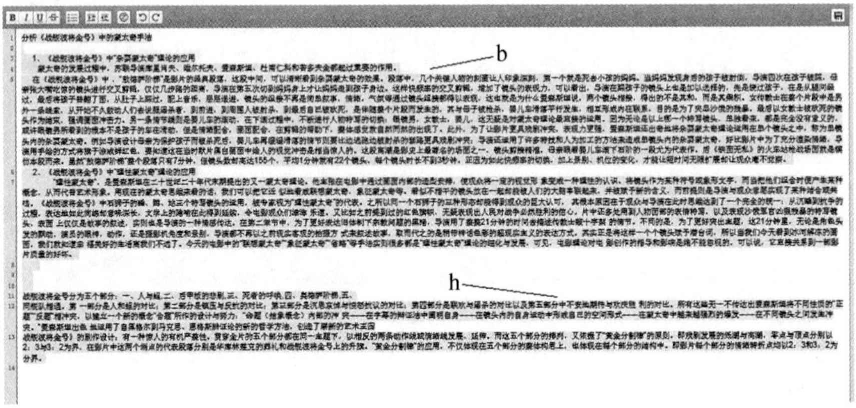

专业组 C

图 7－3　任务 2 各小组协同编辑最终完成结果界面

注：Coagmento 共为协同编辑者分配了 8 中颜色以示区分，分别是：a. 粉红色；b. 深黄色；c. 浅黄色；d. 绿色；e. 浅蓝色；f. 蓝色；g. 紫色；h. 浅紫色。（因印刷没有显示颜色，故用不同字母指代）

如图 7－4 所示，任务 3 中，每类小组出现颜色交叉编辑的情况均较任务 1 和任务 2 多，这验证了任务 3 难度最大、最复杂。任务 3 是分析类问题，任务难度大、专业性强，并且有三个小问题，小问题存在交叉，难度也不一致。三类小组在任务 3 中出现的颜色交叉不再是任务 1 和任务 2 中那样零星少量的细节性修改，而是出现了大面积交叉，兴趣小组和专业小组中分别有两小组出现这类情况，非小组中有一个小组出现此类情况。另外，2 组非小组和 1 组专业小组出现了某一颜色列出小标题，小标题下同时出现两种颜色编辑的情况。这与他们的分工方式有关，在任务 3 中相互合作的情况明显增多。

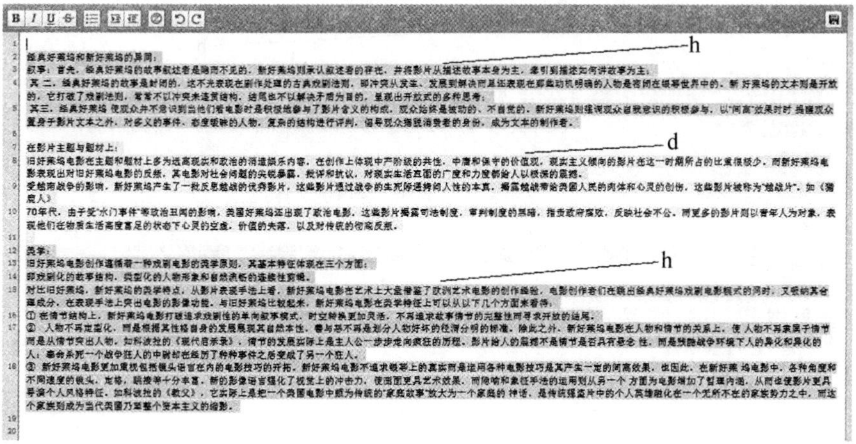

兴趣组 A

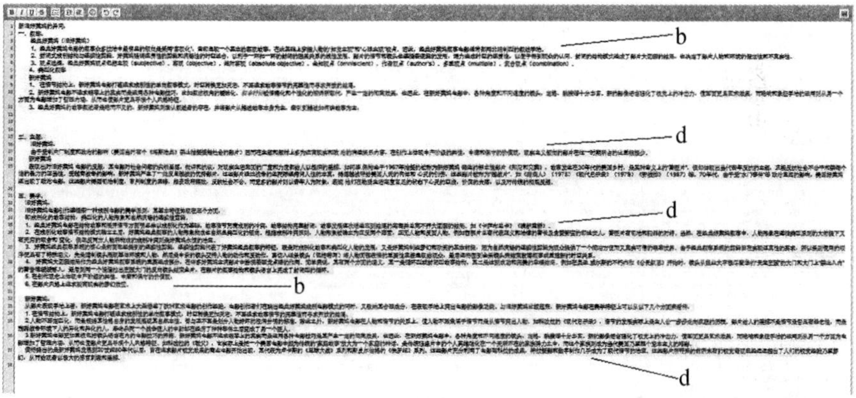

兴趣组 B

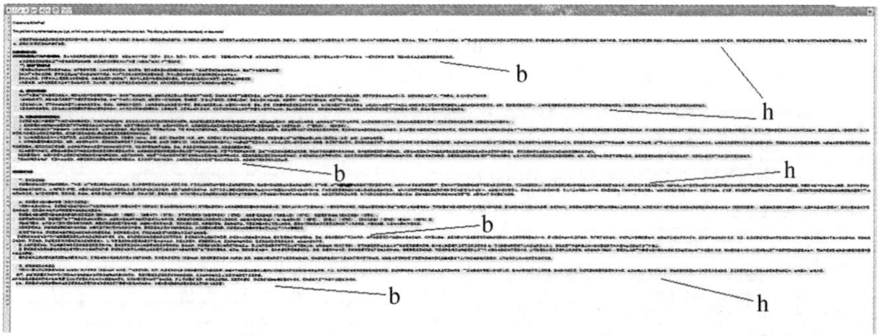

兴趣组 C

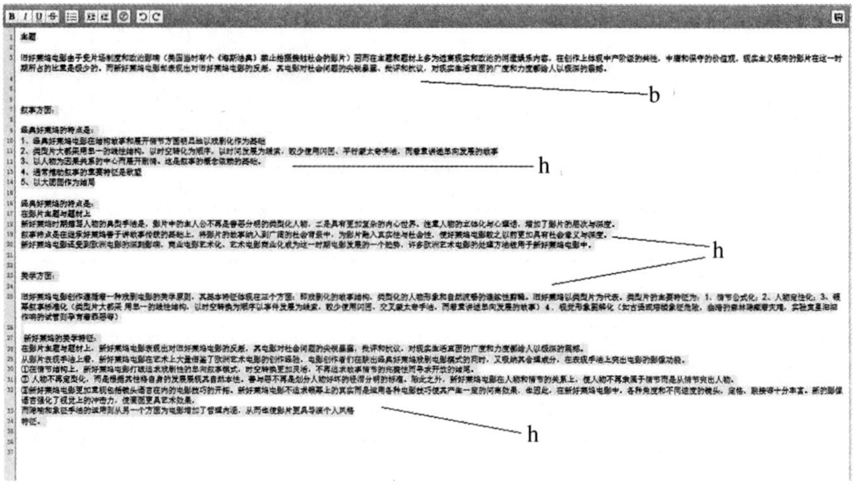

非小组 A

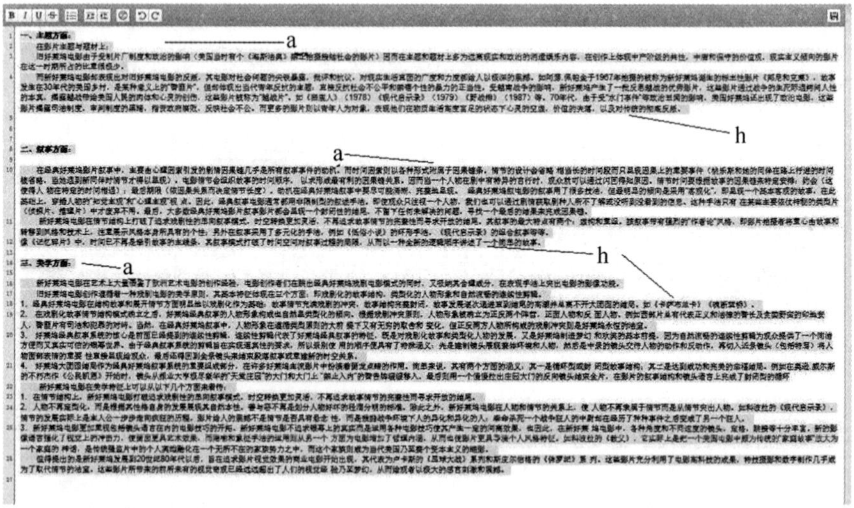

非小组 B

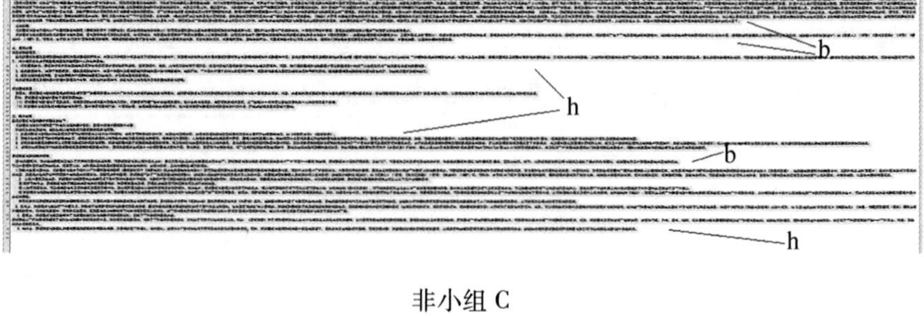

非小组 C

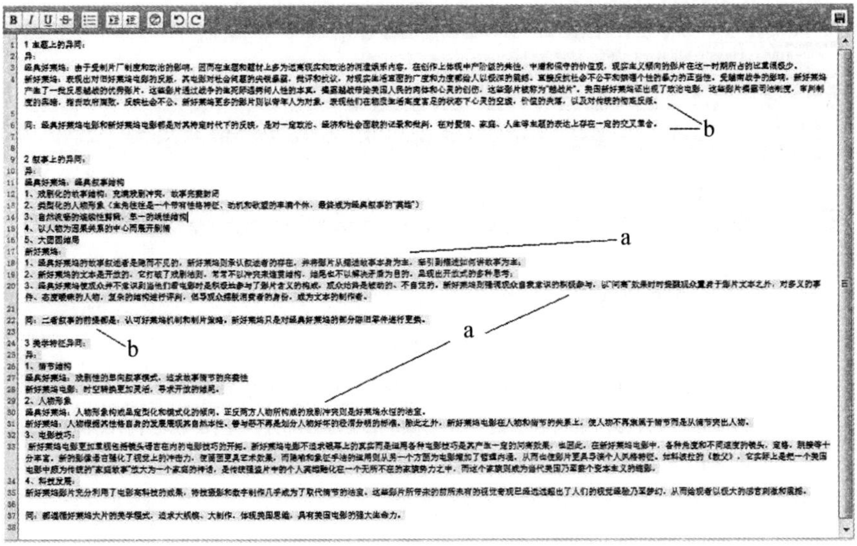

专业组 A

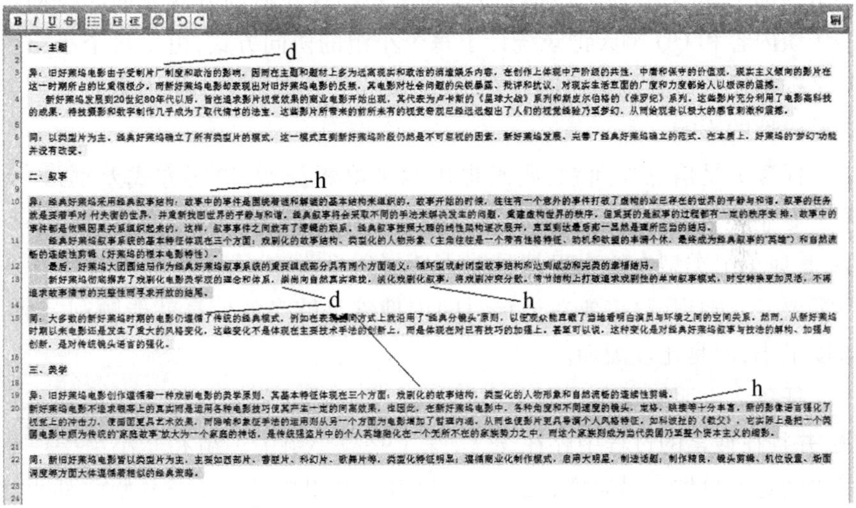

专业组 B

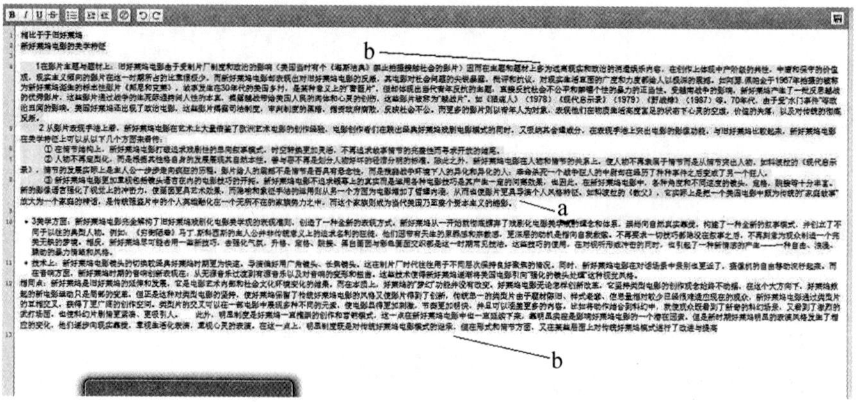

专业组 C

图 7－4　任务 3 各小组协同编辑最终完成结果界面

注：Coagmento 共为协同编辑者分配了 8 中颜色以示区分，分别是：a. 粉红色；b. 深黄色；c. 浅黄色；d. 绿色；e. 浅蓝色；f. 蓝色；g. 紫色；h. 浅紫色。（因印刷没有显示颜色，故用不同字母指代）

四、对协同方式的影响

协同方式的不同能够体现小组差异对协同信息检索行为的影响，不同小组内部不同的组成模式和行为模式主要体现在协同方式方面。我们根据访谈内容和 QQ 聊天记录统计了每个小组的协同方式，由于每个小组主要是根据任务差异调整协同方式，我们按任务分别讨论小组因素对协同方式差异性的影响。

任务 1 是信息类问题，明确提出两种电影类型，协同方式差别最小。除了专业小组中有一组是两人合作搜索一个类型后再一起搜索另一个类型，其他小组类型中的小组都是一人选择一个类型，分头查找。这类任务不需要专业知识，只需要在规定时间内搜索足够多的信息就能顺利完成，难度最小，但是比较烦琐。

任务 2 也明确提出了两个小问题，但是两个小问题的搜索难度并不一致，并且在搜索的过程中存在交叉，除了兴趣小组中一组和非小组中一组采取的是各自搜索最后整合的方法外，其他小组成员在任务开始前都明确协同一人负责一部分。从任务二的协同方式差异可以看出专业小组协同最明确。

任务 3 是分析类问题，任务难度大、专业性强，并且有三个小问题，小问题存在交叉，难度也不一致，因而出现了较多种协同方式。专业小组中有两个小组都采用分别负责问题的一部分、互相补充找到的内容的方式，另一组采用了合作完成每个小问题的方式。兴趣小组除了这两种方式,还有一组并没有明确协同。非小组较多地采用了各自搜索然后汇总的方式。

单看任务 2 和 3,专业小组和兴趣小组明显比非小组有更多的协作行为,小组成员间的交互较多,而非小组采用各自搜索的次数较多,通过访谈和聊天记录得知,这是因为非小组成员对任务了解不够,往往需要先通过检索了解任务题目才能进一步解答问题,进而整合材料,而这一现象对检索效果也产生了一定的影响。专业小组与兴趣小组相比,兴趣小组出现了一次各自搜索最后整合的方式,专业小组并没有出现。并且兴趣小组还存在没有协同的情况。

所有任务完成后,本研究还要求用户对实验整体感觉进行评分,同样采用李克特五级量表,1 到 5 分表示同意的程度由低到高,1 分表示完全不同意,5 分表示非常同意。其中设置了关于协同方式的一道题目。

选项 1:我们根据不同的任务具体问题具体分析,采用了不同的协同方式。

专业小组、兴趣小组和非小组的平均评分分别为 3. 67、3. 33 和 3. 17,均分都大于 3,评价较积极。从小组类型来看,小组成员比非小组成员的态度更积极,更加认同自己小组所采用的协同方式的多样性。

五、对认知方式的影响

(一)协同认知

在探究各类型小组的协同认知之前,本研究通过调查问卷先了解实验对象的协同活动经历。问卷采用李克特五级量表,1 到 5 分表示程度由低到高,1 分表示程度很低,5 分表示程度很高。问卷结果分析见表 7 - 8。

选项 1:您对协同通信工具,如 QQ、MSN、UC、E-mail 等的使用频率。

选项 2:您对协同内容创作网站,如 Google Docs、DropBox 等的使用频率。

选项 3:您对协同屏幕分享工具,如 joinme、ScreenLeap、QQ 屏幕分享等的使用频率。

表 7-8 协同工具使用情况

	通信工具	协同内容创作工具	屏幕分享工具
专业小组	5	2.8	3.7
兴趣小组	4.7	1.8	2.5

所有成员均表示曾经参与完成过团队任务。

通信工具方面，所有小组成员使用通信工具的频率都很高，见表7-8，兴趣小组仅有一个成员选择了3，使用通信工具的频率也很高；三类人员对协同内容创作工具的使用频率均较低，说明他们对协同内容创作工具并不熟悉；屏幕分享工具方面，专业小组成员使用屏幕分享工具的频率较高，其他两类人员使用频率较低。

通过背景调查，我们了解到所有实验对象的网络检索信心较高，并且都有完成团队任务的经历，网络检索时更多地使用搜索引擎，对协同通信工具很熟悉。实验完成后，我们调查了实验用户的协同认知情况，问卷采用李克特五级量表，1 到 5 分表示同意的程度由低到高，1 分表示完全不同意，5 分表示非常同意，调查结果分析见表 7-9。

选项 1：我认为这个任务进行协同检索比我自己单独检索的效果要好。

选项 2：我与我的队友分工很明确。

选项 3：我认为系统提供的协同工具对于该任务的协同检索非常有用。

选项 4：我很适应协同检索的方式。

表 7-9 小组类型和任务难度对协同认知的影响

源	因变量	III 型平方和	df	均方	F	P 值
小组类型	协同认知 1	0.778	2	0.389	0.745	0.481
	协同认知 2	1.148	2	0.574	1.476	0.239
	协同认知 3	0.704	2	0.352	0.609	0.548
	协同认知 4	1.148	2	0.574	0.957	0.392
任务难度	协同认知 1	0.778	2	0.389	0.745	0.481
	协同认知 2	1.37	2	0.685	1.762	0.183
	协同认知 3	1.593	2	0.796	1.378	0.262
	协同认知 4	0.593	2	0.296	0.494	0.614

续表

源	因变量	III 型平方和	df	均方	F	P 值
小组类型*任务难度	协同认知 1	0.444	4	0.111	0.213	0.93
	协同认知 2	1.185	4	0.296	0.762	0.556
	协同认知 3	0.963	4	0.241	0.417	0.796
	协同认知 4	0.074	4	0.019	0.031	0.998

* 表示有显著差异,$p < 0.05$

小组类型、任务难度以及小组类型和任务难度的交互效应三者在协同认知方面均没有显著性差异。这说明不同类型的小组成员对协同检索的认知差异不大,任务难度也并没有影响检索人员对协同检索的认知。

不同小组类型成员在协同认知相关题目的均值都较高,平均 4 分以上。只有非小组在协同认知第 4 题的均值得分较低(3.94)。出现这种情况可能是因为只有非小组成员在进行实验之前互相不认识,这说明熟悉程度对协同认知存在一定影响。访谈中,专业小组和兴趣小组普遍表示合作顺利,特别是兴趣小组,更多地提到合作默契度高。

除了调查问卷,通过访谈我们设置了两个有关协同认知的问题,深入探索了用户对协同检索的认知。

问题 1:对于这个实验,您觉得你们组整体的协作效果如何? 如果协作不佳,请问您觉得主要原因是什么?

问题 2:请问您认为这三个任务中哪个分工最明确,合作最顺利? 您觉得哪个任务最适合协同检索?

18 名实验用户中有 17 名对协作效果感到满意。明确表示对协作效果感到不满意的一名成员来自专业小组中的 C 组,感到没有与队友达到想象中的默契配合程度,认为沟通存在一些问题,有时候难以理解对方的意图。同时对整理出的最终答案感到不满意,认为书本里的答案条理更清晰。

13 人认为任务 1 分工最明确、合作最顺利,在专业小组、兴趣小组和非小组中的分布分别为 4 人、3 人、6 人。

13 人认为任务 3 最适合协同检索。在专业小组、兴趣小组和非小组中的分布分别为 5 人、3 人、5 人。

有实验对象反映,“第一个(任务)虽然(合作)做起来效果最好,最没有争议,但是其实跟一个人做区别不大,体现不出来一种协作的效果”,这一点正是大部分实验对象选择任务1作为分工最明确、合作最顺利的任务,而选择任务3作为最适合协同检索的普遍原因。

虽然大多数实验对象认为任务1分工最明确合作最顺利,任务3最适合协同检索,但是仍有一部分实验对象的选择正好相反,即认为任务1最适合协同检索,任务3合作最顺利。他们认为任务1检索量大,两人分工能够提高检索效率,以便在规定时间内完成任务,任务3更适合个人深入分析,而非与其他人合作。而检索任务进行到第三个的时候,实验对象对系统工具开始熟练,并且已经完全进入状态,所以也有一部分实验对象认为任务3合作最顺利。

(二)情景认知

本研究在背景调查问卷中了解所有实验对象参与社团的情况,以及专业小组和兴趣小组成员对所参与的电影社团的认知情况,问卷采用李克特五级量表,1到5分表示同意的程度由低到高,1分表示完全不同意,5分表示非常同意,统计结果见表7－10和表7－11。

选项1:您在现实生活中参加的社群的数量(一个都没有、1个、2个、3个、4个以上)。

选项2:您在虚拟网络中参加的社群数量(一个都没有、1个、2个、3个、4个以上)。

选项3:您是否在参加过的社群与其他成员共同完成过某项任务(是或否)。

选项4:您认为自己所在的电影社群对您的帮助程度。

选项5:您认为您对自己所在的电影社群的贡献程度。

选项6:您对社群中成员的信任程度。

选项7:您对电影社群的归属感程度。

选项8:您参与您所在电影社群组织的有关电影的发言或活动的频率。

表7－10　参与社团的评分情况

	参与现实小组情况	参与虚拟小组情况
专业小组	3.7	3
兴趣小组	2.7	3.8
非小组	1.7	3.7

表 7－11　小组认知的评分情况

	帮助程度	贡献程度	信任程度	归属感程度	参与度
专业小组	3.5	3.5	4.2	4	3.7
兴趣小组	3.3	3.2	3.8	3.3	3

专业小组参与现实小组的平均数量在 2 —3 个之间，兴趣小组在 1 —2 个之间，非小组成员在 0 —1 个之间。三类小组成员参与虚拟小组的平均数量均在 2 —3 个之间。三类小组成员中，有两名兴趣小组成员表示不曾参与过小组中的合作项目。

在小组认知的五项指标中，专业小组成员的平均得分均比兴趣小组成员高。说明专业小组成员对自己所在电影小组的认知比兴趣小组成员更加积极，他们更加认可小组对自己的帮助，也更加认同自己对小组的贡献，同时更加信任自己的小组成员，对小组的归属感也更强，参与度更高。兴趣小组成员虽然在五项指标中的得分较专业小组低，但是他们对小组的认知也比较积极。造成这种差异的原因可能在于，专业小组成员来自同一班级，小组结构更加紧密，成员关系更加密切。而兴趣小组成员分别来自同一社团，小组结构和成员关系都更加松散。

在实验后的问卷调查中，我们设置了关于情景认知的四个问题，问卷采用李克特五级量表，1 到 5 分表示同意的程度由低到高，1 分表示完全不同意，5 分表示非常同意，统计结果为表 7－12。

选项 1：在电影社群（现实、虚拟）中获得的知识对完成任务很有帮助。

选项 2：在电影社群活动中与队友培养的默契感对这次的任务很有帮助。

选项 3：在电影社群活动中学习到的团队工作方式对完成任务很有帮助。

选项 4：在检索过程中，我很大程度上是直接访问社群分享的知识而非大众搜索引擎。

表 7－12　小组类型和任务难度对小组认知的影响

源	因变量	III 型平方和	df	均方	F	P 值
小组类型	小组认知 1	1.778	1	1.778	2.025	0.165
	小组认知 2	1	1	1	3.462	0.073
	小组认知 3	0.028	1	0.028	0.054	0.818
	小组认知 4	4.694	1	4.694	2.884	0.1
任务难度	小组认知 1	1.056	2	0.528	0.601	0.555
	小组认知 2	0.222	2	0.111	0.385	0.684
	小组认知 3	0.389	2	0.194	0.376	0.69
	小组认知 4	0.056	2	0.028	0.017	0.983
小组类型 * 任务难度	小组认知 1	0.389	2	0.194	0.222	0.803
	小组认知 2	0.667	2	0.333	1.154	0.329
	小组认知 3	1.056	2	0.528	1.022	0.372
	小组认知 4	2.056	2	1.028	0.631	0.539

* 表示有显著差异，$p<0.05$

小组类型、任务难度以及小组类型和任务难度的交互效应对小组认知均未产生显著性差异（表 7－12）。这说明两种不同类型的小组在进行协同网络检索的过程中并不受到任务难度的影响。但是专业小组在小组认知第 4 题上的均值小于 3（2.83）。专业小组是现实中的电影专业班级，小组分享知识的形式多为课堂学习和课后讨论，以此获取的知识难以通过网络直接访问。

总体来说，不管哪种小组类型，小组成员对自身所在小组的认知态度都比较积极，均认为通过小组获取的知识，通过小组与队友培养的默契，以及通过小组活动学习到的团队工作方式对完成此次检索任务有很大帮助。这一点在访谈中也有所体现，小组成员均认可小组经历对这次检索实验的帮助。专业小组成员认为从小组（班级）中获取的专业知识对此次检索实验的帮助最大，使得检索过程中目标明确。但是由于在小组中与其他成员的互动形式是课堂讨论，并且大多数成员更偏向自主学习，而不是协作讨论，因此专业小组并不完全认可通过小组与队友培养的默契和团队工作经历对此次检索任务的帮助。兴趣小组成员认为从小组（社团）活动中与其他成员的互动对此次检索实验的帮助最大，从小组中获得的关于电影的专业知识不多。这主要是因为兴趣社团并不特别关注专业知识的理论学习，而是更注重集体活动。

（三）任务认知

我们在背景调查中,试图了解实验对象对电影知识的掌握程度,设置了三个相关问题,问卷采用李克特五级量表,1 到 5 分表示程度由低到高,1 分表示程度很低,5 分表示程度很高。结果如表 7 – 13 所示。

选项 1:您对电影知识的了解程度。

选项 2:您主动搜索电影资讯的频率。

选项 3:您获知电影资讯的主要途径(网络社区、网络新闻、电视、朋友或其他)。

表 7 – 13　电影知识了解情况平均得分

	了解程度	主动搜索电影资讯频率
专业小组	4. 2	4. 3
兴趣小组	3. 8	3. 5
非小组	2. 5	2. 3

三类小组成员对电影知识的了解程度差异较明显,专业小组、兴趣小组和非小组成员对电影知识的了解程度从高到低依次下降。专业小组对电影知识的了解程度很高,非小组成员对电影知识的了解程度较低,体现了三类小组类型的差异。

三类小组成员主动搜索电影资讯的频率同他们对电影知识了解程度的变化趋势及得分情况相似。

获取电影资讯途径方面,三类小组成员获取电影资讯的主要途径均集中在网络小组和网络新闻。有 1 名非小组成员获取电影资讯的主要途径为电视。兴趣小组成员有 4 人选择网络社区,专业小组成员和非小组成员有 2 人选择这一选项。专业小组有 4 人选择网络新闻,兴趣小组成员有 2 人选择这一选项,非小组有 3 人。

实验完成后的任务认知调查问题统计分析共设置 4 个问题,问卷采用李克特五级量表,1 到 5 分表示同意的程度由低到高,1 分表示完全不同意,5 分表示非常同意,统计结果见表 7 – 14。

选项 1:我非常清楚这个任务表达的意思。

选项 2:在检索这个任务前,我就对这个任务的相关知识非常了解。

选项3:我知道怎么从网络上找到这个任务的答案。

选项4:我觉得这个任务完成得很成功。

任务认知方面,小组类型在任务认知第2题上存在较大的显著性差异($p=0.00<0.05$)。这一题最能反映专业知识对任务认知的影响。专业知识的差异性是本次实验三类小组最主要的差别所在,这说明小组因素对任务认知产生了较大影响。访谈内容进一步验证了以上的分析,非小组成员普遍表示对问题不了解、不理解,因而也更加不自信,感觉题目难度大。

任务难度因素对任务认知不存在显著性差异,说明检索人员对任务的认知更多的与小组类型有关,而与任务难度的关系不大。

表7-14 小组类型和任务难度对任务认知的影响

源	因变量	III型平方和	df	均方	F	P值
小组类型	任务认知1	2.37	2	1.185	1.624	0.208
	任务认知2	24.481	2	12.241	13.49	0.000*
	任务认知3	0.333	2	0.167	0.233	0.793
	任务认知4	1.037	2	0.519	1.157	0.324
任务难度	任务认知1	0.593	2	0.296	0.406	0.669
	任务认知2	4.926	2	2.463	2.714	0.077
	任务认知3	4.333	2	2.167	3.031	0.058
	任务认知4	0.259	2	0.13	0.289	0.75
小组类型*任务难度	任务认知1	3.63	4	0.907	1.244	0.306
	任务认知2	6.074	4	1.519	1.673	0.173
	任务认知3	2.667	4	0.667	0.933	0.454
	任务认知4	5.074	4	1.269	2.831	0.035*

*表示有显著差异,$p<0.05$

小组类型和任务难度的交互效应在任务认知第4题产生了显著性差异($p=0.035<0.05$)。这说明小组类型差异和任务难度差异的综合作用,使得检索人员对检索结果的满意程度受到了影响。

进一步从小组类型维度对任务认知第2题进行单因素方差两两分析,得出表7-15。在任务认知第2题上,专业小组和非小组的显著性差异($p=0.000<0.05$)比兴趣小组和非小组的差异性($p=0.002<0.05$)更大,而专业小组和兴趣小组则没有显著性差异($p=0.143>0.05$)。专业知识的差异性是本次实验三类小组最主要的差别所在,这说明小组因素对任务认知产生了较大影响。访谈内容进一步验证了以上的分析,非小组成员普遍表示对问题不了解、不理解,因而也更加不自信,感觉题目难度大。

表7－15　小组类型对相关知识了解程度的影响

(I)组别	(J)组别	均值差(I-J)	标准误差	P值
专业小组	兴趣小组	0.5	0.336	0.143
	非小组	1.611	0.336	0.000*
兴趣小组	专业小组	－0.5	0.336	0.143
	非小组	1.111	0.336	0.002*
非小组	专业小组	－1.611	0.336	0.000*
	兴趣小组	－1.111	0.336	0.002*

*表示有显著差异,$p<0.05$

六、对情感状态的影响

对情感状态的调查同样采用李克特五级量表,1到5分表示同意程度由低到高,1分表示完全不同意,5分表示完全同意。分析结果如表7－16所示。

选项1:当我看到这个任务时,我非常自信能够完成。
选项2:在检索这个任务的过程中,我能够非常从容地应对。
选项3:在检索这个任务的过程中,我与队友合作得很愉快。
选项4:我觉得这个任务完成得非常成功,我感到非常愉悦。

表7－16　小组类型和任务难度对情感认知的影响

源	因变量	III型平方和	df	均方	F	P值
小组类型	情感认知1	4.037	2	2.019	3.097	0.055
	情感认知2	2.704	2	1.352	2.417	0.101
	情感认知3	1.444	2	0.722	2.786	0.072
	情感认知4	0.704	2	0.352	0.754	0.476
任务难度	情感认知1	7.815	2	3.907	5.994	0.005*
	情感认知2	1.37	2	0.685	1.225	0.303
	情感认知3	0	2	0	0	1
	情感认知4	0.037	2	0.019	0.04	0.961

续表

源	因变量	III 型平方和	df	均方	F	P 值
小组类型*任务难度	情感认知 1	0.519	4	0.13	0.199	0.938
	情感认知 2	2.852	4	0.713	1.275	0.294
	情感认知 3	0.889	4	0.222	0.857	0.497
	情感认知 4	4.852	4	1.213	2.599	0.049*

*表示有显著差异，$p<0.05$

小组类型对情感认知没有产生显著性差异。任务难度对情感认知第1题产生了较大的显著性差异（$p=0.005<0.05$）。说明检索人员对检索任务的检索难度的预测影响了检索人员的情绪。

小组类型和任务难度的交互作用在情感认知第4题上产生了显著性差异（$p=0.049<0.05$）。检索人员对检索效果的满意程度不仅受到领域知识的影响，同时也受到任务难度的影响。

进一步从任务难度的维度对情感认知第1题进行单因素方差分析得出表7-17，可以看出任务1与任务2（$p=0.006<0.05$），任务1与任务3（$p=0.003<0.05$）均存在显著性差异。通过访谈得知，三类小组成员均认为任务1最简单，但是最烦琐，任务2和任务3比较容易检索到答案，但是题目难度较大，特别是任务3，整合梳理的难度最大。说明任务难度对完成任务的信心具有较大影响。

表7-17　任务难度对完成任务的自信程度的影响

(I)任务	(J)任务	均值差(I-J)	标准误差	P 值
1	2	0.778	0.272	0.006*
	3	0.833	0.272	0.003*
2	1	-0.778	0.272	0.006*
	3	0.056	0.272	0.839
3	1	-0.833	0.272	0.003*
	2	-0.056	0.272	0.839

*表示有显著差异，$p<0.05$

通过访谈探寻情绪变化的原因得知，专业小组成员的情绪波动主要是由其检索特点决定的，专业小组成员看到检索任务一般会主动回忆调动自身的知识储备，在这一过程中如果遇到障碍就会对自己产生怀疑的情绪，进而感到焦躁不安。兴趣小组成员的情绪波动主要是随着对协同检索系统的熟悉程度而变化的，从不熟悉、不适应到最后适应和熟悉，情绪也越来越积极。非小组成员的情绪变化诱因在于题目难度，题目难度大就会产生焦虑烦躁的情绪，题目难度小就会比较顺畅开心。

除了情感认知问卷，本研究在所有检索实验完成后，设置了一个关于情感认知的整体评价问题，同样采用李克特五级量表，1 到 5 分表示同意的程度由低到高，1 分表示完全不同意，5 分表示非常同意。具体结果见表 7-18。

选项 1：总体而言，这次实验我与队友相处愉快。

专业小组、兴趣小组和非小组的平均得分分别为 4.83、4.33 和 4.00，结果显示，三类小组成员对与队友的配合相处感到愉悦，对此次实验感到满意。小组成员比非小组成员的态度更积极，更加认可自己与队友的互动。

我们进一步通过单因素方差分析得知（表 7-18），专业小组与非小组成员在相处愉快程度上存在显著性差异（$p = 0.040 < 0.05$）。进一步验证了专业小组与非小组在成员组成上的差异性，专业小组成员与队友更加亲密，非小组成员作为初相识的临时搭档，虽然积极认可与队友的相处与配合（均分为 4.00），但仍旧不可能出现小组成员间的亲密感。

表 7-18　小组类型对相处愉快程度的影响

因变量	(I)组别	(J)组别	均值差(I-J)	标准误差	P 值
相处愉快	1	2	0.5	0.37	0.197
		3	0.833*	0.37	0.040*
	2	1	-0.5	0.37	0.197
		3	0.333	0.37	0.382
	3	1	-0.833*	0.37	0.04
		2	-0.333	0.37	0.382

* 表示有显著差异，$p < 0.05$

在访谈中，我们也专门设置了关于情感状态的问题。

问题 1：请问在整个协同检索过程中，您的情感变化情况是怎样的？

在情感变化上，专业小组成员主要的变化曲线是向上的，即感到越来越顺畅、开心。仅有一名成员表示随着任务难度升级感到焦虑,而这种焦虑是来自对自身知识提取能力的质疑。兴趣小组成员的情感变化也是越来越顺畅、开心。两类小组成员焦虑情感主要是由于任务1繁杂的检索,以及对系统的不适应。

非小组成员更多地提到心情变化主要是随任务难度变化而变化的,即任务简单的时候感到开心顺利,任务难的时候感到烦躁焦虑。同时有两名成员表示情感平稳,没有变化。

七、对交流分享的影响

本研究提取了所有实验对象的QQ聊天记录,统计了每组实验对象的交流时长和交流次数。从任务难度和小组类型两个维度进行方差检验,得出表7-19。可以看出小组类型差异和任务难度差异对交流时长和交流次数均没有显著性差异。

表7-19 小组类型和任务难度对交流市场和交流次数的影响

源	因变量	III型平方和	df	均方	F	P值
组别	次数	1055.63	2	527.815	1.606	0.228
	时长	3189825	2	1594912	2.537	0.107
任务	次数	431.407	2	215.704	0.656	0.531
	时长	1040463	2	520231.4	0.828	0.453
组别*任务	次数	2109.481	4	527.37	1.605	0.216
	时长	3360038	4	840009.6	1.336	0.295
时长单位:秒						

*表示有显著差异,$p<0.05$

八、对其他方面的影响

(一)检索式来源分析

本研究将检索式来源区别为直接输入、系统提示和复制粘贴三种类型。检索式来源差异能反应实验对象对检索内容的熟悉程度。直接输入较多,说明检索人员对构造检索式很自信,明确知道自己需要检索的内容。复制粘贴较多,说明检索人员对构造检索式较自信,但更依赖于检索任务介绍。系统提示较多,说明检索人员对检索式构造不自信,对检索内容不熟悉。

从直接输入检索式的数量上看,专业小组直接输入的检索式数量最多,为147个;兴趣小组直接输入94个检索式;非小组直接输入121个检索式。说明专业知识对检索式构造产生了积极影响。

从系统提示的检索式输入数量上看,非小组系统提示的检索式数量最多,为18个;专业小组系统提示最少,为14个;兴趣小组为15个。说明非小组最依赖检索系统的提示,验证了小组差异对检索式构造的影响。

从复制粘贴的检索式数量上看,专业小组复制粘贴的检索式数量最多,为21个;兴趣小组复制粘贴9个检索式;非小组没有复制粘贴检索式。

通过双因素方差分析得出表7-20,可以看出,小组类型差异在检索式来源方面没有产生显著性差异,而任务难度对直接输入检索式的方式产生了较大的显著性差异($p = 0.000 < 0.05$)。说明检索来源差异与检索对象对检索内容的熟悉程度无关,而更多的与检索任务的难度有关。

表7-20　小组类型和任务难度对检索式来源的影响

源	因变量	III型平方和	df	均方	F	P值
小组类型	直接输入	156.074	2	78.037	1.721	0.207
	系统提示	0.963	2	0.481	0.068	0.934
	复制粘贴	24.667	2	12.333	0.814	0.459
任务难度	直接输入	1996.519	2	998.259	22.02	0.000*
	系统提示	8.963	2	4.481	0.637	0.54
	复制粘贴	54.222	2	27.111	1.79	0.195
小组类型*任务难度	直接输入	83.926	4	20.981	0.463	0.762
	系统提示	20.593	4	5.148	0.732	0.582
	复制粘贴	43.111	4	10.778	0.711	0.595

*表示有显著差异,$p < 0.05$

本研究进一步从任务难度的维度对直接输入检索式的方式进行单因素方差分析得出表7-21,可以看出,任务1直接输入检索式与任务2和任务3直接输入检索式存在很大显著性差异($p = 0.000 < 0.05$)。这是由于任务1为列举题,要求列举十部电影及其导演编剧,本质上需要进行更多检索,因此产生了更多的检索式。

表7-21　任务难度对直接输入检索式方式的影响

(I)任务	(J)任务	均值差(I-J)	标准误差	P值
1	2	19.556	3.127	0.000*
	3	16.556	3.127	0.000*

*表示有显著差异,$p < 0.05$

(二)系统评价分析

实验完成后,每名实验对象都被要求填写一份关于 Coagmento 系统各项功能使用情况的问卷,问卷采用调查问卷采用李克特五级量表,1 到 5 分表示同意的程度由低到高,1 分表示完全不同意,5 分表示非常同意。评价结果见表 7-22。

表 7-22 小组类型对系统评价的影响

因变量	(I)组别	(J)组别	均值差(I-J)	标准误差	显著性
Bookmark	1	2	1.167	0.304	0.002*
		3	0.833	0.304	0.015*
	2	1	-1.167	0.304	0.002
		3	-0.333	0.304	0.291
	3	1	-0.833	0.304	0.015
		2	0.333	0.304	0.291
Recommend	1	2	1.000	0.304	0.005*
		3	1.167	0.304	0.002*
	2	1	-1.000	0.304	0.005
		3	0.167	0.304	0.592
	3	1	-1.167	0.304	0.002
		2	-0.167	0.304	0.592
History	1	2	0.833	0.426	0.069
		3	1.167	0.426	0.015*
	2	1	-0.833	0.426	0.069
		3	0.333	0.426	0.446
	3	1	-1.167	0.426	0.015
		2	-0.333	0.426	0.446

* 表示有显著差异,$p < 0.05$

本研究以小组类型为因子,进行三类小组两两比较的单因素方差分析可以看出,专业小组与兴趣小组和非小组在 Bookmark 和 Recommend 对两项功能的评价具有显著性差异。通过各项指标的平均得分可以看出,专业小组成员相较于兴趣小组和非小组成员对 Bookmark 和 Recommend 的评价更加积极。他们的评价与我们对系统日志进行的协同检索行为分析结果一致。专业小组成员更加愿意使用这类协同功能,评价也更高。另外,专业小组成员与非小组成员对 History 的评分也具有显著性差异。专业小组比非小组成员更加认可 History 功能。

从平均分来看,协同检索人员普遍认为 Bookmark、Editor 和 Chat 功能对完成协同检索任务很有用,Annotate、Snip、Notification 和 Notepad 对完成协同检索任务用处不大。通过访谈得知,所有小组类型的实验对象除了 QQ 提供的聊天功能外,均最认可 Coagmento 设置的 Editor 功能。

第三节　实验结果讨论

一、小组类型对协同信息检索行为的影响

小组与非小组相比:在协同信息检索中有更多的推荐行为和注释行为;在检索式构造上不依赖于检索系统;检索效果更好;协作方式更为多样化;在与任务相关知识的认知、协同方式的认知、积极情感的认知方面具有明显优势。非小组也在访谈中普遍表示如果拥有小组经历会对这次检索有帮助。

两类小组的差异对协同信息检索行为也有一定影响,但影响不大。专业小组在协同信息检索中的优势主要在于拥有更多的专业知识,而专业知识在难度较大的检索任务中能起到作用,因此专业小组对难度较大的任务完成情况更好;兴趣小组在协同信息检索中的优势主要在于更默契的配合,这种配合使兴趣小组在合作完成难度一般的任务时与专业小组无差异,但完成难度较高的任务时则表现出行为上的差异和劣势。

二、任务难度对协同信息检索行为的影响

本实验从任务难度因素分析其对协同信息检索行为的影响。任务难度对检索词数量和浏览网页数量产生了较大影响,列举类任务虽然难度最小,但是检索过程烦琐,相较于难度更大的简答类和分析类任务,产生更多检索词和浏览网页数量。任务难度越大,协同编辑中就会出现更多的交叉现象,协同方式也更加多样化。实验对象对检索任务难度的预测影响了实验对象的情绪,面对难度更大的题目,实验对象感到更加不安,特别是非小组成员的这一表现更加明显。综上,任务难度因素对协同信息检索行为存在一定影响。

除了小组类型和任务难度分别对协同信息检索行为存在影响外,小组类型和任务难度的交互作用对协同信息检索行为也产生了影响,这种影响

主要表现在检索人员对检索结果的满意程度上。

三、小组因素和任务因素对模型外其他检索行为的影响

本实验中出现在模型外的其他检索方面的内容包括检索式来源和系统评价。检索式来源方面,任务难度对直接输入检索式这一方式产生了影响,特别是任务1与任务2、任务3之间的差异较大。

系统评价方面,小组类型因素产生了影响。专业小组成员相较于兴趣小组成员和非小组成员对 Coagmento 系统的 Bookmark 功能和 Recommend 功能评价更高,说明他们更愿意使用协同工具,相应地也存在更多协同行为。从打分情况来看,实验对象普遍认为 Editor 功能用处很大,在访谈中也有多名实验对象对 Editor 功能表示赞许。

第四节　实验一结论

本实验考察了小组类型和任务难度对用户协同信息检索行为的影响。在研究内容上,本章分析了小组类型不同和任务难度差异对基于 C2S 的协同信息检索行为模型中各因素的影响。本章研究表明,小组类型和任务难度会对协同信息检索行为产生影响,包括检索方式、检索效果、编辑方式、协同方式和交流分享等。除此之外,任务难度对检索式来源产生了影响,主要是直接输入方面。小组类型对系统评价产生了影响。综上,本书第五章中相关假设除 2.2、2.6、2.7、3.9、3.11 和 3.13 影响不大以外,其他均成立,故可认为基于 C2S 的协同信息检索行为模型框架能满足描述一般情境下协同信息检索行为的需要。

参考文献

[1] Morris M R. Collaborating alone and together: investigating persistent and multi-user web search activities[C]//Proc. Int. ACM SIGIR Conf. on Research and Development in Information Retrieval(SIGIR'07),2007:23-27.

[2] Hansen P, Järvelin K. Collaborative information retrieval in an information-intensive domain[J]. Information Processing & Management,2005,41(5):1101-1119.

[3] Huang C-H, Tsai P-Y. Applying evolution computation model to the development and transition of virtual community under Web 2.0[G]. MEHNEN J, et al(ed). Application of Soft Computing, AISC 58. Berlin/Heidelberg: Springer-Verlag,2009:171-180.

[4] Broder A. A taxonomy of web search[C]//ACM Sigir forum. ACM,2002,36(2):

3 - 10.

[5] Morris M R, Teevan J. Collaborative web search: who, what, where, when, and why [M]. San Rafael, California: Morgan and Claypool, 2010.

[6][9] Stoker D, Cooke A. Evaluation of networked information sources[C]//Essen Symposium. 1994: 287 - 312.

[7][10] Wilkinson G. Consolidated listing of evaluation criteria and quality indicators [EB/OL]. [2014 - 04 - 01]. http://itechl. coe. uga. edu/faculty/gwilkinson/webeval. html.

[8][11] Harris R. Evaluating Internet research sources[J]. Virtual Salt, 1997, 17.

第八章　一般情境下个人因素和任务因素分析：三人组协同信息检索实验二

用户的知识结构、专业知识、思维模式、偏好、期望不相同，协同信息检索行为也会不同，用户在交互过程中个人特性、认知方式和情感状态会对协同信息检索行为产生影响。尽管现在有关协同信息检索行为的研究已经很多，但基于不同类型用户的协同信息检索行为研究较少，还没有出现有关协同能力不同对协同信息检索行为的影响研究。现有研究表明，任务不同确实会对用户的协同信息检索行为产生影响，但大多数的研究只是揭示了任务的难易程度对协同检索行为的影响，对于具体的任务类型对检索行为产生了怎样的影响并没有进行具体的揭示。本章以本书第五章所提出的基于 C2S 的协同信息检索模型框架要素为基础，探究个人因素和任务因素对协同信息检索行为的影响，验证相关假设是否正确。本章将采取三人小组协同信息检索实验作为研究方法。采用该方法主要基于两个因素。首先，本章检验的是个人协同能力因素，小组人数越多越能反映小组成员的协同能力；其次，小组人数也不宜过多，将小组人数控制为三人可以保障一般情境下模拟检索实验的可控性。

第一节　实验设计

一、实验目的

本章实验目的是探究一般情境下个人因素和任务因素是否会对用户协同信息检索行为产生差异，其中，个人因素指协同能力，而任务因素指任务类型。同时，希望从用户的评价中获取对协同检索系统功能的设置和改进的相关建议，从而能够针对不同类型用户的特点来开发和设计适合他们的协同检索系统。故本章将对第五章中提出的基于 C2S 的协同信息检索行为模型框架的要素及假设分别进行验证,并揭示模型框架中不包括但该实验中反映出的与协同信息检索行为相关的因素。本章具体研究问题包括:

研究问题1:个人因素(如协同能力)对协同信息检索行为(检索方式、检索效果、编辑方式、认知方式、协同方式、交流分享和情感状态)是否有影响? 又有何影响?

研究问题2:任务因素(如任务类型)对协同信息检索行为(检索方式、检索效果、编辑方式、认知方式、协同方式、交流分享和情感状态)是否有影响? 又有何影响?

研究问题3:个人因素和任务因素对模型外的其他检索方面是否有影响? 又有何影响?

二、实验流程

Richard 认为协同能力主要用来衡量一个小组的工作成效,它可以大于或小于由小组单个成员的知识和能力集合所产生的成效[1]。Blomqvist 和 Levy 则认为协同能力又称团队协作能力,它的主要构成要素包括信任(trust)、交流(communication)和义务(commitment)[2]。本书将协同能力定义为建立在团队的基础之上,团队成员之间互补互助以达到团队最大工作效率的能力。

笔者对56名XX大学XX学院图书馆学专业的大二学生进行了协同能力测试,测试题目主要来自中国国家公务员网(http://www.gjgwy.net/ms/4102.html)。作为国家公务员考试性格测试的原始试题,测试内容包含了对交流、信任和义务三个要素的衡量,有较高的权威性和准确性。测试题共包括12题,1—6题为一组,7—12题为一组,总分为(30,30)分,得分越高体现为越强的协同能力。最后选取了得分最高、最低的各6名同学进行实验,并将她们按三人一组分成协同能力高低不同的四个协作小组,A、B组为协同能力较强的小组,C、D组为协同能力较弱的小组。各小组成员的协同能力得分分别为:A1(28,27),A2(28,29),A3(28,27);B1(27,27),B2(28,27),B3(28,28);C1(13,12),C2(14,15),C3(14,15);D1(12,13),D2(11,12),D3(13,12)。

此外,用户背景调查结果,如表8-1所示,A、B组的所有成员都参与完成过团队任务,而C组的C1成员和D组的D3成员都没有参与完成过团队任务;A、B组成员使用各种协同工具如通信工具(如QQ、MSN、UC等)、协同内容创作网站(如Google Docs、DropBox等)、屏幕分享工具(如joinme、ScreenLeap、QQ等)的频率要明显高于C、D组,这也在一定程度上印证了本章所做的协同能力测试的可信度和准确性。一般情况下，协同能力较低的用户更不乐于参与协同活动，反之，没有参与过协同活动影响了这些用户的协同能力，同时，对参与协同实验的积极性不高也是协同能力较低的表现。协同能力高低是本章筛选实验用户的唯一条件。

表 8-1　用户背景调查情况

小组成员	是否完成过团队任务	对网络检索的信心	对网络检索工具的使用情况（平均值）	对协同工具的使用情况（平均值）
A1	是	5	3.67	4.33
A2	是	5	4.00	4.33
A3	是	4	3.67	3.67
B1	是	5	2.67	2.33
B2	是	4	4.00	4.00
B3	是	4	3.33	3.00
C1	否	4	3.33	2.67
C2	是	4	4.00	2.67
C3	是	4	3.00	2.33
D1	是	4	3.67	2.67
D2	是	3	3.00	2.33
D3	否	2	3.67	3.00

每组实验者被要求在 Coagmento 系统[3]上完成三个检索任务并得出最后的编辑结果，每个检索任务历时 45 分钟。每完成每一个检索任务，实验者被要求填写有关该检索任务的认知评价调查问卷，问卷包括三部分：情境认知、任务认知、协同认知。三个检索任务全部完成后，对该组实验者进行访谈。整个实验时间一共为三个小时，实验流程，如图 8-1 所示。

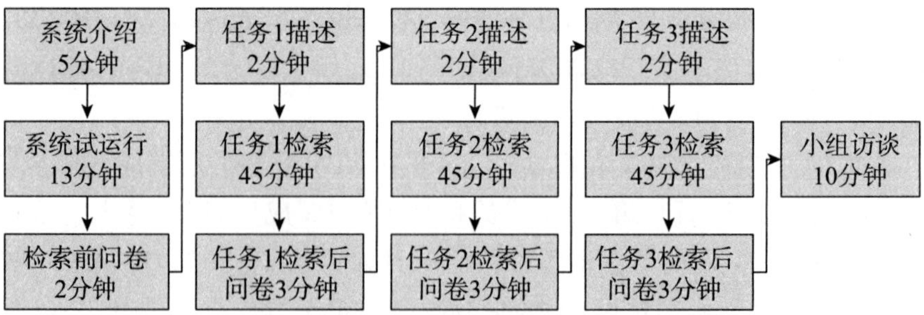

图 8-1　协同信息检索实验流程

三、实验任务设计

(一)检索任务

Ingwersen 指出,有效的信息检索必须基于对任务和问题的理解[4]。Broder 通过对检索者输入的检索查询式的日志分析,确定了协同信息检索领域中三种常见的检索任务:信息类任务(informational task),以检索和查询一系列信息为主要目的;事务类任务(transactional task),以执行具体的实践性任务为主要目的;导航类任务(navigational task),以检索和查询到特定的资源为主要目的[5]。

实验用户可以访问任何的网络资源,需要检索和查找与任务要求相关的信息。当找到有用的信息,需突出显示和保存有关信息片段,还可以保存相关网页,小组检索和收集完信息后需要根据任务的具体问题进行编辑,形成文档。本章具体的任务及问题如下。

任务 1(信息类任务):

国内微博的发展和使用情况。微博是一种通过关注机制分享简短实时信息的广播式的社交网络平台。目前,国内的微博网站主要有新浪微博、凤凰微博、网易微博、腾讯微博、搜狐微博、微博达人等。本检索主题旨在了解国内微博网站的发展概况、使用情况及其对社会所带来的影响。具体问题包括:①国内各个微博网站的受欢迎度,如它们有多少用户?这些用户在微博上所花的时间?这些用户在微博上创作了、分享了多少内容。②微博对学生、职业人员和商业带来的影响,微博网站在营销中有什么作用?这些微博网站是如何盈利的?用户是如何通过这些微博网站赚钱的?

任务 2(事务类任务):

从北京到欧洲四国(德国、法国、意大利、奥地利)的旅游线路设计。旅游是人们休闲、娱乐、放松心情的一种方式,近年来,国内渐渐出现旅游热现象。现假设您是一名北京的旅游爱好者,您将计划在 12 天之内完成您的欧洲四国行(德国、法国、意大利、奥地利),请您设计您旅游的具体路线。您需要设计具体的旅游线路,包括每一站的时间安排、出行线路。最后需要列出至少两个以上的旅游方案,方案包括此次从北京—欧洲—北京的具体的旅游线路、时间安排,每天的住宿城市、旅游景点、用餐标准、交通工具和总费用。

任务 3(导航类任务):

Web2.0 在我国高校图书馆应用的调查。Web 2.0 是以用户为中心并充分重视和利用集体力量的服务理念,它使得信息的创造、获取、交流方式和服务平台都发生着重大的变化。Web 2.0 服务主要包括:"RSS""Blog(博客)""Wiki(维基)""Tag(标签)""IM(即时通讯)""Comments/Rating(评论/评级)"。近年来,国内一些高校图书馆纷纷推出个性化的、交互的、自由开放的 Web 2.0 服务。本检索主题旨在调查国内开展 Web2.0 服务的高校图书馆。请列出至少十所国内开展 Web2.0 服务的高校图书馆的网址 URL,并列出对应的 Web2.0 服务。

(二)检索任务的评价标准

Hackman 将自定义任务(Task Autonomy)定义为个人被给予大量的自由、独立和自主裁量权进行任务的设计,例如协调具体工作和决定任务要遵循的流程[6]。自定义任务的完成效果的衡量在一定程度上取决于设计者的动机、目的、所期望的效果[7]。Kriksciuniene 和 Strigunaite 指出在评价团队任务的完成效果时,需综合考虑团队成员和任务完成效果两个方面:团队成员方面应考虑团队成员的专业能力、知识结构、经验水平;任务完成效果方面应考虑任务的特点、难度、答案的清晰度、组织框架和格式等内容[8]。由于本章所选取的实验用户是来自同一年级同一专业的学生,她们在专业知识、学习经验上具有高度的一致性,因此综合考虑了任务特点和出题动机,本章对三个类型不同的任务给出了不同的评分标准,评分标准包含内容和格式两方面(三个任务满分为 100 分,而根据具体任务要求不同,任务一和任务二,内容占 90 分,格式占 10 分;任务三内容占 85 分,格式占 15 分)。根据 Broder 对三类任务的总结分析,信息类任务的主要特点是信息的全面性、完整性、具体性,因此,本章针对答案与问题的匹配程度、完整度给出了七个评分等级;事务类任务的主要特点是实施方案的可行性,本章将方案的可操作性、唯一性作为主要评分标准;导航类任务的特点是准确性、真实性,本章将答案的正确信息量的多少、准确度作为主要评分标准(评价标准见附录 6)。

四、实验方法

(一)数据收集方法

协同信息检索的用户行为研究并不是研究简单的检索行为活动,它包含了各个层面的复杂因素:工作任务、上下文情境、人们的认知和情感因素等。由于从定量方法所获得的量化数据只能反映用户行为的表面信息,并不能反映用户的真实想法、动机、情感方面的隐含信息,这就限制了研究者对影响用户协同信息检索行为的各因素的全面考察。因此,为全面考虑影响协同信息检索行为中各个因素及其之间的相互关系,Kuhlthau 在研究中使用的很多方法都在本研究中得到了应用[9],本章采用了多种数据收集方法采集数据,除了系统日志的定量收集方法,也采用了问卷调查法、半结构化访谈法等定性方法进行数据收集。

系统日志除了 Coagmento 系统的系统日志外,实验者的 QQ 聊天记录也被收集以便于进一步研究。通过对系统日志数据的收集,可以揭示协同能力不同的小组在完成不同任务时的具体行为和检索活动,探究他们协同信息检索行为的特征。笔者从系统日志中收集了 Webpage、Search、Bookmark、Snippet、Annotate 和 Recommend 六项系统数据。考虑到各小组在任务完成时收集和分享的图片也能反映用户协同检索的行为特征,因此,QQ 聊天记录中粘贴的图片也被收集起来,作为分析用户协同检索行为的一项指标。最后得到了 Webpage、Search、Bookmark、Snippet、Annotate、Recommend 和 Image 七项反映用户检索行为的指标。

调查问卷一共由五个部分组成,第一部分是用户的背景调查,主要调查用户的性别、班级、是否合作参与完成过复杂任务,以及检索工具和协同工具的使用情况。第二部分到第四部分是用户认知情况的考察。由于本研究的主旨是考察协同能力和任务对协同信息检索行为的影响,所以对协同能力不同的用户所体现出来的协同方式和任务的考察变得尤为重要。因此,本章最终考察了用户的情境认知、任务认知和协同认知。有关情境认知,笔者参考和借鉴了 Fenigstein[10] 等人,以及 Govern 和 Marsch[11] 的研究;在任务认知方面参考和借鉴了 Hart 和 Stavenland 的 NASA-TLX(Task Load Index)[12];根据协同能力这一独特的考察维度,针对协同方式、协同效果等方面提出问题,对于每种认知的考察都提出了六个问题,为了保持前后的一致,笔者并没有采用所参考文献中的七分量表制,而是做了一些改进,采用了五分量表制。第五部分是调查用户在所有检索任务后对系统的一个总体评价。问卷中所有题目都采用了五分量表制,1 到 5 分表示同意的程度由低到高,1 分表示完全不同意,5 分表示非常同意。调查问卷具体内容见附录 4。

通过对实验者进行单独采访,可以从个人和团队整体的视角上探讨不同协同能力的用户以及不同的检索任务是怎样与检索行为相关联的,研究每个小组成员对既定的实验环境、任务是否会存在不同的感知和体会,并且可以揭示随着时间的变化,实验者的情感和认知的动态变化过程。笔者在访谈中一共提出了五个问题,见附录 5:

问题 1　是对用户检索过程中情感变化的考察。

1. 请问在每一个任务的协同检索过程中,在任务分工一执行检索一完成任务的每一阶段您的情绪的变化过程?

问题 2　是对影响用户检索效果的原因的分析。

2. 对于这个实验的完成,请问您觉得你们组整体的协作效果如何?如果协作效果不佳,请问您觉得主要原因是什么?

问题 3　是考察的用户对 3 个任务的评价。

3. 对于这三个任务,哪一个任务是您觉得分工最明确,合作得最顺利的?按协作效果好坏排序?觉得哪个任务最适合用协同检索系统来完成?

问题 4　是对协同方式的考察。

4. 请问你们对于每个任务的协作方式是什么?

问题 5　是对系统功能评价的考察。

5. 请问您觉得这个系统是否具备了您所期望的所有协同功能,是否还有一些功能是欠缺的?

(二)数据分析方法

由于本章的研究主旨是探究协同能力强弱和任务差异是否会对用户的协同信息检索行为产生影响,涉及两个维度,因此,笔者采用双因素方差分析法(Two-way analysis of variance,Two-way ANOVA)对系统日志和调查问卷的数据进行了检验分析。对于质性数据,ROST Emotion Analysis Tool 可以提取聊天记录中的情感词汇,并分析个体用户的情感特征。根据各小组在每个任务的检索过程中的 QQ 聊天记录,用 ROST Emotion Analysis Tool 情感倾向分析工具对聊天记录里的代表情感的词汇进行提取,以此来分析各小组在各个任务的协同信息检索过程中的情感变化过程,研究协同能力和任务差异在情感变化上的差异性。

本章还采用了内容分析法对访谈数据进行了编码分析,先将访谈数据转录为文本,剔除重复和不重要的细节,通过 ATLAS. ti 内容分析软件对访谈数据进行编码,编码的方式主要是基于 Strauss 和 Corbin[13] 提出的动态编码进程,采用了开放编码、主轴编码和选择性编码的方式进行数据编码。

第二节　实验结果分析

一、对协同信息检索方式的影响

(一)检索日志行为分析

笔者从系统日志中收集了 Webpage、Search、Bookmark、Snippet、Annotate 和 Recommend 六项系统数据，考虑到各小组收集和分享的图片也能反映用户协同检索的行为特征，因此也将 Image 纳入衡量指标中。本章采用双因素方差分析法对以上七项数据进行检验分析，经过检验发现，协同能力和任务类型在这七项上均不存在交互作用。在主效应因素方面，协同能力不同仅对 Recommend 存在影响（$p = 0.038 < 0.05$），而任务差异对 Webpage（$p = 0.014 < 0.05$）、Search（$p = 0.033 < 0.05$）和 Image（$p = 0.008 < 0.01$）三项行为存在影响。

表 8-2 揭示的是协同能力不同对协同检索行为的影响。从表 8-2 中可以看出：①协同能力只在 Recommend 上存在显著性差异。由于推荐功能最能体现用户之间的合作和交流，其他几项更多体现的是用户个人的检索习惯，因此，这可以明确地揭示协同能力较强的用户在完成协同检索中更乐于合作和相互帮助。②在小组工作的背景环境下，人们会关注队友的信息行为，在与队友之间的互动中，自身的信息行为、态度和情绪会受其他成员的信息行为的影响。虽然 Bookmark、Snippet、Annotate、Image 这几项并不能完全体现用户之间的协作，但这些用户个人的行为也会出现在队友的界面上，使队友能意识到自己的检索动态。尽管协同能力强弱在这几项上差异不显著，但 A、B 组在这几项上的均值明显高于 C、D 组，这也在一定程度上反映了协同能力较强的用户更乐于收集和分享信息。

表 8-2　协同能力不同对检索行为的影响

	小组编号（平均值）		均值差值	标准误差	p 值
Webpage	A 和 B(43.11)	C 和 D(47.50)	-4.389	4.340	0.320
Search	A 和 B(32.50)	C 和 D(39.67)	-7.167	3.843	0.072
Bookmark	A 和 B(0.44)	C 和 D(0.39)	0.056	0.379	0.885
Snippet	A 和 B(0.72)	C 和 D(0.33)	0.389	0.305	0.213
Annotate	A 和 B(0.33)	C 和 D(0.06)	0.278	0.167	0.106
Recommend	A 和 B(0.39)	C 和 D(0.06)	0.333	0.153	0.038*
Image	A 和 B(0.67)	C 和 D(0.28)	0.389	0.269	0.158

* 表示有显著差异，$p < 0.05$

表 8-3 揭示的是任务类型不同对 Webpage、Search 和 Image 的影响。从表 8-3 中可以看出：①在 Webpage 这一行为上，任务 2 与任务 1、任务 3 之间均存在显著差异，且任务 2 与任务 1 之间差异高度显著。这表明任务不同对用户浏览的页面产生了极大的影响。②在 Search 这一行为上，任务 2 和任务 1、任务 3 之间差异显著，这表明任务不同对用户的检索次数产生

了影响。③在 Image 这一行为上,任务 1 和任务 3 之间的差异高度显著,任务 2 和任务 3 之间差异显著。这表明任务不同对用户的图片收集行为也产生了极大的影响。

表 8－3　任务类型不同对检索行为的影响

	任务编号(平均值)		均值差值	标准误差	p 值
Webpages	1(52.08)	2(36.00)	16.08	5.316	0.005*
		3(47.83)	4.25	5.316	0.430
	2(36.00)	1(52.08)	－16.08	5.316	0.005*
		3(47.83)	－11.83	5.316	0.034*
Searches	1(40.50)	2(28.58)	11.92	4.707	0.017*
		3(39.16)	1.33	4.707	0.779
	2(28.58)	1(40.50)	－11.92	4.707	0.017*
		3(39.16)	－10.58*	4.707	0.032*
Images	1(0.00)	2(0.33)	－0.33	0.329	0.319
		3(1.08)	－1.08	0.329	0.003*
	2(0.33)	1(0.00)	0.33	0.329	0.319
		3(1.08)	－0.75	0.329	0.030*

* 表示有显著差异,$p < 0.05$

(二)重复检索式分析

各小组的重复工作能在一定程度上体现协作效果的好坏,由于考虑到小组内重复的浏览页面可能是由于小组成员之间的互相推荐造成的,所以每个小组的重复工作量由小组中的重复检索式的数量来衡量。文章将系统日志中的重复检索式提取出来,进行了比较分析。在重复检索式的提取中笔者发现,四个小组中都没有出现三个小组成员的检索式都一致的情况,因此,本章将每组中每两个小组成员的系统日志中出现的一样的检索式视为一个重复检索式,具体数据如图 8－2。

从协同能力这一维度上看:①无论是哪一个任务,A、B 组在重复检索式的数量上明显要少于 C、D 组。②协同能力强弱不同的小组在重复检索式的数量上差异较大,在任务 3 中差异最为明显。③即便是任务 1 中各小组的重复检索式的数量较为相近,也能体现协同能力不同的小组在重复检索式的数量上的差异性。有意思的是,协同能力较强的小组在协同检索中也存在重复检索式,这表明:即便是协同能力较强的小组也会存在重复检索式,并且在各个任务间具有差异性。

从任务这一维度上看：①任务 1 各组重复检索式差异最小。②任务 3 最能体现协同能力强弱在重复检索式的数量上的差异。这存在多方面的原因，尽管用户对每个任务的认识和了解并不会直接影响重复检索式的数量，但是任务本身的难度和特征会影响用户在该任务上的检索习惯，同时，实验者在检索过程中协作的好坏也会对其产生影响。由于任务 1 是信息类任务，需要检索和收集大量的信息，容易产生重复检索式。并且在完成任务 1 时，小组成员刚开始合作，彼此之间还不太熟悉，沟通和交流较少。而任务 3 在很大程度上受到各组对专业知识的了解程度和完成该任务时的交流和协作的好坏的影响。

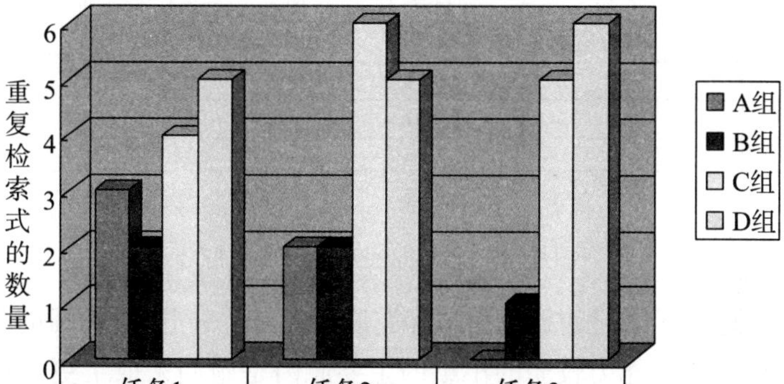

	任务1	任务2	任务3
A组	3	2	0
B组	2	2	1
C组	4	6	5
D组	5	5	6

任务

图 8－2　各任务中各小组的重复检索式

二、对协同信息检索效果的影响

用户的检索行为直接影响用户的检索效果。检索结果的差异在很大程度上体现了不同协同能力和任务对检索效果的影响。由于各小组在 3 个任务的得分情况能最直观地揭示检索结果的好坏。根据系统日志的编辑结果，笔者对各小组在各个任务的完成情况进行了评分。各小组完成各个任务的具体得分情况如图 8－3。

从协同能力强弱这一维度上看：①协同能力不同的小组在得分上存在一定差异，而且差异的程度与任务类型有关，特别是在导航型任务上得分差异显著，另外两种任务也存在检索效果的差距。②协同能力较强的小组比协同能力较弱的小组的总体检索效果要好，即便是遇到较困难的检索任务,也能体现二者的差异性,且协同能力较强的小组的组内差异较小,而协同能力较弱的小组的组内差异较大。

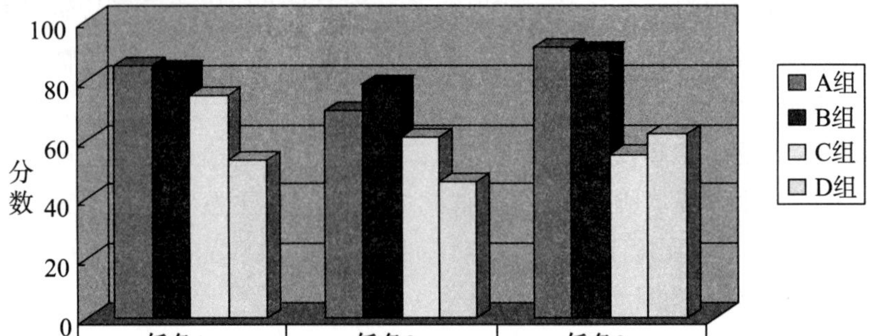

	任务1	任务2	任务3
A组	85	70	91
B组	84	79	90
C组	75	61	55
D组	53	46	62

任务

图 8－3　各小组完成各任务的得分

本章进一步通过访谈分析来探究原因,发现协同能力较强的小组的检索效果优于协同能力较弱的小组的主要原因是她们采取了更合理的分工方式,且前者主要将检索效果欠佳归因于任务难度和时间限制,而后者则认为除了任务难度和时间限制外,小组成员之间缺乏交流和协同合作的经验是造成她们检索效果不好的主要原因,而小组成员中个人的思维方式不同、对专业知识了解不深等是次要原因。

从任务这一维度上看:①任务 1 各组得分差异较小,协同能力较弱的小组 C 也得到了较高的分数。②任务 2 各组得分差异最小,所有小组都没有得到较高的分数。③任务 3 最能体现协同能力强弱在得分上的显著差异。这表明任务本身的难度也会对检索效果产生影响,即便是协同能力较强的小组在遇到困难的检索任务时,检索效果也欠佳。

通过对访谈的分析,笔者发现,导致任务 1 检索效果不佳的主要原因是时间限制,由于信息类任务本身难度不大,实验者只需收集足够多的信息就能较好地完成任务,而最大的问题就是时间限制。而导致任务 2 检索效果不佳的原因除时间限制外,分工不合理、思维方式不一样、交流不顺畅是主要原因,因为任务 2 是事务类任务,主观性较强,小组成员之间沟通比较困难,难度较大。而影响任务 3 检索效果的主要原因是对图书馆学专业知识的了解不深。

三、对编辑方式的影响

因为各小组利用 Coagmento 协同编辑功能书写的内容有限,所以对协同信息编辑方式的考察主要通过访谈。根据对访谈内容进行词频统计,本章总结了各小组完成各个任务所采用的编辑方式,见表 8 -4。(注:表 8 -4中的 account、angel、banana 等是指给实验者分配的用户名,A 组用户是以字母 a 开头的名称,B 组用户是以字母 b 开头的名称,以此类推)

表 8 -4　各小组在各个任务中的编辑方式

编辑方式	词汇	词频		词频		
		A 组和 B 组	C 组和 D 组	任务 1	任务 2	任务 3
部分小组成员编辑	account 编辑	1	0	0	1	0
	apple 编辑	4	0	2	2	0
	banana 编辑	1	0	1	0	0
	bean 编辑	2	0	0	1	1
	bread 编辑	3	0	1	1	1
小组成员共同编辑	一起编辑	1	2	3	2	2

从表 8 -4 可以看出,虽然任务类型不同,但总体来看各小组在各个任务中采用的编辑方式大致可分为两类,即部分小组成员承担编辑角色,和小组成员共同编辑。从协同能力的角度,协同能力强的小组会有部分实验者负责编辑活动,如 A 组的编辑活动主要由编号为"account"和"apple"的实验者负责,或者所有小组成员都有过编辑行为,但是各自进行,如 B 组采用的方式。而协同能力低的小组则采用了共同编辑的方式。说明协同能力不同会影响编辑角色和方式的分配差异。从任务类型的角度,实验者对不同类型的任务也采用了不同的编辑方式。相较而言,实验者对任务 1 更倾向使用共同编辑的方式,而 A 组任务 1 和任务 2 多采用部分成员编辑的方法,而对任务 3 则采用共同编辑的方式,说明实验者采取了更复杂和多样化的编辑方式。

四、对协同方式的影响

Sharples 描述了三种协同写作的策略:并行策略(parallel),一个工作任务被划分为几个子任务,所有协作者同时完成工作任务;顺序型策略(sequential),一个任务被分成各个阶段,用户被分到各个不同的阶段,一个用户在某一阶段的任务完成后输出,交由下一个用户进行下一阶段的工作;互惠策略(reciprocal),小组成员在一起相互调整他们的活动[14]。由于本次实验是在特定的时间内完成特定的检索任务,因此协作者对于任务的完成都是同时进行的,不存在各协作者在不同的时间段接替完成任务的情况,但是每个任务的完成也可分为不同的阶段,而每个阶段的任务完成的特殊性也可以体现不同的协同策略。

在具体的协同任务的完成过程中,用户可以将每个任务的内容分成几个部分,按最后划分的子任务进行分工。同时,用户也可以根据每个人在任务完成过程中的角色进行分工,例如检索者和编辑者的角色分工。多个用户参与集体工作时,角色也作为一种划分工作的手段,每个用户根据他们所分到的角色承担相应的责任[15]。在完成共享任务时检索者往往自然会分为不同的角色,角色的动态调整受他们个人的技能的影响[16]。根据对访谈内容进行词频统计和关联系数分析,本章总结了各小组完成各个任务所采用的协同方式,见表 8-5。

表 8-5 各小组在各个任务中的协同方式

	任务 1 信息类	任务 2 事务类	任务 3 导航类
A 组	按角色分工—按内容分工—按角色分工	按内容分工—按角色分工—按内容分工—按角色分工	按内容分工—按角色分工—按内容分工—按角色分工
B 组	按内容分工—按角色分工—按内容分工—按角色分工	按内容分工—按角色分工—按内容分工—按角色分工	按内容分工—按角色分工
C 组	按内容分工	按内容分工	按内容分工
D 组	按内容分工	按内容分工	按内容分工

最终,本章归纳了用户的协同信息检索行为中采取的协同方式,可以从横向和纵向两个维度来划分。从横向上看,协同方式可分为:①按内容分工,指对复杂任务按内容分成各个子任务,每个用户按所分到的任务的具体内容承担相应的责任。②按角色分工,指用户按照角色进行分工,每个用户按所分到的角色承担相应的责任。③内容和角色相结合的分工方式,指按内容和按角色分工相结合的分工方式。从纵向上看,随着时间的变化,协同方式可分为:①动态分工策略:指随着任务完成的进展情况动态地划分任务内容或进行角色动态调整的协同策略。②静态分工策略:指在任务完成过程中从始至终保持同一种分工方式的协同策略。

五、对认识方式的影响

(一)协同认知

针对协同认知,本章在调查问卷中设计了以下六个问题,均采用李克特五级量表,1 到 5 分表示同意的程度由低到高,1 分表示完全不同意,5 分表示非常同意。笔者对这一部分的问卷进行了内部一致性效度检验,Cronbach's Alpha 系数为 0.807 > 0.8,对效度进行了因子分析,KMO 的值为 0.645 > 0.5,Bartllet 检验 p 值 = 0.000 < 0.001,且累计解释变异量为 61.441%,各题在所属因素的构面中,因素负荷量均大于 0.5,在其他因素构面中则均小于 0.5,因此,有关协同认知问卷的信度和效度均可以得到保证。

问题 1. 我认为这个任务进行协同检索比我自己单独检索的效果要好。
问题 2. 我认为在遇到问题时,咨询队友比自己检索所得的信息要有用。
问题 3. 我与我的队友分工很明确。
问题 4. 我们根据此任务的具体情况,采用了相应的协同策略。
问题 5. 我认为系统提供的协同工具对于该任务的协同检索非常有用。
问题 6. 我对我队友的表现很满意。

经过检验,协同能力和任务类型这两个因素之间在协同认知上不存在交互作用。在主效应因素方面,任务差异对协同认知的六个小题都没有影响,而协同能力则对协同认知影响较大,在第 1 题、第 2 题、第 6 题上存在高度显著性差异。

表 8-6 揭示的是协同能力不同对协同认知的影响。从表 8-6 中可以看出,①协同能力强和弱的组在第 1 题有高度显著差异(p = 0.005 < 0.01),协同能力较强的小组强烈认为在完成任务时协同检索比自己单独检索的效果要好,而协同能力较弱的小组则认为协同检索的作用不明显,说明协同能力较强的小组比协同能力较弱的小组更认同协同检索这种方式。②协同能力强弱的组在第 2 题上差异极为显著(p = 0.000),这表明协同能力较强的小组比协同能力较弱的小组更倾向于认为向队友寻求帮助能起到很好的作用。③协同能力不同的组在第 6 题呈现高度显著性差异

($p=0.002<0.01$),尽管差异较大,但平均值均都到达了4分以上,这表明所有实验者在这个实验过程中对自己的队友都是比较满意的,但协同能力较强的小组对自己队友的评价接近满分,其合作效果比协同能力较弱的小组更为愉快。④尽管协同能力不同的组在第5题上不存在显著性差异,但其平均值的差异说明协同能力较强的小组比协同能力较弱的小组认为系统所提供的各项协同功能更为有用。⑤尽管协同能力不同的组在第3题、第4题上差异很小,平均值都高于4,但协同能力较强的小组在这两题上的平均分要略微低于协同能力较弱的小组,这表明了协同能力较弱的小组比协同能力较强的小组更倾向于认为她们针对各个任务采取了更明确的分工方式和更好的协同策略。

表8-6　协同能力不同对协同认知的影响

	小组编号(平均值)		均值差值	标准误差	p 值
第1题	A和B(4.56)	C和D(3.78)	0.778*	0.256	0.005**
第2题	A和B(4.50)	C和D(3.39)	1.111*	0.268	0.000**
第3题	A和B(4.33)	C和D(4.39)	-0.056	0.209	0.793
第4题	A和B(4.11)	C和D(4.22)	-0.111	0.263	0.676
第5题	A和B(4.22)	C和D(3.67)	0.556	0.322	0.095
第6题	A和B(4.83)	C和D(4.22)	0.611*	0.177	0.002**

*代表 $0.01<p<0.05$,**代表 $p\leq0.01$

对协同方式的认知也是协同认知的重要组成部分。在访谈中,本章也考察了用户对协同方式的认知。用ATLAS. ti软件对访谈问题二的结果进行编码分析,从协同能力维度的编码,见表8-7,从任务类型维度的编码,见表8-8。(注:表8-7和表8-8中的account、angel、banana等是指给实验者分配的用户名,A组用户是以字母a开头的名称,B组用户是以字母b开头的名称,以此类推)

通过表8-7可以发现,协同能力较强的小组采用了多种协作方式,并且在完成每一个任务时,她们还会根据目前时间的发展和任务完成的进度实时地改变内容的分工和各自角色的分配,采用了按角色分工和按内容分工相结合的动态分工方式。而协同能力较弱的小组则采用了较单一的协同方式,即按内容分工的静态分工方式,各小组成员单独完成自己所分到的具体内容的检索和编辑。这表明协同能力较强的小组比协同能力较弱的小组采用了更灵活的分工策略和协同方式。

通过表8-8可以发现,实验者对不同类型的任务也采用了不同的协同方式。在任务 2 的完成过程中,实验者采取了更复杂和多样化的分工方式,分工方式按角色分工和内容分工的变化相对于其他两个任务更为频繁。这是由于事务类任务存在主观性的特征并且各个部分存在关联性,使其分工的难度和复杂性增加,使得实验者在检索过程中不断变动分工方式,以寻求最合适的协作方式。实验者在任务 1 和任务 3 采取了较为清晰的分工方式,由于任务 1 和任务 3 客观性较强,且各内容之间不存在关联性,实验者可以按内容进行分工也可以按角色进行灵活分工。

表 8-7 协同能力维度对协同方式认知的访谈结果编码

协同方式	词汇	词频		关联系数	
		A 组和 B 组	C 组和 D 组	A 组和 B 组	C 组和 D 组
按角色分工	account 编辑	1	0	1	0
	account 检索	2	0	1	0
	angel 检索	3	0	1	0
	apple 编辑	4	0	1	0
	banana 编辑	1	0	1	0
	banana 检索	3	0	1	0
	bean 编辑	2	0	1	0
	bean 检索	4	0	1	0
	bread 编辑	3	0	1	0
	bread 检索	3	0	1	0
	一起编辑	1	2	0.33	1
	一起检索	2	2	0.67	0.67
按内容分工	内容分工	14	2	1	0.13

表 8-8 任务类型维度对协同方式认知的访谈结果编码

协同方式	词汇	词频			关联系数		
		任务 1	任务 2	任务 3	任务 1	任务 2	任务 3
按角色分工	account 编辑	0	1	0	0	0.25	0
	account 检索	1	1	0	0.2	0.2	0
	angel 检索	1	2	0	0.17	0.4	0
	apple 编辑	2	2	0	0.33	0.33	0
	banana 编辑	1	0	0	0.25	0	0
	banana 检索	1	1	1	0.17	0.17	0.17

续表

协同方式	词汇	词频			关联系数		
		任务 1	任务 2	任务 3	任务 1	任务 2	任务 3
	bean 编辑	0	1	1	0	0.2	0.2
	bean 检索	3	0	1	0.6	0	0.14
	bread 编辑	1	1	1	0.17	0.17	0.17
	bread 检索	2	0	1	0.4	0	0.17
	一起编辑	3	2	2	0.75	0.4	0.4
	一起检索	2	3	3	0.33	0.6	0.6
按内容分工	内容分工	9	4	7	0.82	0.25	0.54

从协同认知这一维度上看，协同能力强弱对协同认知的影响较大，协同能力较强的小组比协同能力较弱的小组更倾向于认为协同检索比自己单独检索的效果要好，咨询队友用处较大，对队友的表现更为满意，这是由于协同能力较强的小组之间的交流更多，更愿意寻求帮助，协作得也比较顺利。但有意思的是，协同能力较弱的小组认为她们针对各个任务采取了更明确的分工方式和更好的协同策略。而通过对问卷和访谈的比较，笔者发现，事实上，协同能力较强的小组比协同能力较弱的小组采用了更灵活的分工方式和协同策略，每个任务都可以分成几个较小的子任务。分工越明确、检索策略呈现动态调整更能体现一个小组间好的合作，因为分工方式和协同策略能在一定程度上反映各小组的协作效果的好坏。同时，这也说明了协同能力较弱的小组成员对于自己和整个小组在协同策略灵活性上的评估要高于实际情况，这也在一定程度上印证了在情境认知中协同能力较弱的小组对于整体环境、队友的协作动态的认知要低于协同能力较强的小组。任务不同对协同认知的影响不大，但是在对访谈的具体分析中发现，任务不同对实验者的具体协同方式确实产生了影响，只不过其影响小于协同能力的影响程度，在统计学上没有呈现显著性差异。

（二）情境认知

针对情境认知，通过参考和借鉴 Fenigstein 等人[17]，以及 Govern 和 Marsch[18]有关情境认知的研究，在调查问卷中提出了以下六个问题，均采用李克特五级量表，1 到 5 分表示同意的程度由低到高，1 分表示完全不同意，5 分表示非常同意。

问题1. 我了解我的实验环境(包括实验系统、实验步骤、实验时间等)。
问题2. 我了解我的实验对象(包括协作伙伴、实验任务)。
问题3. 我了解我的队友对我的印象、看法。
问题4. 我了解我的队友在协作过程中的每一步行动。
问题5. 我知道我的队友了解我在协作过程中的每一步行动。
问题6. 我知道我和我的队友每一步检索行动的好坏。

经过检验,协同能力和任务类型这两个因素之间在情境认知上不存在交互作用。在主效应因素方面,协同能力强与弱的小组在六个小题上都产生了显著差异,而任务类型只对第6题($p = 0.039 < 0.05$)产生了显著差异。

表8-9揭示的是协同能力不同对情境认知的影响。从表8-9中可以看出,协同能力不同的小组的在全部6道题上都存在显著性差异,第1题($p = 0.04 < 0.05$)、第5题($p = 0.016 < 0.05$)、第6题($p = 0.039 < 0.05$),其中,在第2题($p = 0.004 < 001$)、第3题($p = 0.000 < 0.01$)、第4题($p = 0.005 < 0.01$)上存在高度显著性差异。经分析发现,①在平均值的比较上可以看出,协同能力较强的小组在所有情境认知题上的平均得分要高于协同能力较弱的小组,这表明协同能力较强的小组比协同能力较弱的小组对周围的环境、协作伙伴、情境有更深的了解和认识。②协同能力强弱的两组在问题1、问题2的平均值都到了4.5分以上,这表明所有实验者对于实验环境和实验对象都有一个较全面的认识,但从p值上看还是存在显著性差异。③协同能力强弱在第3题上差异最为显著($p = 0.000$),这表明协同能力较强的小组比协同能力较弱的小组组员之间的交流更多,更了解和熟悉彼此。④协同能力较强的小组在问题4、问题5和问题6的平均得分都在4分以上,协同能力较弱的小组平均得分都在4分以下,这表明协同能力较弱的小组成员较少关注队友的检索行为,不太了解队友的行为动态,而协同能力较强的小组则更多关注队友的每一步检索行为,对小组整体的动态和检索的好坏有一个更全面的了解和认识。

表 8-9　协同能力对情境认知的影响

	小组编号(平均值)		均值差值	标准误差	p 值
第 1 题	A 和 B(4.94)	C 和 D(4.67)	0.278	0.129	0.040*
第 2 题	A 和 B(5.00)	C 和 D(4.61)	0.389	0.124	0.004**
第 3 题	A 和 B(4.50)	C 和 D(3.67)	0.833	0.212	0.000**
第 4 题	A 和 B(4.50)	C 和 D(3.72)	0.778	0.258	0.005**
第 5 题	A 和 B(4.33)	C 和 D(3.67)	0.667	0.261	0.016*
第 6 题	A 和 B(4.16)	C 和 D(3.67)	0.500	0.232	0.039*

* 代表 $0.01 < p < 0.05$, ** 代表 $p \leq 0.01$

表 8-10 揭示的是任务类型不同对情境认知的影响。从表 8-10 中可以看出,任务类型差异只对第 6 题产生了影响,且任务 1 和任务 2 之间,任务 2 和任务 3 之间没有显著性差异,只有任务 1 和任务 3 之间在情境认知上存在显著性差异($p = 0.013 < 0.05$)。问题 6 考察的是实验者在协同检索过程中是否了解自己和小组的每一步检索行为的好坏。从均值上看,任务 3 要高于任务 1(4.25 > 3.50),这说明用户在完成任务 3 即导航类任务时最了解自己和整个小组检索效果的好坏,而在完成任务 1 即信息类任务时并不太了解小组的每一步检索的好坏。

表 8-10　任务类型对情境认知的影响

	任务编号(平均值)		均值差值	标准误差	p 值
第 6 题	1(3.50)	2(4.00)	-0.500	0.284	0.088
		3(4.25)	-0.750	0.284	0.013*
	2(4.00)	1(3.50)	0.500	0.284	0.088
		3(4.25)	-0.250	0.284	0.385
	3(4.25)	1(3.50)	0.750	0.284	0.013*
		2(4.00)	0.250	0.284	0.385

* 代表 $0.01 < p < 0.05$, ** 代表 $p \leq 0.01$

从情境认知这一维度上看,协同能力强弱对情境认知的影响较大,协同能力在情境认知的所有问题上都存在显著性差异,协同能力较强的小组在完成协同检索任务时比协同能力较弱的小组更了解实验环境、协作伙伴、队友之间留下的印象、队友的检索动态和这个小组检索的好坏,这在一定程度上揭示了协同能力较强的小组队员之间交流更多,互动更多,合作更多。任务不同对情境认知影响不大,只有在有关小组的检索的好坏的认识上存在显著性差异。这与不同任务的特点有关,对于信息类任务大家主要是各自查找信息，且需要编辑和整理的信息多，在检索过程中实验者并不了解小组整体的检索效果的好坏。而导航类任务所需要编辑的信息很少，大家对编辑结果的好坏一目了然。

（三）任务认知

通过参考和借鉴 Hart 和 Stavenland 的 NASA-TLX（Task Load Index）[19]，笔者在调查问卷中针对任务认知提出了以下六个问题，均采用李克特五级量表，1 到 5 分表示同意的程度由低到高，1 分表示完全不同意，5 分表示非常同意。

问题 1. 我很了解这个任务。
问题 2. 这项任务主要花费脑力劳动。
问题 3. 这项任务主要花费体力劳动。
问题 4. 在完成这项任务时，我感到时间非常匆忙。
问题 5. 在完成这个任务时，我感到不安全、消极、愤怒、压力和烦恼。
问题 6. 我觉得这个任务完成得很成功。

经过检验，协同能力和任务类型这两个因素之间在任务认知上不存在交互作用。在主效应因素方面，协同能力强与弱的小组只有对第 6 题产生了显著差异。而任务类型对任务认知的第 1 题（$p = 0.042 < 0.05$）、第 2 题（$p = 0.024 < 0.05$）、第 3 题（$p = 0.011 < 0.05$）存在显著性差异，在第 4 题（$p = 0.000 < 0.01$）上存在高度显著性差异。

表 8－11 揭示的是协同能力不同对任务认知的影响。从表 8－11 中可以看出，①协同能力强弱在第 6 题上呈现高度显著性差异（$p = 0.001 < 0.01$）。问题 6 考察的是实验者对任务完成得是否成功的判断。从均值上看，协同能力较强的小组在该题的平均得分要高于协同能力较弱的小组（$4.50 > 3.39$），这说明协同能力较强的小组对任务完成的满意度要高于协同能力较弱的小组。②尽管协同能力不同在第 4 题、第 5 题并不存在显著性差异，但从均值上看，协同能力较强的小组比协同能力较弱的小组的平均分要低，这说明协同能力较强的小组在完成任务时在时间匆忙、紧张的程度上比协同能力较弱的小组要低，消极情绪要少。

表 8 - 11　协同能力对任务认知的影响

	小组编号(平均值)		均值差值	标准误差	p 值
第 4 题	A 和 B(3.06)	C 和 D(3.11)	-0.056	0.347	0.874
第 5 题	A 和 B(1.94)	C 和 D(2.17)	-0.222	0.440	0.617
第 6 题	A 和 B(4.50)	C 和 D(3.39)	1.111	0.302	0.001 **

* 代表 $0.01 < p < 0.05$，** 代表 $p \leqslant 0.01$

在访谈中，本章也考察了协同能力不同对三个任务认知的差异性。用 ATLAS. ti 软件对访谈问题一的结果进行编码分析，见表 8 - 12。在对于三个任务哪一个任务分工最明确的考察中，笔者发现，协同能力较强的小组和协同能力较弱的小组均认为任务 1 的分工最明确，不存在差异性。而协同能力不同的组对最适合用协同检索系统来完成的任务类型的评价则存在差异。协同能力较强的小组认为从最适合到不适合的排序是任务 1 —任务 3 —任务 2，原因是他们在任务 1 中使用了最多的协同工具，在任务 2 和任务 3 中使用的协同工具较少，协同检索系统没有充分发挥作用；而协同能力较弱的小组则将排序定为任务 3 —任务 1 —任务 2，原因是她们认为任务 3 最简单，协作效果最好。

表 8 - 12　协同能力维度对任务认知的访谈结果编码

		词频		关联系数	
		A 组和 B 组	C 组和 D 组	A 组和 B 组	C 组和 D 组
排序	1—3—2	3	2	1	0.50
	3—1—2	0	2	0	2
分工	最明确	3	2	1	0.50
	挺明确	2	1	1	0.33
	最不明确	2	1	1	0.33
最适合的任务	最适合	6	5	1	0.71
	协同功能使用多	2	0	0	0
	挺适合	2	5	0.33	1
	最不适合	2	2	0.67	0.67
原因	沟通不佳	0	2	0	0
	思维方式不一样	0	1	0	1
	协同功能使用少	1	0	1	0
	主观性强	0	1	0	1

表 8－13 揭示的是任务类型不同对任务认知的影响，从表 8－13 中可以看出，任务类型不同对实验者的任务认知影响较大。①任务 3 和任务 1、任务 2 两者在第 1 题都存在显著性差异（$p<0.05$），任务 1 和任务 2 之间差异不显著。尽管任务 3 和任务 1、任务 2 两者之间都存在显著性差异，但是每个任务平均分均超过 4 分，这说明实验者对三个任务都较为了解，只不过对于任务 3 的了解程度相对任务 1 和任务 2 来说要明显低一些。②任务 2 和任务 1、任务 3 两者在第 2 题都存在显著性差异（$p<0.05$），任务 1 和任务 3 之间差异不显著。尽管任务 2 和任务 1、任务 3 两者之间都存在显著性差异，但是每个任务平均分均超过 4 分，这说明实验者完成这三个任务都花费了较多的脑力劳动，但在任务 2 上花费的脑力劳动相比任务 1 和任务 3 明显要多，可见任务 2 是最难的任务。③任务 1 和任务 2、任务 3 两者在第 3 题都存在显著性差异（$p<0.05$），任务 2 和任务 3 之间差异不显著。尽管任务 1 和任务 2、任务 3 两者之间都存在显著性差异，但是每个任务平均分均低于 4 分，要低于前面脑力劳动的得分，这说明实验者完成这三个任务时花费的体力劳动少于脑力劳动，且在任务 1 上花费的体力劳动相比其他两个任务要多，可见任务 1 是工作量最大的任务。④任务 2 和任务 1、任务 3 两者在第 4 题都存在高度显著性差异（$p<0.01$），任务 1 和任务 3 之间差异不显著。这表明了实验者在完成任务 2 时感觉最匆忙，完成任务 1 和任务 3 的压力较小，时间比较充分。

表 8－13　任务类型对任务认知的影响

	任务编号（平均值）		均值差值	标准误差	p 值
第 1 题	1（4.67）	2（4.58）	0.08	0.274	0.763
		3（4.00）	0.67	0.274	0.021*
	3（4.00）	1（4.67）	－0.67	0.274	0.021*
		2（4.58）	－0.58	0.274	0.041*
第 2 题	1（4.08）	2（4.67）	－0.58	0.249	0.026*
		3（4.00）	0.08	0.249	0.740
	2（4.67）	1（4.08）	0.58	0.249	0.026*
		3（4.00）	0.67	0.249	0.012*
第 3 题	1（3.67）	2（2.67）	1.00	0.343	0.007**
		3（2.75）	0.92	0.343	0.012*
	2（2.67）	1（3.67）	－1.00	0.343	0.007**
		3（2.75）	－0.08	0.343	0.810

续表

	任务编号(平均值)		均值差值	标准误差	p 值
第 4 题	1(2.25)	2(4.17)	-1.92	0.425	0.000**
		3(2.83)	-0.58	0.425	0.180
	2(4.17)	1(2.25)	1.92	0.425	0.000**
		3(2.83)	1.33	0.425	0.004**

* 代表 $0.01 < p < 0.05$, ** 代表 $p \leq 0.01$

在访谈中,本章也考察了任务类型不同对三个任务认知的差异性。用 ATLAS. ti 软件对访谈问题一的结果进行编码分析,见表 8-14。在哪一个任务分工最明确的考察中,实验者普遍认为任务 1 分工最明确、任务 3 也较为明确,原因是信息类任务 1 和导航类任务 3 均属于客观事实性任务,可以将内容进行明确的划分;而任务 2 是事务类任务,涉及旅游路线的设计,各个部分的具体内容是紧密联系的,不太容易割裂开来,所以在分工上难度较大。在对任务适不适合进行协同检索的评价中则显示,信息类任务和导航类任务都适合进行协同检索,而事务类任务主观性较强,在任务完成过程中大家的思维方式不一样,且彼此之间的交流存在障碍,协同难度最大。

表 8-14　任务类型维度对任务认知的访谈结果编码

		词频			关联系数		
		任务 1	任务 2	任务 3	任务 1	任务 2	任务 3
分工	最明确	3	0	1	0.18	0	0.07
	挺明确	1	1	1	0.06	0.11	0.08
	最不明确	0	2	0	0	0.25	0
最适合的任务	最适合	7	0	3	0.37	0	0.17
	协同功能使用多	2	0	0	0.13	0	0
	挺适合	3	2	3	0.16	0.17	0.21
	最不适合	0	3	0	0	0.38	0
原因	沟通不佳	0	1	0	0	0.13	0
	思维方式不一样	0	1	0	0	0.14	0
	协同功能使用少	1	0	0	0.07	0	0
	主观性强	0	1	0	0	0.14	0

从任务认知这一维度上看,协同能力强弱对任务认知的影响较小,只有在对任务完成得是否成功的认知上存在显著性差异,协同能力较强的小

组对任务完成的满意度要高于协同能力较弱的小组。这在一定程度上说明了协同能力较强的小组在完成协同检索任务时交流和协作得更好,任务完成得比较顺利,任务完成效果更好。且协同能力不同对哪个任务最适合进行协同检索的评价和原因也存在差异,协同能力较强的小组将原因归于某个任务是否充分使用了协同功能,协同能力较弱的小组将原因归于某个任务难度所导致的检索效果。这也在一定程度上说明了协同能力较强的小组更注重协同功能的作用的发挥,而协同能力较弱的小组则更关注任务本身的难度。任务不同对任务认知影响较大,这与任务自身特点有很大的关系。任务 3 是专业性任务,而实验者是该专业的大二学生,可能对于 Web2.0 服务的了解不深,导致了任务 3 与其他两个任务在了解程度上的差异性。任务 2 是事务类任务,主观性较强,三个成员一起设计旅游线路可能要花费更多的脑力劳动,而任务 1 和任务 3 只需要将信息收集全面,客观性较强,所以花费脑力劳动较少;由于任务 1 是信息类任务,需要收集大量的信息,所以工作量较大,需要花费更多的体力劳动,任务 2 由于大部分时间花在如何设计路线的脑力劳动上,主要花费脑力劳动,难度较大,所以时间比较匆忙,与其他两个任务形成显著差异。同时,任务 2 的主观性较强也增加了交流和分工的难度,使得其难以进行明确的分工。

尽管协同能力较强的用户与协同能力较弱的用户在任务 1 和任务 3 哪个任务最适合用协同检索系统来完成的评价上存在差异,但毋庸置疑的是,所有实验者均认为任务 1 和任务 3 这两个涉及客观事实的任务类型都比较适合采用协同检索的方式来完成;任务 2 是事务性任务,主观性较强,并且各个部分难以割裂开来分成子任务,所以分工最困难、最不明确;任务 1 是信息类任务,主要是检索客观的事实信息,可以按信息内容分成各个部分进行检索,也可以根据角色进行灵活分工,分工最明确。当一个宽泛的任务的不同阶段有明确的界限时,将该任务严格划分为几个子任务,再分配给每个用户是更适合的[20]。此外,用户对专业知识的熟悉和掌握程度对专业类任务的影响较大。当然,各个任务检索效果的好坏还受到检索者的检索能力、协作情况、对任务的了解程度等因素的影响。

六、对情感状态的影响

(一)各小组在各个任务中的情感变化过程

情感经历并不只是与人们的信息检索活动有关,也与随着时间的推移,小组工作任务进程和协同工作发展过程的变化有关。为了从更全面的角度了解信息行为,研究用户在信息行为过程中的情感方面的复杂性具有重要意义[21]。

根据各小组在每个任务的检索过程中的QQ聊天记录，笔者用ROST Emotion Analysis Tool情感倾向分析工具对聊天记录里的代表情感的词汇进行提取，ROST Emotion Analysis Tool将情感主要划分为积极情绪、中性情绪和消极情绪，每种情绪又分为高度、中度、一般三个等级，以此来表示每种情绪的高低程度，例如：代表积极情绪的主要有“开心”“满意”“很好”等情感词汇（“很好”表示高度积极情绪，“好”表示中度积极情绪，“还可以”表示一般积极情绪）；代表中性情绪的主要有“行”“一般”等情感词汇；代表消极情绪主要有“不好”“不要”“郁闷”“烦躁”等情感词汇。

表8-15揭示的是每个小组在完成三个任务过程中表达的情感词汇的总体情况，从表8-15中可以看出：A组在三个任务的聊天记录中一共出现了77个情感词汇，B组65个，C组41个，D组31个，从A组到D组的情感词汇的数量呈递减趋势，协同能力较强的小组所表达的情感的个数要明显多于协同能力较弱的小组，有意思的是，还可以发现协同能力较强的A组无论是积极情绪、中性情绪还是消极情绪的数量都是最多的，相反，协同能力较弱的D组的各种情绪的表达是最少的。尽管A组的积极情绪和消极情绪的数量都是最多的，但是并不能说明其是最消极的，由于其情感词汇的总量最多，消极情绪的百分比只占16.88%，相反，尽管D组的消极情绪是最少的，但由于其情感词汇的总量最少，其消极情绪的百分比却占到了22.58%，远大于A组。通过百分比统计可以发现，A组的积极情绪所占百分比最大，为63.64%；C组的积极情绪所占百分比最小，为48.78%；B组的消极情绪所占百分比最小，为15.38%；C组的消极情绪所占百分比最大，为26.83%。这表明：①协同能力较强的小组比协同能力较弱的小组更乐于交流，充分表达自己的情感。②协同能力较强的小组比协同能力较弱的小组在检索过程中表现出了更多的积极情绪，完成各个任务时心情比较愉悦。③协同能力较弱的小组不太乐于表现自己的情感，积极情绪表现得较少，尽管负面情绪的数量也不多，但所占比重较大。

表8-15　各小组的情感词汇情况

	A组		B组		C组		D组	
	数量	百分比	数量	百分比	数量	百分比	数量	百分比
积极情绪	49	63.64%	41	63.08%	20	48.78%	17	54.84%
中性情绪	15	19.48%	14	21.54%	10	24.39%	7	22.58%
消极情绪	13	16.88%	10	15.38%	11	26.83%	7	22.58%
总数	77	100%	65	100%	41	100%	31	100%

为了揭示每个小组在各个具体的任务中的情绪的动态变化过程,笔者画出了折线图以体现各小组在各个任务中随时间变化情绪的变化过程。由于每个任务的规定时间是45分钟,为了更好显示在任务完成各个阶段的情绪变化,笔者将45分钟划为9个阶段,每个阶段为5分钟,横坐标表示的是45分钟的时间刻度,纵坐标表示的是各个程度的情绪词汇的分值,由于在对情感词汇的提取中发现,中性情绪的词汇的各个程度的分布不明显,因此,笔者将所有中性情绪的分值归为0,而1—3分表示的是一般、中度、高度的积极情绪,-1—-3分表示的是一般、中度、高度的消极情绪。

图8-4揭示的是任务1中各个小组随时间变化情绪的变化过程。从图8-4中可以发现:①A组情绪表达最为活跃,在整个过程中只有不超过10分钟的时间没有表达情绪,而C组和D组的情绪表达较少,C组在20—40分钟之间沟通和交流较少,且没有任何的情绪表达,D组在20—30分钟之间沟通很少,几乎没有任何的情绪表达,这表明协同能力较强的小组更乐于交流,也更愿意向小组成员表现自己的真实情绪;②A组和B组这两个协同能力较强的小组的积极情绪明显要比C组和D组这两个协同能力较弱的小组要多,且只有A组和B组在任务完成的最后阶段表现出了高度的积极情绪,这表明了协同能力较强的小组在完成任务1时积极情绪更多,且她们对任务最后的检索结果较为满意;③在完成任务1时,4个小组都没有表现出中度和高度的消极情绪,且消极情绪较少。这表明,各个小组在完成任务1时并没有太多的负面情绪,对于任务1的完成还比较顺利。④A组和B组的情绪随着时间的变化越来越积极,C组在检索过程中随着时间的变化情绪变化不大,D组随着时间的变化表现出来了更多的消极情绪。这表明了在任务1的检索过程中协同能力较强的小组合作得越来越顺利,而协同能力较弱的小组则情绪较为紧张。

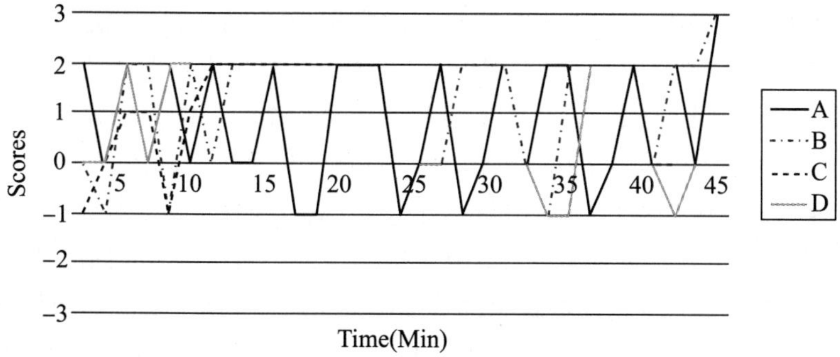

图8-4　任务1各个小组的情感变化过程

图 8 -5 揭示的是任务 2 中各个小组随时间变化情绪的变化过程。从图 8 -5 中可以发现:①在整个检索过程中各个小组都没有表达任何情感,A 组情绪表达最为活跃,只有在少数时间段没有沟通和表达情感,这表明协同能力较强的小组更乐于交流和表达自己的情感。②A 组和 B 组这两个协同能力较强的小组的积极情绪明显要比 C 组和 D 组这两个协同能力较弱的小组要多,但只有 A 组在任务开始的阶段表现出了高度的积极情绪,这表明了协同能力较强的小组在完成任务 2 时积极情绪更多。③在完成任务 2 时,尽管四个小组都没有表现出中度和高度的消极情绪,但消极情绪较多,且四个小组都表现出了较多的消极情绪,特别是在任务开始的分工探索阶段(10 — 15 分钟)各小组都表现出了较多的负面情绪。这表明,各个小组对于任务 2 的完成比较困难,情绪比较低落。④在完成任务 2 时各个小组的情绪波动较大,除了 A 组的情绪随着时间的变化越来越积极,且在任务完成阶段(40 — 45 分钟)表现出了积极情绪以外,B 组、C 组和 D 组在检索过程中随着时间的变化表现出来了更多的消极情绪,在任务完成阶段都表现出了负面情绪。这表明了,任务 2 难度较大,除了 A 组对检索结果比较满意外,B 组、C 组和 D 组对检索结果都比较不满意。

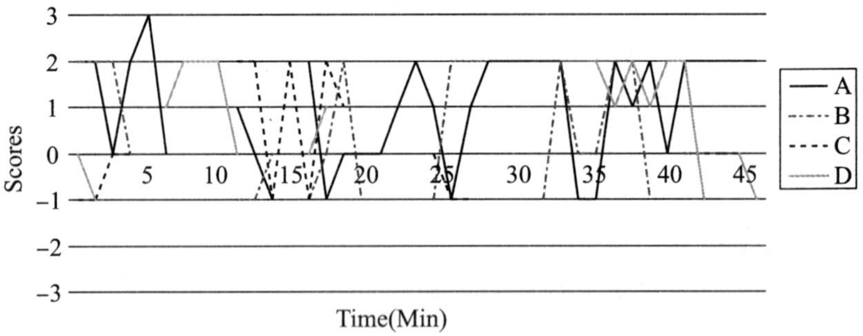

图 8 -5　任务 2 各个小组的情感变化过程

图 8 -6 揭示的是任务 3 中各个小组随时间变化情绪的变化过程。从图 8 -6 中可以发现:①在整个检索过程中各个小组的交流和表达情绪的频次明显要少于前两个任务,即便是 A 组和 B 组这两个协同能力较强的小组也在较长的时间段内没有表达任何情绪。QQ 聊天记录中显示,C 组和 D 组在完成任务 3 时均出现了大段时间的交流空白,交流的时间远比不交流的时间要少,其中 D 组在任务 3 中交流最少,只出现了三个表达情绪的词汇,尽管在任务 3 中各组表达的情感都较少,但是 A 组和 B 组这两个协同能力较强的小组表达的情感也要明显多于 C 组和 D 组。②A 组和 B 组的积极情绪明显要比 C 组和 D 组这两个协同能力较弱的小组要多,且 A 组和 B 组在任务完

成的最后阶段都表现出了高度积极情绪。③在完成任务 3 时,各小组所表达的积极情绪较多,消极情绪较少,积极情绪明显多于消极情绪,只 A 组和 C 组表现出了少量的消极情绪,B 组和 D 组在任务 3 中没有表现出任何的消极情绪,但 A 组和 B 组的积极情绪明显要多于 C 组和 D 组。④在完成任务 3 时各个小组的情绪波动较为平缓,波动不大,B 组在这个检索过程中基本保持了积极情绪,D 组几乎没有任何的情绪波动,且 A 组、B 组和 D 组在任务完成阶段(40 —45 分)都表现出了积极情绪,这可能是由于任务 3 难度较小、各组对检索结果都比较满意,也可能是由于任务 3 是最后一个任务,大家在临近实验完成阶段所表现出来的兴奋和放松情绪。

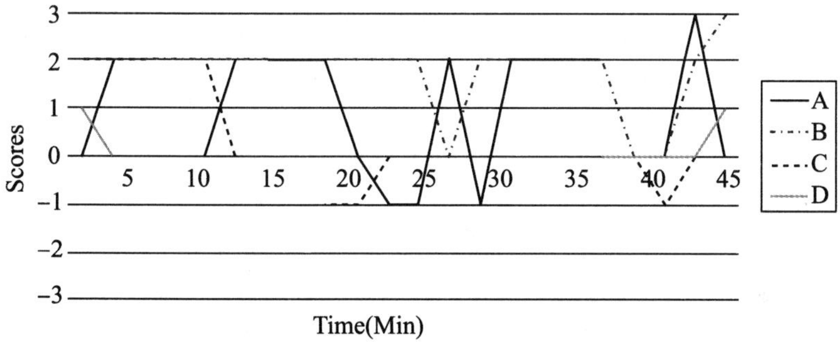

图 8 - 6　任务 3 各个小组的情感变化过程

(二)对不同任务各个完成阶段的情感影响

Byström 认为任务的实施过程可分为三个阶段:计划阶段、实施阶段和完成阶段。在每个任务开始的 0 —15 分钟是任务的计划阶段,15 —30 分钟是任务的实施阶段,30 —45 分钟是任务的完成阶段。从以上三个折线图中大致可以观测到用户在这三个阶段的动态情绪变化,为进一步考察用户在具体任务完成阶段的情绪表达,本章将任务的检索过程分为三个阶段,通过 ATLAS. ti 内容分析软件对访谈数据进行编码,用户揭示了在完成任务的不同阶段的情感表达的特点。

从表 8 - 16 中可以发现,总体而言,在任务的完成过程中,实验者在任务计划阶段和任务完成阶段的情绪表达明显要多于任务检索阶段,在任务分工阶段表达的情绪最多,这可能是由于在任务计划阶段,实验者需积极沟通以便达成一致的分工意见,因此,情绪表达较多,而任务检索阶段实验者的主要目的是进行自己所分到的具体部分内容的检索,沟通和情绪表达较少。然而,有意思的是,实验者在任务 2 的任务检索阶段中却表现出现了最多的情绪,且主要是表达消极情绪,这可能与任务本身的难度有关。任务 2 是事务类任务,难以进行明确分割,所以在检索阶段小组成员间冲突较多,所表现出的消极情绪明显多于任务 1 和任务 2。尽管实验者在任务 3 表现出了最少的情绪,但在任务 3 的各个阶段的情绪表达也具有其特殊性,实验者在任务完成阶段的积极情绪表达最多,甚至多于任务分工阶段,这就印证了上文中的 QQ 聊天记录分析,这可能是由于任务 3 是最后一个检索任务,实验者对完成所有任务所表达的愉悦和放松的心情。

表 8 - 16　不同任务各个阶段的情感词汇情况

		积极情绪	中立情绪	消极情绪	总数
任务 1	任务分工阶段	13	2	3	18
	执行检索阶段	4	3	4	11
	任务完成阶段	9	1	2	12
任务 2	任务分工阶段	5	2	4	11
	执行检索阶段	4	2	8	14
	完成任务阶段	2	1	6	9
任务 3	任务分工阶段	8	0	2	10
	执行检索阶段	2	1	2	5
	完成任务阶段	9	2	0	11

七、对交流分享的影响

人际沟通的最终目标是减少所传达的消息的不确定性和交流者之间的模糊关系[22]。小组成员之间交流越多,则彼此之间了解程度越高,对其他成员的认识越深,能减少小组间信息传递的不确定性,并最终影响用户的情绪表达。因此,尽管用户检索效果等数据的差异性能直接反映用户的协同检索行为,但协作得好坏并不只是通过这些数据来衡量,考察用户的交流行为和情感表达之间的关联性具有重要意义。通过对 QQ 聊天记录中的分析,笔者统计了小组成员间交流的时间。

表 8 - 17 揭示的是协同能力不同的四个小组在各个任务中交流的时间,以秒计时,每个任务的完成时间是 2700 秒,通过小组之间的交流的时长可以反映用户协同信息检索过程中的交流行为的特征。从表 8 - 17 中可以看出,从协同能力维度上看,在每一个任务的检索过程中,协同能力较强的 A 组和 B 组的交流的时间都要多于协同能力较弱的 C 组和 D 组,这表明了,协同能力较强的用户更乐于交流和信息传递。从任务维度上看,无论是协同能力较强还是协同能力较弱的用户,均在任务 2 花费了最多的时间进行交流,在任务 3 的交流时间最短,D 组在完成任务 3 时交流时间

最短,在很长的时间段内小组成员之间没有任何的交流。这可能是受任务本身的特殊性影响。任务 1 和任务 3 均是检索事实的任务,客观性较强,实验者只需要收集到足够的信息就可以完成任务。而任务 2 是事务类任务,主观性较强,三个成员一起设计旅游线路可能要花费更多的时间进行交流才能达成一致意见,并且任务涉及旅游路线的设计,各个部分的具体内容是紧密联系的,今天的旅程安排直接影响到明天的安排,不能将其割裂开来,因此,小组成员之间需要保持紧密的联系和交流才能共同推动旅游线路的有效连贯的设计。

表 8－17　各小组在各个任务中的交流时间　　(秒)

	任务 1	任务 2	任务 3
A 组	632	899	455
B 组	593	797	517
C 组	412	460	386
D 组	304	660	142

八、对其他方面的影响

个人因素和任务因素对除了影响基于 C2S 的协同信息检索模型框架中所指出的因素外,还对其他因素有着影响,体现在对协同信息检索系统评价上。笔者在实验结束后对各小组做了问卷调查以了解用户对系统的总体评价和揭示协同能力不同的小组对协同检索系统的评价是否存在差异。针对 Coagmento 系统的功能设置,问卷中提出了以下九个问题,1 到 5 分表示同意的程度由低到高,1 分表示完全不同意,5 分表示非常同意。

问题 1. 书签(Bookmark)功能对于完成协同检索任务很有用。
问题 2. 推荐(Recommend)功能对于完成协同检索任务很有用。
问题 3. 注释(Annotate)功能对于完成协同检索任务很有用。
问题 4. 片段收集(Snip)功能对于完成协同检索任务很有用。
问题 5. 编辑(Editor)功能对于完成协同检索任务很有用。
问题 6. 聊天工具(Chat)对于完成协同检索任务很有用。
问题 7. 提醒工具(Notifications)对于完成协同检索任务很有用。
问题 8. 检索历史工具(History)对于完成协同检索任务很有用。
问题 9. 记事本工具(Notepad)对于完成协同检索任务很有用。

表8－18揭示的是所有实验者对Coagmento系统的总体评价情况。从表8－18中可以发现:①实验者普遍认为片段收集(Snip)功能、编辑(Editor)功能和聊天工具(Chat)对于完成协同检索任务很有用。②实验者普遍认为记事本工具(Notepad)、注释(Annotate)功能和提醒工具(Notifications)在协同检索中用处不大。③各个小组对推荐(Recommend)功能的评价存在较大差异。这就印证了协同能力不同在Recommend行为上的显著差异性,协同能力较强的小组更倾向于相互推荐和帮助。

表8－18　系统评价总体情况

	Bookmark	Recommend	Annotate	Snip	Editor	Chat	Notifications	History	Notepad
平均值	3.33	3.92	3.17	4.33	4.92	4.67	3.17	3.58	2.67
标准差	0.65	0.90	1.03	0.89	0.29	0.49	0.94	1.00	0.49

为了比较协同能力强弱是否会对系统评价造成差异。本章将A、B组,C、D组作为协同能力较强的一组和协同能力较弱的一组,分别求其在各题上的平均得分,进行分析比较。图8－7揭示的是协同能力较强的一组(组1)和协同能力较弱的一组(组2)在各题得分上的均值的比较,横坐标表示代表系统功能的九个小题,纵坐标表示分值。从图8－7中可以发现:①协同能力较强的一组对于各项功能的有用性的评价更高。②协同能力不同的小组对书签(Bookmark)功能、片段收集(Snip)功能、编辑(Editor)功能、聊天工具(Chat)和记事本工具(Notepad)的评价差异不大。③协同能力不同的小组在推荐(Recommend)功能、注释(Annotate)功能、提醒工具(Notifications)和检索历史工具(History)上的评价差异较大。这表明协同能力较强的一组更倾向于认为各项协同功能是有用的,反映了协同能力较强的小组在协同检索过程中使用了较多的协同工具,相反,协同能力较弱的一组使用的协同工具较少,因为他们认为其用处不大。

此外,对访谈结果进行内容分析后显示,用户认为Coagmento系统在提醒工具(Notifications)、检索历史工具(History)工具上功能有重复;推荐(Recommend)功能的界面设置不合理,用户需要返回主界面或是打开邮箱才能看到队友给自己推荐的信息,建议推荐功能可以设置在检索历史(History)栏内,方便获取信息;由于中英文转换出现的一些问题仍需解决,系统的视频聊天、图片功能等还有待完善和补充。

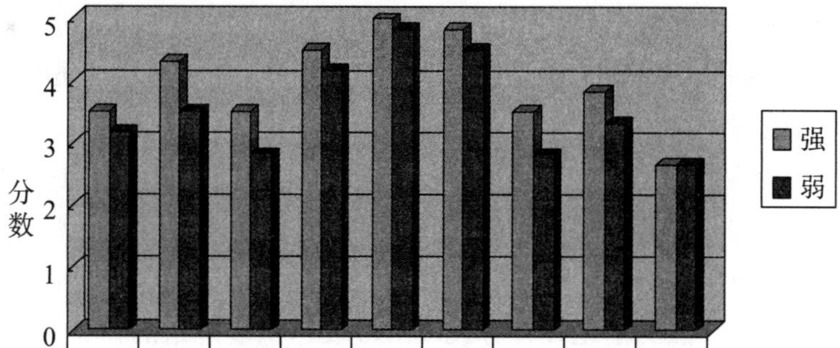

	1	2	3	4	5	6	7	8	9
■强	3.50	4.33	3.50	4.50	5.00	4.83	3.50	3.83	2.67
■弱	3.17	3.50	2.83	4.17	4.83	4.50	2.83	3.33	2.67

系统功能

图 8－7　协同能力不同的小组对系统评价的均值比较

第三节　实验结果讨论

一、个人协同能力对协同信息检索行为的影响

以协同能力为例，本章对个人因素对协同信息检索行为的影响进行了探究。结果表明，从协同能力差异这一维度上看，协同能力强弱对用户的推荐（Recommend）行为的影响较大。协同能力较强的小组在完成协同检索任务时比协同能力较弱的小组更倾向于合作和相互帮助。协同能力不同对检索效果也产生了一定影响，并且这种影响跟任务类型有关，其中导航类任务之间的差异最为明显，其他任务间存在差异，但不显著。协同能力较强的用户对于 3 个任务的完成效果要远远好于协同能力较弱的用户。他们在实验编辑活动中也倾向于更多的分工，在编辑角色和方式的分配上同协同能力较弱的小组存在差异。

从认识方式的角度，协同能力强弱对用户的情境认知和协同认知的影响较大，而对任务认知的影响较小。此外，通过实验本章还对用户在协同信息检索中的协同方式进行了归纳，可以从横向和纵向两个维度分为：横向上，按内容、角色，或二者结合分工；纵向上，随时间动态或静态分工。最后，从整体上看，客观性较强且可以进行内容划分的事实性任务分工最为明确，最适合用协同检索系统来完成；而主观性较强并且各个部分紧密相连、难以灵活划分的实践性事务类任务分工较难，最不适合用协同检索系统来完成。

协同能力不同对用户协同信息检索过程的情感影响较大,协同能力较强的小组在各个任务中更愿意表达自己的情绪。协同能力较强的小组比协同能力较弱的小组在每个任务中都表现出了更多的积极情绪,且只有协同能力较强的小组表达出了高度的积极情绪,协同能力较弱的小组更多地表达中性情绪和一般程度的积极情绪,没有表现出高度的积极情绪,协同能力较强的小组在各个协同实验过程中与队友相处更为愉快,合作更为顺利。协同能力较强的小组在任务完成阶段表达积极情绪的频率更高,由于认为任务完成得比较满意,所以表现出了更多的积极情绪。用户在协同信息检索过程中的交流行为与情感表达有直接的关联性。交流越频繁的小组成员越愿意真实表达自己的情绪,表达的情绪的词汇数量明显多于交流较少的小组。交流的频率直接影响用户的积极情绪表达,用户之间交流越频繁,所表达的积极情绪越多,出现的高度积极情绪的频率越高,且在任务完成阶段表现出来的积极情绪的频率越高。

二、任务类型对协同信息检索行为的影响

通过本章从任务类型角度的分析可以看出,任务因素对协同信息检索行为也产生一定影响。检索方式的方面,任务不同对用户的浏览网页(Webpage)、检索(Search)和使用图片(Image)行为的影响较大。这是因为信息类任务需要收集大量的信息,所以浏览页面较多,收集的信息较多。导航类任务涉及专业知识,用户需要输入更多的检索式以便对其有一个全面的认识。并且对于专业性任务,许多专业人士已经做了一些总结和分析,可能一个图片就包含了大量有用的信息,因此实验用户收集了较多的图片。事务类任务解决的是实践问题,用户在检索过程中思考、探索的时间较多,而浏览页面和检索次数都较少。任务类型不同也对检索效果产生了较大影响,信息类任务和导航类任务的检索效果要好于事务类任务,原因是事务类任务的主观性较强,难度最大,用户交流最不顺畅。任务因素同样也对认知方式产生影响,但与个人因素对认知方式的影响不同,体现在任务类型不同对用户的任务认知影响较大,而对情境认知和协同认知的影响不大。

工作任务的复杂性和情感经历似乎是相互关联的,当检索者面对复杂的任务时,个人因素如态度、动机和情绪来都会发挥作用,负面情绪往往因此而产生,并且从整体上影响检索效果[23]。即便是协同能力不同的小组,在完成某一个任务时的情绪变化都有一定的共性,这揭示了任务本身的差异对用户协同信息检索行为确实产生了的影响。各小组在三个任务中表达情绪的数量从任务 2 —任务 1 —任务 3 呈递减状态,各小组在任务 2 中

表现出了最多的情感。在任务 2 中，各小组都表现出了最多的消极情绪，且情绪波动都比较大，在任务 3 中都表现出了最少的消极情绪，且情绪波动都较小。各小组在任务计划阶段和任务完成阶段的情绪表达最多，且情绪波动较大。这也可以从访谈中反映出来，除了任务 2 在执行检索过程中也出现了较多的情绪以外，任务 1 和任务 2 在任务计划阶段和任务完成阶段均出现了较多的情绪表达，而任务 2 在执行检索阶段出现的主要是对于检索不顺利的消极情绪表达。这可能是由于在任务计划阶段，各小组主要进行任务的探索和分工，会出现更多的交流，从而出现更多表达情感的词汇，而在任务完成阶段，各小组处在答案的最后编辑和整理阶段，也会出现较多的交流和对于任务的一个总体评价，因此也可能出现较多的情感词汇。任务不同也对情感产生了较大影响。任务 2 是事务类任务，主观性较强、难度较大，由于任务 2 的交流不顺畅导致用户在完成过程中感觉时间匆忙，所以负面情绪较多。在解决复杂、困难的任务时，用户会经历较高水平的不确定性和压力，自我怀疑与负面情绪会增加[24]。相反，任务 1 和任务 3 检索的是事实性的任务，难度较低，用户表现出来了更多的积极情绪，且整个检索过程中情绪波动不大。

三、个人因素和任务因素对模型外其他检索行为的影响

除了基于 C2S 的协同信息检索行为模型中的因素外，个人因素和任务因素还会影响实验者对协同信息检索系统的评价。从用户对 Coagmento 系统的整体评价来看，各组普遍认为编辑（Editor）功能、聊天工具（Chat）对于完成协同检索任务很有用，而书签（Bookmark）功能、记事本工具（Notepad）和注释（Annotate）功能用处不大。协同能力较强的小组比协同能力较弱的小组在推荐（Recommend）功能、提醒工具（Notifications）等几项最能体现用户协作的协同工具的评价明显要高，这表明协同能力较强的小组对协同工具的认同度更高。通过对用户进行协同检索实验，可以为今后协同检索系统的设计和改进提供一些借鉴。协同检索系统应该提供完善的图片共享功能，因为图片中也能包含大量有用的信息。Kraut 等对科学协作活动中“高质量实时互动”进行了研究，确定了支持高质量互动的几个要求：支持创建不同的格式（如手写的笔记、文本文件、图形图像）的信息，联合操纵数据，完善的沟通和反馈机制。因此，协同检索系统提供各种格式的文件、信息的共享并使之集成在系统交互界面的某个栏目或下拉列表下具有重要意义。Brown 和 Duguid[25] 也指出，认识到其他团队成员共享的工作材料的变化在协同系统中非常重要。并且在未来对协同检索系统的设

计和改进中，只满足用户进行基本交流和认知的功能设置是远远不够的，应该更多地考虑质量层面，注重改善和完善各项功能以提高用户间交流和协作的质量，应提高各项功能的便捷性和人性化，使得用户更加愿意使用协同系统来完成复杂任务。

第四节　实验二结论

本研究考察了协同能力和任务差异对用户协同信息检索行为的影响。在研究内容上，本章分析了协同能力不同和任务类型的差异对基于 C2S 的协同信息检索行为模型中各因素的影响，并分别从横向和纵向归纳了用户在实验过程中的协同方式，总结了最适合用协同检索系统完成的任务类型。本章研究表明，个人因素和任务因素会对协同信息检索行为产生影响，包括检索方式、检索效果、编辑方式、协同方式、认知方式、交流分享和情感状态等，其中个人因素和任务因素对检索效果、交流分享和情感状态均有显著影响，对检索方式和认知方式均有影响，但方面略有不同；个人因素对编辑方式的影响较任务因素明显。除此之外，协同能力也会对协同信息检索系统评价产生差异。综上，本书第五章中相关假设除 3.3 和 3.5 影响不大以外，均成立，故可认为基于 C2S 的协同信息检索行为模型框架能满足描述一般情境下协同信息检索行为的需要。

参考文献

[1] Richard V. Component-based business[M]. London: Springer, 2001.

[2] Blomqvist K, Levy J. Collaboration capability-a focal concept in knowledge creation and collaborative innovation in networks[J]. International Journal of Management Concepts and Philosophy, 2006, 2(1): 31-48.

[3] Coagmento[EB/OL]. [2013-03-02]. http://www.coagmento.org/.

[4] Ingwersen P E R. Information retrieval interaction[M]. London: Taylor Graham, 1992: 246.

[5] Broder A. A taxonomy of web search[C]//ACM Sigir forum. ACM, 2002, 36(2): 3-10.

[6] Hackman J R. Work redesign and motivation[J]. Professional Psychology, 1980, 11(3): 445.

[7] Foschi M. Gender, performance level, and competence standards in task groups[J]. Social Science Research, 2009, 38(2): 447-457.

[8] Kriksciuniene D, Strigunaite S. Virtual team tasks performance evaluation based on multi-level fuzzy comprehensive method[C]//FUTURE COMPUTING 2011, The Third International Conference on Future Computational Technologies and Applications, 2011:20 - 25.

[9] Kuhlthau C C. Inside the search process: information seeking from the user's perspective[J]. Journal of the American Society for Information Science, 1991, 42(5):361 - 371.

[10][17] Fenigstein A, Scheier M F, Buss A H. Public and private self-consciousness: assessment and theory[J]. Journal of Consulting and Clinical Psychology, 1975, 43(4):522.

[11][18] Govern J M, Marsch L A. Development and validation of the situational self-awareness scale[J]. Consciousness and Cognition, 2001, 10(3):366 - 378.

[12][19] Hart S G, Staveland L E. Development of NASA-TLX(Task Load Index): results of empirical and theoretical research[J]. Advances in Psychology, 1988, 52:139 - 183.

[13] Strauss A, Corbin J. Basics of qualitative research — Techniques and procedures for developing grounded theory[M]. 2nd ed. London: Sage Publications, 1998.

[14] Sharples C. A Methodology for the identification of significant landforms and geological sites for geoconservation purposes[R]. Forestry Commission, Hobart, 1993.

[15] Poltrock S, Grudin J, Dumais S, et al. Information seeking and sharing in design teams[C]//Proceedings of the 2003 International ACM SIGGROUP Conference on Supporting Group Work, Sanibel Island, Florida, USA November 2003. New York: ACM, 2003.

[16] Morris M R. A survey of collaborative web search practices[C]//Proceeding of The Twenty-Sixth Annual SIGCHI Conference on Human Factors in Computing Systems. New York, NY, USA: ACM, 2008:1657 - 1660.

[20] Foley C, Alan F. Smeaton. Division of labour and sharing of knowledge for synchronous collaborative information retrieval[J]. Information Processing & Management, 2010, 46(6):762 - 772.

[21] Nahl D, Bilal D. Information and emotion — The emergent affective paradigm in information behavior research and theory[M]. Medford: Information Today, 2007.

[22] Berger C R, Calabrese R. Some explorations in initial interactions and beyond: Towards a developmental theory of interpersonal communication[J]. Human Communication Research, 1975(1):99 - 112.

[23] Byström K. The effects of task complexity on the relationship between information types acquired and information sources used[J]. The New Review of Information Behaviour Research: Studies of Information Seeking in Context, 2000(1):85 - 101.

[24] Carver C S, Lawrence J W, Scheier M F. A control-process perspective on the origins of affect[M]//Martin L L, Tesser A. Striving and feeling: Interactions among goals, affect and self-regulation. Mahwah: Lawrence Earlbaum Associates, 1996:11 - 52.

[25] Brown J S, Duguid P. Borderline issue: social and material aspects of design[J]. Journal of Human-Computer Interaction, 1994, 9(1):3 - 36.

第九章　科研合作情境下小组因素分析：多人组协同信息检索实验三

协同学术信息检索（Collaborative Academic Information Seeking & Retrieval）作为协同信息检索在学术领域的体现，是人们以满足意识到的科研学术信息需求为目的，通过网络等途径进行一系列信息寻求、传递和利用的所有合作活动。它反映了两个或两个以上用户围绕某一具体或相似的主题，通过某种方法进行学术检索的行为。事实上，人们对协同学术信息检索行为并不陌生，从小组课堂作业到跨组织、跨地区、跨学科、跨领域的科学合作，都包含协同学术信息检索行为。它的出现反映了大数据环境下新科研范式的需求。大数据体现了数据规模的爆炸式增长和数据模式的高度复杂化，科学研究思维与方法相应发展为数据密集型科研范式，即"第四范式"（The Forth Paradigm），更加注重在海量的数据中直接挖掘所需的信息、知识和智慧。可面对浩大的数据容量和复杂的研究内容，个人的力量在信息挖掘方面已愈发不足，单个个体知识结构的局限性也使其很难独立完成一个课题，所以需要集合众人的智慧与能力来面对当今科研任务日益复杂的挑战，群策群力。这也是协同学术信息检索行为最集中的体现。而针对协同学术信息检索的行为特点和影响因素的研究不多，特别是针对三人或三人以上的合作。另外现有研究多采用可控实验的方式进行真实事例研究，但长期跟踪少。为更好地了解协同学术信息检索的行为特点和影响因素，本章进行了多人组学术科研环境中的协同信息检索实验，弥补这一不足，并检验本书第五章所假设的协同信息检索模型框架要素与假设是否与协同学术信息检索行为相适应。由于本章是真实工作场景的实验，小组人数的确定完全按照科研合作项目组的实际情况，一般为三至五人的多人组。

第一节　实验设计

一、实验目的

结合上文分析和基于C2S的协同信息检索模型框架,本章的实验目的为以科研合作为背景,验证特殊场景下小组因素,即不同知识结构,对协同信息检索行为产生的影响。故本章将对第五章中提出的基于C2S的协同信息检索行为模型框架的要素及假设进行逐一验证,并探究模型框架中不包括但与科研合作情境相关的内容。具体产生了两个研究问题:

研究问题1:小组因素(如知识结构)是否会对协同学术信息检索行为(检索方式、检索效果、编辑方式、认知方式、协同方式、交流分享和情感状态)产生影响? 有何影响?

研究问题2:小组因素(如知识结构)是否会影响模型外的其他检索方面? 有何影响?

二、实验流程

本章实验面向XX大学XX学院大一至大三申报2014年度大学生科学研究项目的所有团队征集实验对象。团队报名和选择都是随机过程,最终选取实验对象五组,共20人,分别编号为实验组1至5,其基本情况如表9-1所示,所有实验对象用两位编码,第一位数字代表其小组编号,第二位字母用于区分各成员。可以看出,实验对象来自不同的年级或不同专业,而年级和专业的不同一定程度上能反映知识结构的不同。此次研究以本年度大学生科研项目立项申请书的撰写为背景,时间跨度为三个月。1月份为准备阶段,包括组员的选择、选题和资料初步收集,并且填写相关背景问卷和活动日志。2月份为实施阶段,主要是申请书撰写,需要五组实验对象在规定时间内完成申请书中的立项背景,包括研究现状、趋势、研究意义等的写作。申请书的主题不限制,以各组申报项目的内容为准。由于时间有限,并未要求完成申报书的书写。该实验要求在Coagmento系统[1]上进行,但因为其聊天功能无法截图且聊天记录无法保存,故所有组员间的交流只能使用QQ聊天软件。实验时长约3小时,其中申请书撰写时间为2小时(第4组由于时间安排问题,实际时间缩减为90分钟)。实验后每组组员需要填写与本次实验有关的问卷,并以小组为单位进行约10分钟的半结构化访谈。3 月份为整理总结阶段，包括各小组对申请书的完善、提交，最后以小组为单位对整个实验进行 10 分钟左右的半结构化访谈。

表 9-1 实验对象基本信息

组号	组员	性别	年级	专业	是否上过信息检索课程
1	1a	女	大三	信息管理与信息系统	×
	1b	女	大三	信息管理与信息系统	×
	1c	女	大三	信息管理与信息系统	√
2	2a	女	大二	图书馆学	√
	2b	女	大二	图书馆学	√
	2c	女	大二	图书馆学	√
	2d	女	大二	档案学	×
3	3a	女	大二	信息管理与信息系统	√
	3b	男	大二	信息管理与信息系统	×
	3c	男	大二	信息管理与信息系统	×
	3d	女	大二	信息管理与信息系统	×
4	4a	女	大二	图书馆学	√
	4b	女	大二	图书馆学	√
	4c	女	大二	图书馆学	√
	4d	女	大二	图书馆学	√
5	5a	男	大一	信息管理与信息系统	×
	5b	女	大一	信息管理与信息系统	×
	5c	女	大一	信息管理与信息系统	×
	5d	女	大一	电子商务	×
	5e	男	大一	信息管理与信息系统	√

三、实验方法

本章采用多种数据收集方法，包括获取系统日志、QQ 聊天记录、录屏、问卷调查、结构化行为日志和访谈。系统日志主要反映各成员在实验过程中的检索历史，如检索式的构建、网页的浏览和 Coagmento 系统功能的使用情况。QQ 聊天记录用于了解小组情绪的变化。通过录屏记录整个协同学术检索过程中成员行为的流程与趋势，了解各成员的检索内容、路径、阶段等，对系统日志进行补充。问卷用来收集实验对象在实验过程中的协同认知、情境认知、情感认知、知识分享及系统评价,详见附录7 和附录9。结构化行为日志主要反映各成员在研究初期的合作行为,如在寒假期间是否进行过相关学术行为、利用哪些学术资源以及情绪的变化,详见附录8。因为部分小组寒假期间未开展科研活动,所以最终只有三组提交日志。最后利用两次访谈,获取实验对象对实验和整个研究过程的感觉如何以及对实验系统的建议等。访谈提纲见附录10。

本章也相应采取了不同的数据分析方法。针对定量数据,如系统日志、结构化行为日志和录屏文件主要利用 Excel 进行简单统计和归纳,其中系统日志是通过分析点击流数据,揭示用户搜索物理行为。问卷利用 SPSS Statistics 20 进行分析,采用单因素方差分析法(Analysis of Variance, ANOVA)。针对定性数据,QQ 聊天记录主要使用 ROST Content Mining 6 进行词频和情感粒度的分析,并辅之以知网(HowNet)[2] 的词表进行检验与二次分析。此外,本章还利用 ATLAS. ti 7 质性分析软件,利用扎根理论(Grounded Theory)研究方法对访谈数据进行开放编码、主轴编码和聚类编码分析[3]。

第二节 实验结果分析

一、对协同信息检索方式的影响

此小节主要讨论协同学术信息检索行为本身,包括活动内容和检索式构建等。协同学术信息检索行为活动内容主要通过结构化行为日志获得,主要的描述内容包括活动时长和涉及对象。最终统计结果如表 9 - 2 所示,其中总次数表示该行为在该组内所有上交成员的日志中出现的次数。通过表 9 - 2 可以看出,分工讨论会占用各小组较长的时间,其次是查找和阅读文献。这是因为小组讨论涉及意见的表达与统一,而查找和阅读文献是一个深度挖掘的工作,任务复杂,需要投入的精力多。另外各活动时长多在 1 —2 小时。从涉及的对象看,无论是哪种活动,都是使用网络电子资源较多。而由于分工和讨论是很重要的活动内容,所以其他小组成员也是较多的涉及对象。这也反映出协同学术信息检索行为在线性和交互性的特点。

表9-2 协同学术信息检索活动内容

小组	活动内容	总次数	时长			涉及对象			
			≤1小时	1—2小时	≥2小时	纸质资源	网络电子资源	其他小组成员	其他
3组	分工	20	7	1	4	0	8	20	2
	编写框架	3	0	2	1	0	2	0	0
	写作	1	0	1	0	0	1	1	0
	阅读文献;登录相关网站	12	6	6	1	0	12	0	0
	讨论框架	14	0	2	5	0	14	14	0
	ischool网站试评	1	0	0	1	0	1	0	0
4组	查找相关文献资料	4	0	1	1	0	4	1	0
	讨论研究主题和具体方向	4	0	1	0	0	4	3	0
5组	阅读相关文献资料	4	0	1	1	1	4	2	0
	与小组成员讨论分工	4	1	1	1	0	1	4	0
	写作	4	1	1	1	0	1	1	0

而在实验中,本章更侧重于对检索式构建的统计和分析,数据来自于Coagmento系统日志及录屏文件。面对同一个主题时,小组成员之间可能会出现检索式重复或者相似的现象。而同一小组题目相同,相同或相似检索式的数量多少从一个侧面反映了小组分工安排是否合理,交流是否及时。且相似检索式之间的关系也能反映各组检索思路的演变过程及其对主题的认识。所以本章对检索式从完全相同(一模一样)、语义相同(用词不同但含义相同)和相关检索(范畴相同但检索范围不同)三个角度进行统计。另外结合已有研究,根据检索目标和需求是否明确将搜索分为两种类型,即查寻式搜索(lookup search)和探寻式搜索(exploratory search)。查寻式搜索查寻对象一般是"已知条目",查寻机制的核心在于用户提问式与被检索文档集合索引之间的匹配。与之相对的是探寻式搜索,一种以用户为导向的非线性搜索,具有"无唯一答案""持续发生"和"包含多个层面"等特征,体现了获取信息、学习与研究交织[4]。这也是学术信息检索

的特点，与探寻式搜索有着天然的联系。综上，协同学术信息检索的检索式构建情况如表9－3所示，其中相似检索主要统计的是检索式的重复或相似的主题类别数量，而不是检索式的数量。另外，查寻式搜索和探寻式搜索的数值括号内表示的为该类型检索式占检索式总数的比例。

表9－3　协同学术信息检索的检索式构建数量及类型

组号	检索式总数	完全相同	语义相同	相关检索	查寻式搜索	探寻式搜索
1	57	2	3	6	4(7.02%)	53(92.98%)
2	19	0	2	2	8(42.11%)	11(57.89%)
3	29	1	0	4	3(10.34%)	26(89.66%)
4	22	3	2	3	7(31.82%)	15(68.18%)
5	10	1	1	0	6(60.00%)	4(40.00%)

从表9－3可以看出，有五个小组都存在检索式重复或者相似的现象。需指出的是，第3组和第5组虽然也有重复和语义相关，但重复和相关部分为检索所在大学图书馆主页和万方主页。从内容上看，重复检索式一般为该组项目的主题核心（第1组和第4组）或者是某一具体文献（第1组）。从检索式的角度，语义相同除了包括用词不同外，也包括语种不同（如“电影搜索”和“film seeking”）。相关检索包括运用不同检索技巧（如“豆瓣电影”和“豆瓣　电影”增加空格）和扩大或缩小检索范围（如“国外创客空间”和“美国创客空间”）。以上分析表明，第1组和第4组在合作时小组内部就主题检索内容交流不够到位。与之形成对比的是第5组，他们在QQ中将自己已查找的文献或者是重要的内容都进行分享，所以他们几乎没有重复检索和相似检索，所有人也能快速地对主题和接下来的工作有一个更全面的了解。图9－1(1)至(4)分别表示第1至4组各成员与主题相关的相似或相同检索式关系图，从小组成员的角度显示其检索式之间

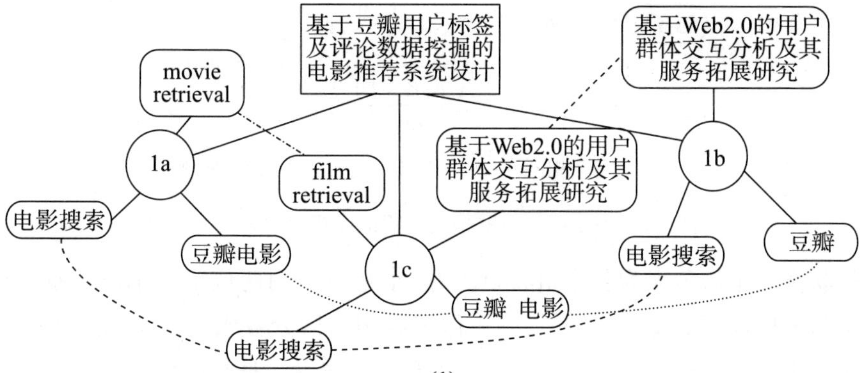

(1)

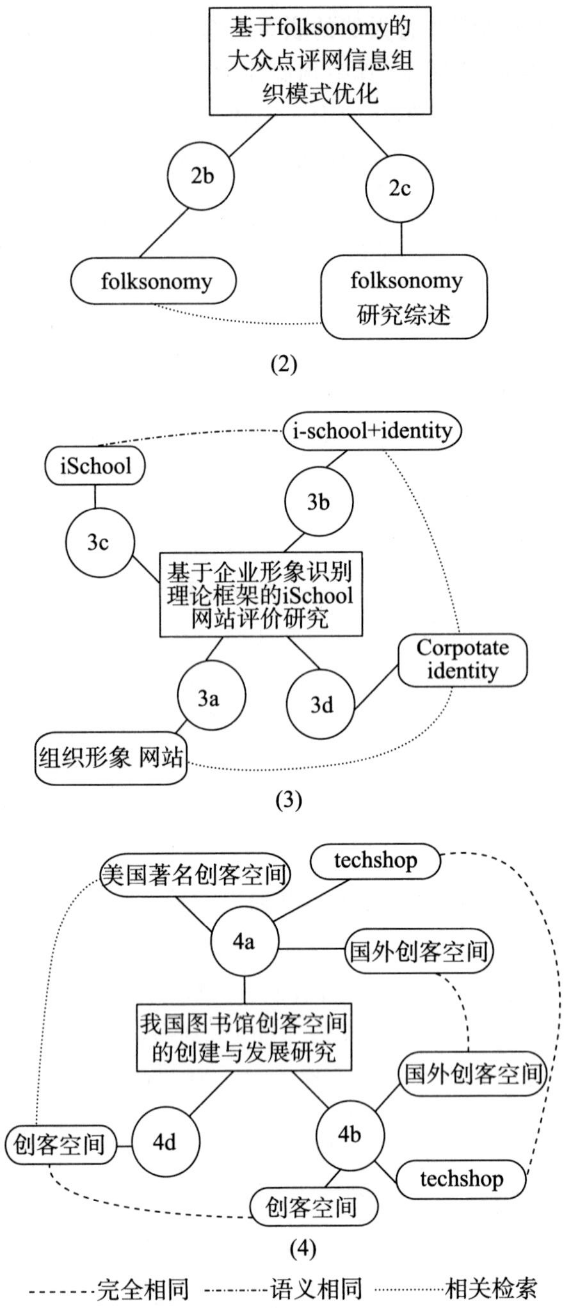

图 9－1　各小组与主题相关的相似或相同检索式关系图

的联系。中心节点为各小组项目主题，小组成员用两位字符编码表示，其中第 1 位数字表示小组编号，第 2 位字母用以区分各成员。通过图 9－1，我们也能更直观地了解不同成员间的检索关系及一些核心概念。

而从检索式的角度来看,图 9－2 表示各组与主题相关检索式之间的关系图,其中(1)至(4)代表各小组编号。可以看出,对于一个主题各实验对象由于分工、个人知识结构和检索习惯的原因对同一主题的理解存在差异,会辅之以不同的检索技巧来全面收集信息,但一些核心的概念及信息仍是所有人必需的,主要是从中心主题出发,各检索式呈树状结构不断深入。

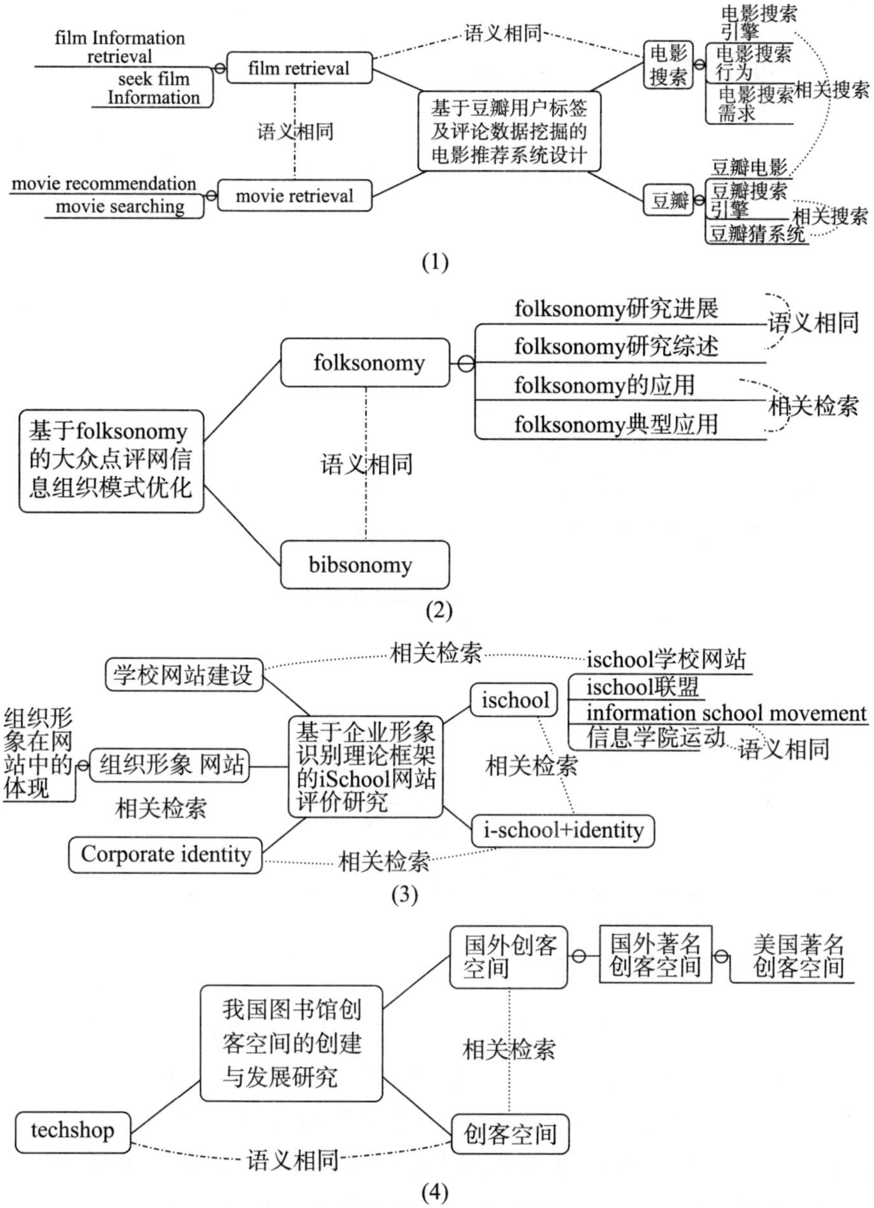

图 9－2　与主题相关的各检索式关系图

另外,查寻式检索主要都是查找图书馆的网页或者特定的文献和网页,如维基、知乎等,不过从数量上看比较少,大部分还是探寻式搜索,占50%以上。而探寻式搜索都是与主题相关的字词组合,大多数实验对象在实验过程中会对字词进行略修改,如"movie retrieval"和"movie searching",或者是对同一检索式利用不同的搜索引擎进行检索,获得不同的检索结果,并丰富主题理解和明确信息需求。

二、对协同信息检索效果的影响

由于本章节是基于真实科研项目申请,且在实验的规定时间内很难完成和完善申请书的写作,故不单独设置小组协同效果评价指标。另外,五个小组最终完成的申请书都将上交学院,和其他院级申请项目一起,由五名来自本院不同专业的专家进行统一评审,并参与立项答辩。最终,全院所有项目中总分前十的申请书将会进一步被递交学校,再由校级有关专家进行同样的评审和答辩流程,答辩通过才能获批国家级项目,其他则为校级项目。此标准保证了评价的客观性,故本章节以最后上交的申请书是否获批及获批情况作为标准进行评价,其中1到5表示等级由高到低。五个小组项目申请结果及对应评价等级,如表9-4所示。从表9-4也可以看出,不同小组最终完成效果还是存在明显差异。

表9-4 各实验小组项目申请结果一览表

组号	申请结果	等级
1	未获批	5
2	获批校级项目	3
3	获批国家级项目	1
4	获批校级项目	3
5	进入国家级项目答辩,最终获批校级项目	2

三、对编辑方式的影响

写作是这次实验的重要内容之一,也是各人检索结果的正式呈现。每个小组都需要在Coagmento系统提供的协同编辑界面上进行申请书的撰写。由于并未要求撰写的内容完整度和格式清晰度,所以不据此对每个小组的协同效果进行评价。但是有四个小组还是按照标准的申请书写作格式进行书写,并且第2、3、5组在两个小时内形成了申请书的雏形,内容完整度高,只需加以润色和少许补充即可完成。本小节侧重于通过对实验对象协同编辑的分析，描述协同学术检索的特点。协同编辑界面为不同的编辑者提供不同的颜色加以区分，从中也能看出小组分工与协作的方式。各小组协同编辑的完成界面如图 9－3(1)至(5)所示，(1)至(5)对应每组组号。可以看出所有实验小组的写作呈现颜色的交替出现，通常一个小节对应一个或多个颜色，说明各小组的分工是按申请书分工和按主题内容分工并行。第 3 组及第 5 组各级标题是一个颜色，而下面对应的内容是其他颜色，说明有人会先将申请书框架写在编辑界面中，明晰写作结构和分工，同时也避免写作冲突。另外，这两组写作的某一个色块里也会夹杂着少量的其他颜色，说明成员之间会查看并会修改别人写的内容，甚至有小组在写作界面上留言希望其他组员修改自己已撰写的部分。因此，协同编辑的引入使得小组协同更为频繁、深入和密切。

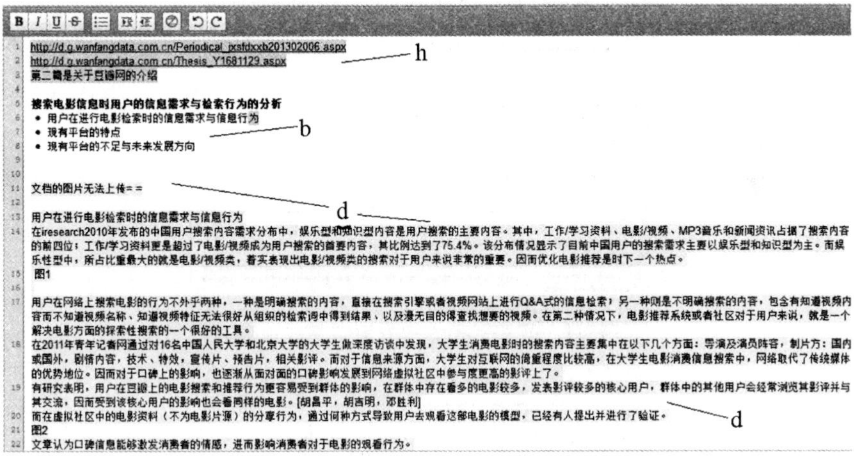

(1)

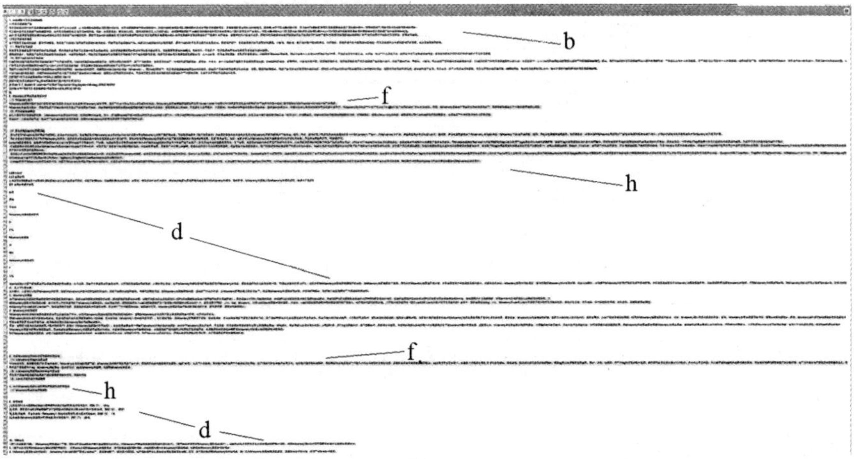

(2)

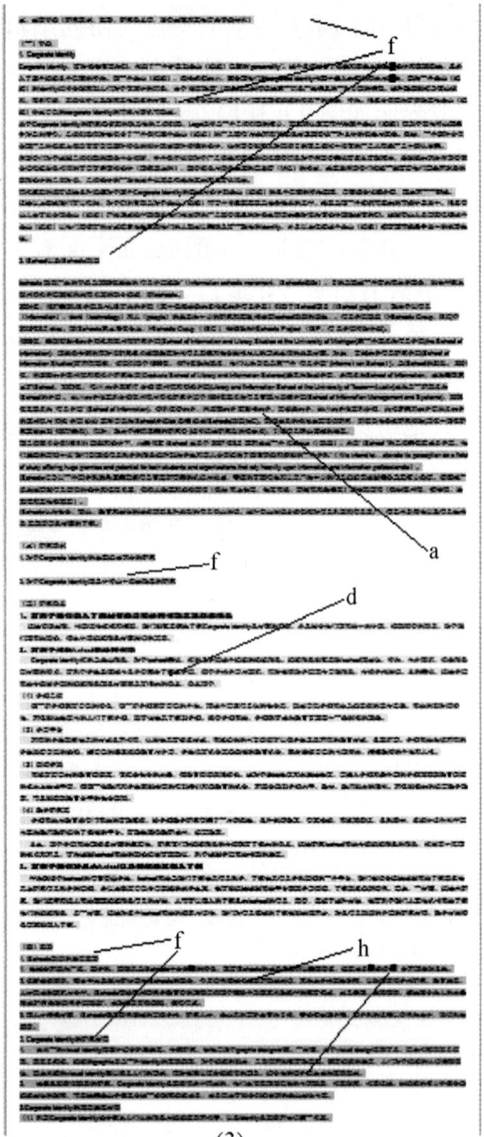

(3)

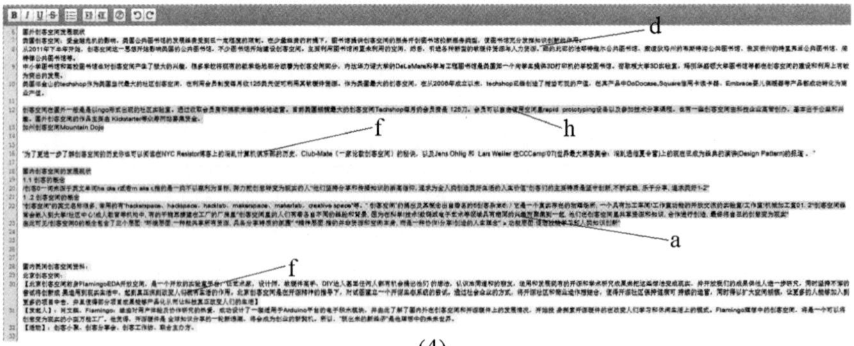

(4)

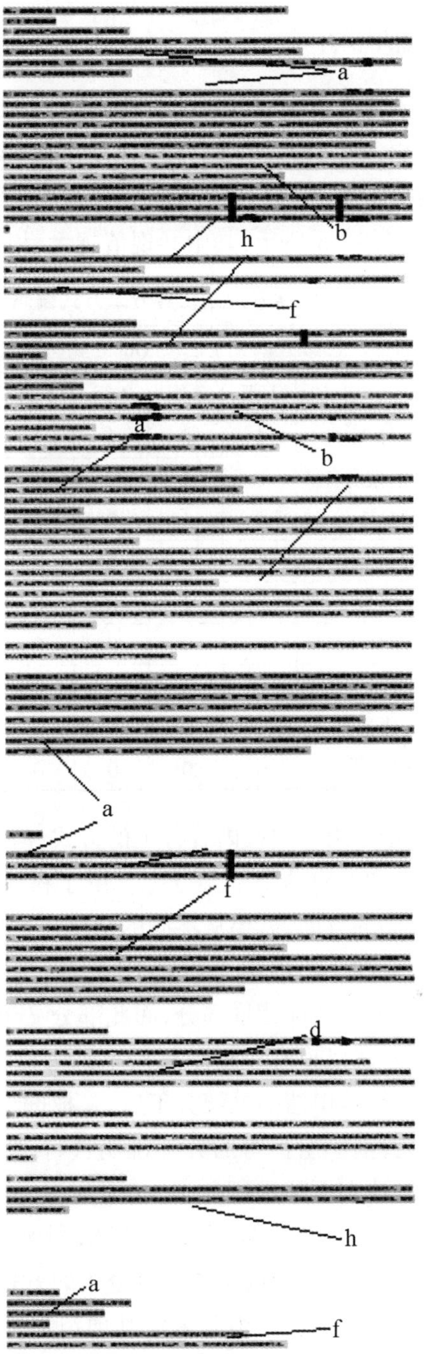

(5)

图 9－3　各小组协同编辑最终完成结果界面

注:Coagmento 共为协同编辑者分配了 8 种颜色以示区分,分别是:a. 粉红色;b. 深黄色;c. 浅黄色;d. 绿色;e. 浅蓝色;f. 蓝色;g. 紫色;h. 浅紫色。(因印刷没有显示颜色,故用字母分别指代)

四、对协同方式的影响

分工是团队学术搜索首先要面对的重要问题,合适的分工对任务的完成效果有着关键影响,所以本章在2月份实验后的访谈中也专门设置问题以了解实验对象的分工方式,并利用ATLAS. ti 7软件对访谈记录进行质性编码分析,结果如表9-5所示,其中共现值越大,相关程度越高。

表9-5 团队学术搜索任务分工方式编码结果

分工方式	对应内容	Quote 编码数量						共现值
		1组	2组	3组	4组	5组	总数	
按内容分工	内容分工	1	0	1	1	0	3	0.75
	申请书框架分工	0	1	0	1	0	2	0.50
	主题分工	0	1	0	0	0	1	0.25
	先宏观后细化	1	0	0	0	0	1	0.25
	参考文献分工	0	1	0	0	0	1	0.25
按角色分工	无特定分工	0	0	0	0	1	1	1.00
	同步进行	0	0	0	0	1	1	1.00
	自动形成重点	0	0	0	0	2	2	2.00
	一起检索	0	0	0	0	1	1	1.00

可以看出,有四个小组采用按内容分工的方式,但具体有所不同,主要分为按项目主题分工和按申请书框架分工。由于科研项目申报的内容大多十分复杂,涉及不同的方面,需要从不同的角度进行研究,一个人的力量很难顾及完全,所以会在小组内按主题的不同方面进行分工。另外,本章设定任务为完成申请书的立项背景部分,而此部分又包含研究现状、趋势、研究意义等几个方面,所以也有小组采取按申请书框架分工的方式,但是效果各有不同。第2组按申请书框架分工后,又根据主题进行了细致的二次分工,并且按照实验前小组撰写的分工说明进行,所以较为顺利。然而第4组一开始也按申请书框架进行分工,却因为事先准备不足,没有意识到资料收集也需要分工,所以造成了分工混乱,影响了整个实验的进度。后来经过组员间反复讨论,改为按主题内容分工的方式先查找资料。分工唯一有较大差异的是第5组。该组并未像其他组那样在检索前已分配好任务,而是一起检索,集思广益,无特定分工,并将自己找到的资料共享。随着过程深入,根据查找方向的不同,自然而然形成自己的重点。结合QQ聊天记录和协同编辑的结果来看,第5组的分工方式主要分为两个阶段:首先是按角色分工,即所有人一起检索,然后转化为按内容分工,即根据自

己之前的检索重点,形成了各自的研究内容方向。综上,根据访谈内容、QQ 聊天记录总结五组实验对象采用的分工方式,如表 9 -6 所示。

表 9 -6　各小组团队学术搜索任务分工方式

组号	分工方式
1	按主题分工
2	先按申请书分工,再按主题分工
3	按申请书框架分工
4	由按申请书框架分工改为按主题分工
5	先按角色分工一起检索,再按主题分工

上文中提到的角色主要指任务角色。而根据影响力和范围不同,在团队中每个人还会担任一定的团队角色。通过对 QQ 聊天记录和访谈日志的分析可以发现,在每个团队在分工时都会出现一个主导角色,通常是组长或是对该主题了解较深入的人,形成一个核心。比如在访谈提到分工方式的时候,第 1 组就提到"会有一个人先去了解一下,做比较宏观的工作,看看能从几个方面分工"。在 QQ 记录中大多数小组的分工都是由一人列举出分工的不同方面,再进行指派或由其他小组成员来自由选择。表9 -7 是根据 QQ 记录进行编码的结果。综上,在项目主题确定和分工协调的时候都会出现一个掌握全局的团队领导。原因主要是以下几个方面。首先,科研项目任务复杂,内容维度多,如主题维度、框架维度等,需要有人来理清思路,这样可以帮助小组更快找到任务完成的方向。其次,科研项目参与人数较多,会产生各种各样的意见、想法和问题,而且还涉及任务角色的分配,需要一个协调者,保持组内的稳定。此外,科研项目一般时间长,从几个月到几年不等,在过程中会根据阶段的不同做相应的调整,这也需要有一个能总领全局的人,把握整个科研的进程。

表 9 -7　各小组与团队角色有关聊天记录的编码结果

团队角色	对应内容	Quote 编码数量					
		1 组	2 组	3 组	4 组	5 组	总数
主导角色	对检索进行分工	0	0	0	2	0	2
	对他人分工任务的指点与帮助	1	1	0	0	0	2
	声明分工框架	0	1	0	0	0	1
	确定分工结构	1	0	0	1	0	2
	提醒注意事项	0	1	0	0	0	1
	负责宏观任务	0	0	1	0	0	1
其他角色	推荐他人进行分工	1	0	0	0	0	1
	各自认领分工任务	1	0	2	0	0	3

除分工方式外，交流方式也是协同方式的重要方面。Shah 曾提出基于集合的协同 C5 模型，在该模型中交流处于整个模型的核心[5]。良好的交流沟通有助于组内信息的流动，降低分歧，促进整个项目有序进行。合适的协同工具是小组合作的桥梁。本章采用问卷的方式以期了解各组协同学术信息检索过程中五种交流方式的使用频率，采用李克特五级量表，1 到 5 分表示同意程度由低到高，1 分表示完全不同意，5 分表示完全同意。此部分问卷采用了 Alpha 系数评价其信度。Cronbach's Alpha 的值为 0.567 >0.5，故可以认为此部分问卷信度有所保证。结果如表 9－8 所示。

选项 1：电子邮件
选项 2：即时通信工具（如 QQ、MSN）
选项 3：电话或短信
选项 4：网络视频
选项 5：面对面交流

表 9－8　各小组协同学术信息检索交流方式使用情况

选项	小组编号（平均值）					平均值	标准差	标准误差	p 值
选项 1	1(4.33)	2(4.25)	3(4.75)	4(4.25)	5(4.20)	4.35	0.671	0.150	0.802
选项 2	1(5.00)	2(4.75)	3(5.00)	4(5.00)	5(5.00)	4.95	0.224	0.050	0.438
选项 3	1(4.00)	2(4.00)	3(4.50)	4(4.50)	5(3.80)	4.15	0.813	0.182	0.663
选项 4	1(2.67)	2(1.25)	3(1.25)	4(2.50)	5(2.20)	1.95	0.945	0.211	0.076
选项 5	1(4.00)	2(4.50)	3(5.00)	4(4.50)	5(4.40)	4.50	0.688	0.154	0.469

在表 9－8 中，除网络视频外，其他四种交流方式均使用频繁，特别是 QQ 等即时通信工具和面对面交流。说明为了更好地实现组内沟通，各小组都会采用多种交流方式。同样，本章也对上述交流方式的重要性进行调查。1 到 5 分表示重要程度由低到高，1 分表示非常不重要，5 分表示非常重要，每个数字只能代表一种交流方式。最终统计结果如表 9－9 所示。通过表 9－9 可以看出，其结论与表 9－8 一致，QQ 等即时通信工具和面对面交流是各小组使用最多，也认为最为重要的交流方式。

表 9-9 各小组成员对交流方式重要性排序情况

选项	小组编号(平均值)					平均值	标准差	标准误差	p 值
选项 1	1(3.33)	2(3.00)	3(3.00)	4(2.75)	5(2.80)	2.95	1.371	0.294	0.986
选项 2	1(3.33)	2(3.00)	3(3.50)	4(4.75)	5(4.00)	3.75	1.020	0.228	0.117
选项 3	1(2.67)	2(3.00)	3(2.75)	4(3.00)	5(2.00)	2.65	1.040	0.233	0.620
选项 4	1(1.33)	2(2.00)	3(2.00)	4(1.00)	5(2.40)	1.80	1.473	0.329	0.697
选项 5	1(4.33)	2(4.00)	3(3.75)	4(3.50)	5(3.80)	3.85	1.226	0.274	0.943

除了交流工具外,还有一些工具专门针对协同而开发。针对协同工具的认识,本章在背景问卷中提供了六个选项以揭示各小组对协同工具的认知情况。采用李克特五级量表,1 分到 5 分表示同意程度由低到高,1 分表示完全不同意,5 分表示完全同意。此部分问卷采用了 Alpha 系数评价其信度。Cronbach's Alpha 的值为 0.838 >0.8,故可以认为此部分问卷信度有所保证。其结果如表 9-10 所示。其中协同工具分为协同编辑工具和屏幕分享工具。

选项 1:我了解协同编辑工具(如 Google Doc、DropBox、Wiki)。
选项 2:我了解屏幕分享工具(如 ScreenLeap、QQ 屏幕分享)。
选项 3:我使用过协同编辑工具。
选项 4:我使用过屏幕分享工具。
选项 5:我认为使用协同工具能提高合作效率。
选项 6:我认为协同工具容易操作。

表 9-10 各小组对协同工具的认知情况

选项	小组编号(平均值)					平均值	标准差	标准误差	p 值
选项 1	1(4.00)	2(3.75)	3(2.75)	4(2.75)	5(2.20)	3.00	1.076	0.241	0.081
选项 2	1(3.33)	2(3.50)	3(3.50)	4(3.75)	5(3.40)	3.50	1.192	0.267	0.994
选项 3	1(4.33)	2(3.25)	3(3.25)	4(2.00)	5(1.80)	2.80	1.542	0.345	0.131
选项 4	1(3.33)	2(3.00)	3(3.00)	4(3.50)	5(3.80)	3.35	1.631	0.365	0.955
选项 5	1(4.00)	2(4.50)	3(3.50)	4(4.25)	5(4.20)	4.10	1.021	0.228	0.750
选项 6	1(3.67)	2(4.25)	3(2.50)	4(3.50)	5(3.40)	3.45	1.234	0.276	0.415

从表 9 - 10 可以看出,各组均不是很了解两种协同工具,并且二者的使用率也不高。相较而言,协同编辑工具在认识度和使用率上均不及屏幕分享工具。较低的使用率也导致选项 6 的得分较低,各组对于协同工具的易操作性不能确定。但是实验对象都相信协同工具能提高合作效率,说明对于协同工具的功能各组表示认可。

而在协同学术信息检索中,协同检索系统扮演着重要的角色。好的协同系统及其功能的充分使用对任务完成将起到积极的辅助作用。为了更好地了解各小组对协同工具的使用和认知情况,在 2 月份的实验中,本章要求各组的整个检索过程只能限制在支持协同信息检索的 Coagmento系统上完成。该系统能提供协同检索、协同编辑等功能。通过对系统日志的分析,本次实验中各小组协同信息检索系统使用情况如表 9 - 11 所示。

表 9 - 11　协同信息检索系统使用情况

组号	使用功能	使用人数	数量	类型
1	Bookmark	2	4	两个普通网站,两个数据库网页
2	无	0	0	无
3	Snippet	1	1	普通网站
4	Bookmark	3	7	五个普通网站,两个数据库网页
	Snippet	1	2	普通网站
5	Bookmark	2	4	数据库网页
总计	Bookmark	7	15	
	Snippet	2	3	

表 9 - 11 说明,Coagmento 在实验中的使用率并不高。在所有功能中,得到使用的只有 Bookmark 和 Snippet 功能。相较而言,Bookmark 的使用人数和次数都是最多的。从小组的角度,除第 4 组使用两个功能外,其他组都只利用了某一个功能,并且在使用人数和使用数量上都不及第 4 组。这与各小组检索进度有一定联系,因为第 4 组在实验中查找资料较多,而其他小组在实验开始前资料准备相对充足,而这些系统功能的使用与检索行为密不可分。从标注类型看,主要是普通网页和数据库网页,说明学术论文在检索中的重要性。从提供标注的实验对象来看,各组均是该组组长,第 1、第 4 和第 5 组还包括其他成员。从数量上看,组长分享的信息(共十条)要多于组员的分享的信息。

利用录屏记录和 Coagmento 的系统日志，本章还统计了实验对象对于他人在 Coagmento 分享信息的使用状况，主要通过点击次数表示。只有第 1 组的一个成员点击过其他组员的分享信息。这表明 Coagmento 设置的功能未能得到发挥，利用率低，没能起到加强情境认知、提高检索效率的作用。并且在 3 月份整个实验结束后，本章还询问实验对象是否还使用过 Coagmento 系统或是其他协同工具。访谈结果发现，在检索实验结束后，只有第 5 组仍使用 Coagmento 系统完成剩下的任务，并且认为十分好用，其他四个小组均没有再使用 Coagmento 系统，而是被 QQ 软件所取代。这是因为 Coagmento 是国外开发的系统，在使用中经常卡机，使用不顺。另外，虽然没使用 Coagmento 系统，但第 2 组找到中国科技在线协同平台，而第 3 组利用印象云笔记等协同工具作为替代。说明协同工具在各小组中利用率和认知度比实验前有所改善，利用率得到提高，也侧面反映出协同工具能对协同活动提供支持。

五、对认知方式的影响

（一）协同认知

协同认知（Collaborative awareness）源于团队认知，主要包括对协作者作用、分工、协同方式等方面的认知和评价[6]。在探究各小组协同学术信息检索的协同认知之前，本章先了解他们对自身检索能力和协同信息检索的基本认知。对于自身检索能力的评价，本章在背景问卷中提出了五个选项，分别对应检索能力的不同方面，如准确性、全面性、易得性、快速性等。采用李克特五级量表，1 到 5 分表示同意程度由低到高，1 分表示完全不同意，5 分表示完全同意。此部分问卷采用了 Alpha 系数评价其信度。Cronbach's Alpha 的值为 0.800 > 0.6，故可以认为此部分问卷信度有所保证。分析结果如表 9 – 12 所示。

选项 1：我能准确找到所需信息。
选项 2：我能快速找到所需信息。
选项 3：我能很容易找到所需信息。
选项 4：我能找到全部所需信息。
选项 5：我对自己的检索能力有信心。

表 9-12 各小组成员对自身检索能力的认知

选项	小组编号(平均值)					平均值	标准差	标准误差	p 值
选项 1	1(4.00)	2(3.25)	3(4.00)	4(3.25)	5(3.80)	3.65	0.933	0.209	0.675
选项 2	1(3.33)	2(3.50)	3(3.00)	4(3.00)	5(3.80)	3.35	0.875	0.196	0.651
选项 3	1(3.67)	2(2.75)	3(3.25)	4(3.00)	5(3.00)	3.10	0.788	0.176	0.667
选项 4	1(3.00)	2(2.25)	3(3.00)	4(2.25)	5(2.40)	2.55	0.759	0.170	0.453
选项 5	1(4.00)	2(3.50)	3(3.00)	4(3.00)	5(3.20)	3.30	0.865	0.193	0.566

可以看出,各小组成员对自身检索能力的评价较为保守,平均值多在 3 分左右,认为自身能力为中等水平。不过各选项间也存在少许差异。从平均值来看,实验对象对自身检索查准率的评价要远高于查全率,说明信息量大的事实导致个人的力量很难查找到全部所需信息。而本章针对协同信息检索的基本认知也提供了三个选项,涉及了解程度、参与程度和参与意愿的调查。结果如表 9-13 所示。

选项 1:我知道协同信息检索概念或技术。

选项 2:我与他人合作完成过与学术相关的任务(如论文、PPT 等)。

选项 3:如果有机会,我愿意参与小组任务。

表 9-13 各小组对协同信息检索的基本认知

选项	小组编号(平均值)					平均值	标准差	标准误差	p 值
选项 1	1(4.33)	2(3.00)	3(1.50)	4(3.00)	5(2.60)	2.80	1.281	0.287	0.044*
选项 2	1(4.67)	2(3.75)	3(4.75)	4(3.75)	5(3.80)	4.10	1.294	0.289	0.700
选项 3	1(5.00)	2(4.75)	3(5.00)	4(4.50)	5(5.00)	4.85	0.366	0.082	0.199

* 代表 $0.01 < p < 0.05$

表 9-13 表明,第 1 组对协同信息检索概念和技术的了解要远优于其他小组,各小组在选项 1 的认知上存在显著性差异($p = 0.044 < 0.05$)。这可能与第 1 组成员的知识构成有关。第 1 组是唯一一组大三的学生,而其他小组的同学均为大一或大二。在信息检索方面,理论上第 1 组比其他小组积累了更多的经验,了解更多,所以更有可能直接或间接接触到协同信息检索概念与技术。另外,就各选项而言,选项 1 的平均值低,而其他两选

项的平均值都较高。选项 1 的低分值也从侧面印证了前文中协同工具认知度和使用度不高的情况。但另一方面，虽然人们对于协同信息检索不甚了解，他们却有着一定的合作经验和很高的合作意愿。所以协同信息检索的概念与技术值得研究和推广。

在了解到小组成员均有过合作经历后，本章开始对他们的合作分工进行问卷调查，主要分为三个选项，以期通过合作分工效果的调查了解他们的协同认知。统计结果如表 9 – 14 所示。

选项 1：我与其他成员分工明确。

选项 2：在合作任务过程中，我经常和小组成员交流。

选项 3：我与其他成员的分工合作效果很好。

表 9 – 14　各小组对合作分工效果的认知

选项	小组编号(平均值)					平均值	标准差	标准误差	p 值
选项 1	1(3.67)	2(4.00)	3(3.75)	4(4.25)	5(3.60)	3.85	0.933	0.209	0.881
选项 2	1(4.33)	2(4.75)	3(3.75)	4(4.75)	5(4.00)	4.30	0.733	0.164	0.185
选项 3	1(3.67)	2(4.25)	3(3.75)	4(4.25)	5(4.00)	4.00	0.918	0.205	0.891

从总体来看，表 9 – 14 说明各小组均认为合作分工效果较好，没有明显差异。在合作中他们能明确分工，采用合适的分工方式；更能与小组成员保持密切的联系，交流频繁。所以他们对最终的分工合作效果较满意。除了对合作分工效果进行调查，本章还要求实验对象将协同信息检索效果与个人检索进行比较，以得到对协同者作用的评价。采用李克特五级量表，1 到 5 分表示同意程度由低到高，1 分表示完全不同意，5 分表示完全同意。此部分问卷采用 Alpha 系数评价其信度。Cronbach’s Alpha 的值为 0.800 >0.6，故可以认为此部分问卷信度有所保证。研究结果如表 9 – 15 所示。

选项 1：与个人检索相比，与小组成员的合作能找到更准确的信息。

选项 2：与个人检索相比，与小组成员的合作更容易找到相关信息。

选项 3：与个人检索相比，与小组成员的合作能找到更多相关信息。

选项 4：与个人检索相比，与小组成员的合作能更快找到相关信息。

表 9－15　与个人检索相比协同检索效果认知情况

选项	小组编号(平均值)					平均值	标准差	标准误差	p 值
选项 1	1(4.33)	2(4.75)	3(4.50)	4(4.25)	5(4.80)	4.55	0.686	0.153	0.762
选项 2	1(4.67)	2(4.00)	3(4.50)	4(4.50)	5(4.80)	4.50	0.827	0.185	0.735
选项 3	1(5.00)	2(4.75)	3(4.50)	4(4.75)	5(4.80)	4.75	0.550	0.123	0.861
选项 4	1(4.33)	2(4.00)	3(4.50)	4(4.25)	5(4.80)	4.40	0.821	0.184	0.716

从表 9－15 可以看出，和个人检索相比，协同信息检索能取得更好的效果。在查找信息的准确性、全面性和快速性方面效果明显，查找难度也明显下降。特别是选项 3 平均值最高，通过和表 9－12 对照说明，协同信息检索和个人检索相比最大的好处就是集众人之力能搜集到更多的信息，提高信息查全率。

虽然各小组对合作分工效果和协同信息检索效果有很高的评价，但在协同信息检索过程中仍会存在一些因素，影响成员之间的合作，导致最终合作效果不尽如人意。所以本章也就五个可能影响合作任务完成效果的因素进行调查。采用李克特五级量表，1 到 5 分表示同意程度由低到高，1 分表示完全不同意，5 分表示完全同意。此部分问卷采用 Alpha 系数评价其信度。Cronbach's Alpha 的值为 0.854 > 0.8，故可以认为此部分问卷信度有所保证。分析结果如表 9－16 所示。

选项 1：小组成员分工不当。

选项 2：小组成员间交流不及时。

选项 3：缺少对任务进度的把握，效率不高。

选项 4：任务过于复杂。

选项 5：现有检索工具不能很好地支持合作任务。

表 9－16　影响合作任务完成效果的因素

选项	小组编号(平均值)					平均值	标准差	标准误差	p 值
选项 1	1(3.67)	2(4.00)	3(2.75)	4(4.50)	5(3.20)	3.60	1.273	0.285	0.342
选项 2	1(4.00)	2(4.50)	3(4.00)	4(5.00)	5(3.60)	4.20	1.105	0.247	0.424
选项 3	1(4.67)	2(4.50)	3(4.25)	4(4.25)	5(3.80)	4.25	0.967	0.216	0.793
选项 4	1(3.00)	2(2.50)	3(2.25)	4(3.50)	5(2.60)	2.75	0.967	0.216	0.428
选项 5	1(3.33)	2(4.00)	3(2.50)	4(3.25)	5(2.40)	3.05	1.099	0.246	0.189

表9-16显示,缺少对任务进度的把握、小组成员的交流不及时以及分工不当是影响合作任务完成效果的最主要的因素。而任务复杂性和检索工具的影响并不大,说明小组自身内部因素对合作任务完成效果的影响要大于外部条件的影响,是更主要的因素。这也为今后相关协同信息检索工具的开发提供参考,应加强任务过程中完成进度的显示,提高合作者的情景意识。同时也要为成员提供更为方便、及时的交流方式。

而另一方面,不同的分工方式会导致分工效果和协同认知的不同。本章在实验问卷中设计了与分工评价有关的六个选项,采用李克特五级量表,1到5分表示同意程度由低到高,1分表示完全不同意,5分表示完全同意。此部分问卷采用Alpha系数来评价其信度。Cronbach's Alpha的值为0.675>0.6,故可以认为此部分问卷信度有所保证。各小组在协同学术信息检索协同认知上的差异,如表9-17所示。

选项1:我认为进行协同检索比我自己单独检索的效果要好。

选项2:我认为在遇到问题时,咨询队友比自己检索所得的信息要有用。

选项3:我与我的队友分工很明确。

选项4:我与其他成员的分工合作效果很好。

选项5:我们根据此任务的具体情况,采用了相应的协同策略。

选项6:我对我队友的表现很满意。

表9-17　各小组在团队学术搜索任务协同认知上的差异

选项	小组编号(平均值)					平均值	标准差	标准误差	p值
选项1	1(4.00)	2(4.25)	3(4.00)	4(3.50)	5(4.80)	4.15	0.933	0.209	0.353
选项2	1(3.67)	2(3.25)	3(3.50)	4(3.50)	5(3.60)	3.50	0.607	0.136	0.925
选项3	1(4.00)	2(4.75)	3(4.50)	4(2.75)	5(3.20)	3.80	1.005	0.225	0.004**
选项4	1(3.67)	2(4.00)	3(4.50)	4(3.25)	5(3.80)	3.85	0.813	0.182	0.295
选项5	1(4.00)	2(4.75)	3(4.00)	4(3.75)	5(4.00)	4.10	0.641	0.143	0.234
选项6	1(3.67)	2(4.50)	3(4.25)	4(3.75)	5(4.60)	4.20	0.616	0.138	0.093

** 代表 $p \leq 0.01$

从表9-17可以看出,各小组在实验中对协同认知的差异并不十分显著,在六个选项中只有选项3存在的差异非常显著($p = 0.004 < 0.01$)。其

中第4组和第5组的平均值都远低于总体平均值，这是因为，如前文所述，第4组一开始在分工方式上遇到一些问题，有过较大的变更，经历过一段时间的混乱。而第5组一开始并没有明确分工，采取一起检索资料并在组内分享的方式，所以在选项3的平均值比较低。从协同认知的角度，选项2在所有选项中的平均值是最低的，这是由于很多小组在实验之前已对相关内容有过检索，所以部分实验对象检索行为较少。另一方面，这与分工方式密切相关。由于所有小组都采用了内容分工的方式，而各部分相关度大，但重合度小，所以每人多只熟悉自己负责的这一部分而对其他内容了解不足，并且结合QQ聊天记录来看，在组内询问的问题大多是有关分工和宏观内容方面，比如主题的确认、概念的明晰和用词的统一等，加之检索习惯的影响，所以在遇到问题时咨询队友和自己检索各有千秋。另外通过组间的横向比较发现，第4组在每个问题上给出的分值都比较低，均未超过4.00。这也从侧面反映在分工方式上的失误对他们协同认知产生了较为负面的影响。

（二）情境认知

Ingwersen等人认为信息检索发生于情境之中，该情境取决于诸如任务、状态和情景等方面[7]。尤其是小组工作中，各成员之间会相互影响，并最终作用于整体环境，即个人与团体之间影响和作用关系。在学术检索过程中情感认知和变化也是值得注意的。故本小节从情境的维度研究其在协同学术信息检索过程中的影响。

借鉴已有的情境认知研究[8]，实验问卷设计了六个相关选项来研究实验对象在协同学术信息检索过程中的情境认知，采用李克特五级量表，1到5分表示同意程度由低到高，1分表示完全不同意，5分表示完全同意。此部分问卷采用了Alpha系数来评价其信度。Cronbach's Alpha的值为0.566>0.5，故此部分问卷可信。问卷分析结果如表9-18所示。

选项1：我了解我的实验环境（包括实验系统、实验步骤、实验时间等）。

选项2：我了解我实验的对象（包括协作伙伴、实验主题）。

选项3：我了解我的队友对我的印象、看法。

选项4：我了解我的队友在协作过程中的每一步行动。

选项5：我知道我的队友了解我在协作过程中的每一步行动。

选项6：我知道我和我的队友每一步检索行动的好坏。

表 9-18　各小组对协同学术信息检索的情境认知差异

选项	小组编号(平均值)					平均值	标准差	标准误差	p 值
选项 1	1(3.33)	2(4.00)	3(4.50)	4(3.50)	5(3.80)	3.85	0.671	0.150	0.129
选项 2	1(4.00)	2(5.00)	3(4.75)	4(4.50)	5(4.60)	4.60	0.503	0.112	0.101
选项 3	1(3.33)	2(4.50)	3(3.25)	4(3.50)	5(4.20)	3.70	0.923	0.206	0.343
选项 4	1(3.00)	2(3.50)	3(2.75)	4(3.50)	5(4.20)	3.45	0.945	0.211	0.191
选项 5	1(3.33)	2(3.75)	3(3.25)	4(2.75)	5(4.40)	3.55	0.945	0.211	0.084
选项 6	1(3.33)	2(3.25)	3(2.25)	4(2.50)	5(3.00)	2.85	0.745	0.167	0.187

从表 9-18 可以看出,各小组在情境认知上差异不显著,而且除了选项 2 外,其他选项平均值都比较低,特别是选项 6,平均值只有 2.85。所有选项中平均值较高的是选项 1 和选项 2,即对实验环境和实验对象了解较多;而平均值较低的是选项 4 至 6,即队友之间的认知了解较少。由此可以发现,各小组比较了解的情境都是实验之前都已经确定和熟悉的:在实验前项目主题和团队成员已经定好,成员之间均为同班同学或者熟识的朋友;而实验环境在实验前一两天给各小组发过专门的邮件通知,并附上实验系统的简明介绍,实验当天开始正式实验前进行再次说明,所以各小组对实验环境和对象比较熟悉。相反,实验进程中的认知程度较低,体现在成员之间不了解他人的检索活动,特别是检索效果的好坏。这可能与检索行为的不确定性和变化动态性有关,加上分工后实验对象多会专注于自己部分的检索,除了感觉到对别人有用的内容或者大家都需要的内容外,不会对自己的检索进程有交流,所以对其他人检索一方面并不十分关注,另一方面也缺乏相关信息,导致这方面的情境认知不足。

六、对情感状态的影响

由于是长期项目,所以实验对象会因为所处阶段和任务不同,情绪出现起伏变化。研究表明,情感认知会对最终的检索行为和结果产生影响[9-10]。但学术环境中情感的变化及影响却鲜有探讨。本章情感认知部分问卷借鉴 Hyldegård 在实验中设计的日志[11],将情感分为七个维度来研究过程中的认知差异,其中积极情绪三个,分别为清晰、乐观、轻松;中立情绪一个,为不确定/无把握;消极情绪三个,分别为困惑、失望和紧张,与积极情绪形成对应关系。采用李克特五级量表,1 到 5 分表示同意程度由低到高,1 分表示完全不同意,5 分表示完全同意,要求实验对象在结构化行为日志中记录下其情感认知状况。日志分析结果如表 9-19 所示。

我在检索过程中感到	清晰 乐观 轻松 不确定/无把握 困惑 失望 紧张

表 9－19　各小组协同学术信息检索活动中的情绪状况

小组	情绪状况(平均值)						
	清晰	乐观	轻松	不确定/无把握	困惑	失望	紧张
3 组	4.25	4.56	3.64	1.86	1.75	1.39	1.64
4 组	4.00	4.25	2.75	2.00	1.50	1.25	1.75
5 组	2.50	3.25	3.00	2.25	3.00	2.75	3.00

可以看出,第 3 组和第 4 组在寒假期间的协同学术信息检索活动中积极情绪占主导地位,特别是清晰和乐观,平均值均在 4.00 以上。相对应的中立情绪和消极情绪平均值低。而第 5 组各情绪的平均值均不高。相较而言,乐观情绪的得分最高,说明处于项目准备和探寻阶段的第 5 组情绪稳定,起伏不大。

除了各小组之间的比较,本章还将小组的情绪根据时间变化绘制相应的折线图,更能体现一段时间内的情绪起伏过程。由于只有第 3 组提交了多天的结构化行为日志,所以只对该组进行了分析。第 3 组在协同学术信息检索活动中的情绪变化如图 9－4 所示。

图 9－4 显示,在 13 天时间里,第 3 组成员积极情绪评分高,集中在该图的上半部分;而消极情绪得分低,集中在该图的下半部分,区分明显。其中,积极情绪,如清晰、乐观,消极情绪,如失望和困惑,变化起伏不大,较稳定;而轻松和不确定/无把握情绪起伏最大,平均值波动均达到了 2.00,其中轻松情绪在前期总体平均值较高,到了后期分数降低,而不确定/无把握情绪在后期起伏较大。紧张情绪在前四天的起伏也较大,到了后期起伏较小。这些情绪波动与任务进程有关。随着准备活动的深入,每个人的任务明晰、加重,所以轻松感降低,但是同时思路的明确也促使不确定/无把握的情绪不断减轻。并且 2 月 1 日是一个关键节点,这天成员的积极情绪总

体最低,而消极情绪较高,说明这天的活动、任务最为艰难。之后情绪又偏向积极。总体而言,图 9-4 也印证了表 9-19 中第 3 组的情绪总体状况,在此期间他们情绪较为积极。

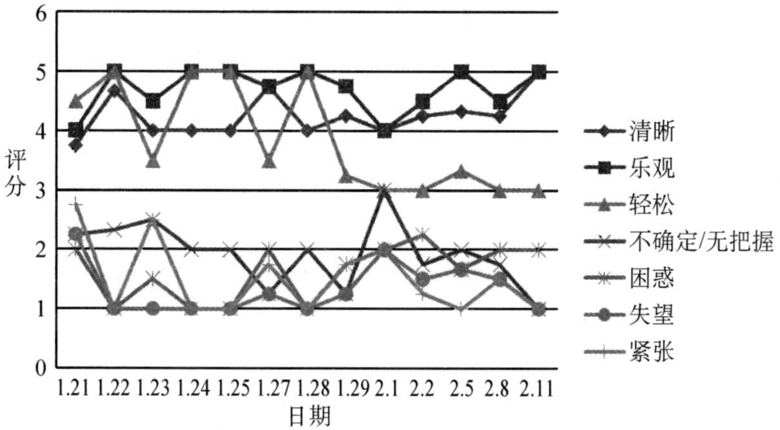

图 9-4 第 3 组协同学术信息检索活动中的情绪变化

同样,在 2 月份实验结束后,本章也通过问卷调查该时间段实验对象的情感认知。研究方法同结构化行为日志中的情绪调查方法及分类。问卷分析结构如表 9-20 所示。

表 9-20 各小组在协同学术信息检索情感认知差异

选项	小组编号(平均值)					平均值	标准差	标准误差	p 值
选项 1	1(3.00)	2(3.50)	3(3.50)	4(2.75)	5(3.60)	3.30	0.923	0.206	0.665
选项 2	1(3.00)	2(3.25)	3(4.25)	4(3.00)	5(3.80)	3.50	1.051	0.235	0.401
选项 3	1(2.67)	2(3.25)	3(4.00)	4(2.25)	5(3.40)	3.15	1.089	0.244	0.191
选项 4	1(4.00)	2(3.50)	3(2.50)	4(3.00)	5(1.80)	2.85	0.988	0.221	0.003**
选项 5	1(3.33)	2(2.75)	3(1.75)	4(2.75)	5(2.00)	2.45	0.826	0.185	0.041*
选项 6	1(2.67)	2(3.50)	3(1.50)	4(1.75)	5(1.80)	2.20	1.005	0.225	0.009**
选项 7	1(2.00)	2(3.00)	3(1.25)	4(1.75)	5(1.60)	1.90	0.968	0.216	0.088

* 代表 $0.01 < p < 0.05$, ** 代表 $p \leq 0.01$

从表 9-20 可以看出,各小组在情感认知部分所有选项的平均值都不是很高,但积极情绪(对应选项 1 至 3)的分值高于消极情绪(对应选项 5 至 7),且选项 2 的均值最高,说明在实验中实验对象的情绪总体上偏积极,比较乐观。结合访谈记录来看,有四个小组表示实验的总体效果较好,一般评价都是“还不错”“相当好”“很好玩”等;只有第4组认为“进程缓慢”“很混乱”，评价较为消极。另一方面，各小组在情感认知方面存在认知差异，其中选项4（$p = 0.003 < 0.01$）和选项6（$p = 0.009 < 0.01$）有高度显著性差异，选项5（$p = 0.041 < 0.05$）有显著性差异。如对于选项4各组平均值差值均在0.5及以上，尤其是第1组与其他小组的差异较大。经过比较各组数据可知，第3组和第5组在积极情绪的分值远高于消极情绪的分值，而第1组和第2组在所有选项上的平均值差异并不大。这表明如分工、交流和前期准备等实验因素会对实验对象的情绪产生一定影响，并且情绪更为积极的小组最终完成结果也更好。

另外，从QQ聊天记录中我们也能观察到各小组情绪的特征与变化。故利用ROST Content Mining 6内容分析软件对各组的聊天记录进行情感粒度的分析。该软件能通过提取情感态度的词汇分析情感的变化，并根据程度为词汇赋予情感值，将情感分为积极情绪$(5, +\infty)$，中性情绪$[-5, 5]$和消极情绪$(-\infty, -5)$三类。鉴于情感表达与语境有一定联系，而软件分析只能单纯通过字词匹配，有其局限性，故本章还结合中科院计算机语言信息中心董振东等人研制的知网（HowNet），参考其正面情感和评价词语表、负面情感和评价词语表以及程度级别词语表。并考虑到实验的特点，依据主张词语集统计了ROST软件没有分析的主张词语，对聊天记录进行二次分析，提高情感认知研究的精准度。具体的分析结果如表9－21所示。

表9－21　各小组协同学术信息检索QQ聊天记录情感分析

词语分析		1组	2组	3组	4组	5组
积极情绪	情感	1	3	4	1	4
	评价	2	0	1	1	3
中性情绪	情感/评价	111	39	203	207	360
消极情绪	情感	3	0	1	7	2
	评价	9	1	1	1	4
主张词语		3	0	3	4	7
总计		126	43	210	217	373

从表9－21可以看出，所有小组在聊天中情绪较为中立，积极情绪和消极情绪都很少。这与聊天内容有关。因为主要是讨论分工，所以大多都是提一些建议和遇到的疑问，在讨论试探中达成一致，所以相较而言会出现一些主张词语如感知和认为类的词语，较为中性。除此以外，聊天内容

还包括陈述已找到的事实。所以，整个实验过程中实验对象的情绪没有过多起伏，积极情绪和消极情绪也不极端。结合 QQ 聊天记录，积极情绪一般是对队友主意的称赞、同意或者是对找到资料的认可，而消极情绪则主要和实验中遇到的系统卡顿现象有关。

虽然大多数实验组的情感评价较为积极，但这不代表在实验时没有遇到问题和困难。在访谈中我们也询问了在本次实验中所遇到的问题及障碍。利用 ATLAS. ti 7 软件对相关访谈记录进行编码，分析结果如表 9 – 22 所示。其中共现值越大，相关程度越高。

表 9 – 22　协同学术信息检索障碍访谈编码结果

障碍	对应内容	Quote 编码数量						共现值
		1 组	2 组	3 组	4 组	5 组	总数	
系统使用	卡机严重	1	0	2	0	2	5	1.50
	协同编辑功能使用不顺利	0	0	0	0	1	1	0.50
资料查找	检索结果为 0	0	1	0	0	0	1	0.33
	检索结果和理想中不一样	0	1	0	0	0	1	0.33
	找不到想要的信息	0	1	0	0	0	1	0.33
	资料太少	0	0	0	2	0	2	0.67
团队协作	易被他人打断思路	0	0	1	0	0	1	0.50
	需要不停沟通确认	2	0	0	0	0	2	0.50
个人能力	准备不足	0	0	0	1	0	1	0.33
	思路混乱	0	0	0	1	0	1	0.33
	一开始规划不清晰	0	0	1	0	0	1	0.33
	看外文文献困难	0	0	0	1	0	1	0.33

表 9 – 22 显示，在此次实验中各小组遇到的问题主要体现在四个方面：系统使用、资料查找、团队协作和个人能力。系统使用的问题集中在系统卡机严重上，结合其他访谈部分，可以发现所有小组都遇到过卡机、掉线的现象。这与 Coagmento 是国外开发的协同检索系统有关，服务器在国外，并且每次实验人数多，系统承受度有限。第 2 组和第 4 组主要反映资料查找的困难，找不到想要的结果，一方面是因为资料太少的原因，还有可能是因为检索式构造方法不对。另外与团队成员的合作也会对自己的检索行为造成影响，比如在实验中可能小组聊天内容与自己并无关系，但为了不遗漏消息还是会及时查看，暂时进入到另一个问题中，中断自己正在进行的活动，打断思路。另外为了保证小组在检索过程中

的理解一致,沟通耗费的时间和精力也很多。团队协作的问题说明,小组内的沟通很重要,沟通的效果影响到最终合作的效果,但是沟通也会对个人的检索产生负面影响。个人能力的问题主要集中在规划不足和阅读能力上。

为了全面了解所有小组合作中的情感认知,本章在最终访谈中就三个月实验的整体感觉对各组进行询问。各组的访谈记录利用 ATLAS. ti 进行编码分析,编码结果如表 9 - 23 所示。其中共现值越大,相关程度越高。

表 9 - 23　各小组协同学术信息检索过程中整体感觉访谈编码结果

整体感觉	对应内容	Quote 编码数量						共现值
		1 组	2 组	3 组	4 组	5 组	总数	
积极情绪	很好	0	1	0	0	1	2	0.40
	还可以	2	1	1	0	1	5	1.00
	不错	1	0	1	0	0	2	0.40
消极情绪	略不愉快	0	1	0	0	0	1	0.33
	摸索,困惑	0	0	0	2	0	2	0.67
	感觉不好	0	0	1	0	0	1	0.33
	无奈	0	0	3	0	0	3	1.00

表 9 - 23 表明,积极情绪的编码数要多于消极情绪的编码数,所以各小组在整个协同学术信息检索实验中情绪偏向积极。所有小组中,第 1 组和第 5 组访谈记录中只有积极情绪,第 2、3、4 组都经历过消极情绪。和其他组相比,第 4 组的情绪均为消极,主要表现在之前没有相关经验,觉得整个过程都是在"摸着石头过河",困惑感和不确定性较大。而第 2 组的消极情绪来自于他们和指导老师的合作不愉快,产生波折;第 3 组的消极情绪是因为合作过程中感觉到交流环节的脱节,感到无法表达,受制于交流工具,而每个人的思想又不一致,导致一种无奈的情绪。

通过表 9 - 23 的分析可以看出,虽然各小组在协同学术信息检索过程中积极情绪占主导,但是也遇到了一些问题,引发了消极情绪的出现。为了更好地了解这些问题与障碍,本章访谈中也对其进行了访问。访问结果利用 ATLAS. ti 软件进行编码,编码结果如表 9 - 24 所示。其中共现值越大,相关程度越高。

表 9－24　各小组协同学术信息检索过程中遇到的问题与障碍

问题与障碍	对应内容	Quote 编码数量						共现值
		1 组	2 组	3 组	4 组	5 组	总数	
自身科研能力不足	创新能力不足	0	0	0	0	1	1	0.25
	阅读英文文献困难	0	0	1	0	0	1	0.25
	查找资料困难	3	0	0	1	0	4	1.00
	没完成预期成果	0	0	0	0	1	1	0.25
任务规划问题	方向不清晰	0	0	2	1	0	3	0.60
	选题	0	1	0	0	0	1	0.20
	准备不足	0	0	0	1	0	1	0.20
沟通协调问题	意见不一致	0	0	1	0	0	1	0.50
	和指导老师的沟通	0	1	0	0	0	1	0.50

表 9－24 显示，各组在协同学术信息检索整体过程中遇到的问题与障碍主要可以分为三类：自身科研能力不足、任务规划问题和沟通协调问题。与实验过程中遇到的问题类似。由于都是本科生，所以在科研过程中会遇到阅读英文文献困难、查找资料困难的问题。而自身能力有限，申报书中一些构想，如系统的构建无法完成，创新能力还有欠缺。而任务规划方面主要出现了方向不清晰、选题和准备不足的问题，其中方向不清晰包括前期框架形成和写作时思路的不清晰。沟通协调问题在组员间和组员及指导老师间都存在。

尽管遇到了种种问题与障碍，通过这次协同学术信息检索，各组也反映了他们很有收获。在实验结束的访谈中，本章询问了所有实验对象在实验过程中的收获。访谈记录通过 ATLAS. ti 进行编码分析，结果如表 9－25 所示。其中共现值越大，相关程度越高。

表 9－25　各小组协同学术信息检索过程中的收获

收获	对应内容	Quote 编码数量						共现值
		1 组	2 组	3 组	4 组	5 组	总数	
科研能力	对研究领域了解更多	2	0	0	0	0	2	0.17
	了解科研流程	0	2	1	0	0	3	0.50
	阅读英文文献	0	0	1	0	0	1	0.17
	资料收集和写作	0	0	0	0	1	1	0.17

续表

收获	对应内容	Quote 编码数量						共现值
		1 组	2 组	3 组	4 组	5 组	总数	
合作能力	找到合适的队友	0	2	2	1	1	6	0.86
	加强沟通交流	0	1	0	0	0	1	0.14
信息素养	提高信息素养	2	0	0	0	0	2	1.00
其他	选题很重要	0	0	0	1	0	1	1.00
	指导老师重要	0	0	0	1	0	1	1.00

表 9－25 说明，各组在检索过程中的收获主要体现在科研能力和合作能力两个方面。通过这次科研申请，不少实验对象是第一次接触科研，真正了解科研的流程，学会了资料收集和写作的方法。另外，各组通过科研都对某一方面有了更深、更全面的了解，该过程不仅培养了他们的科研能力，也培养了他们的科研兴趣。另一个普遍反映的收获即组成了良好的学习团队，找到了合适的队友。不仅在这次科研中，在平时的学习中也继续合作，加深了友谊，也提高了合作能力。此外通过科研，实验对象查找信息能力提升，信息素养也随之提高。

七、对交流分享的影响

韩毅等人指出，一种信息交流活动必然包含着对查寻过程与查寻结果信息的交换与共享[12]，所以协同信息检索在本质上是不同主体间知识共享的过程[13]。实际情况中，知识分享也是人们协同学术信息检索行为必不可少的一环。Sanna Talja 曾对四个不同学科的研究人员进行访谈，发现学术团体的信息分享有四个不同类型和两个层次，即策略信息分享（strategic sharing）、范例信息分享（paradigmatic sharing）、指示信息分享（directive sharing）和社会信息分享（social sharing），以及个人层次和小组层次[14]。但是学术环境下知识分享的内容、偏好，分享的效果及对最终成果和个人的影响却未有研究。故本章利用访谈和调查问卷的方法，结合 QQ 聊天记录的内容，探讨协同学术信息检索中的知识分享现象。访谈中主要询问各小组分享的内容，包括自己愿意与他人分享的信息和希望别人分享给自己的信息。利用 ATLAS. ti 7 软件对相关访谈记录进行编码，分析结果如表 9－26 所示，其中共现值越大，相关程度越高。

表 9-26　团队学术搜索过程中知识分享编码结果

	对应内容	Quote 编码数量						共现值
		1 组	2 组	3 组	4 组	5 组	总数	
对别人有用的信息	与自己无关但对别人有用	3	0	2	0	0	5	0.50
	所有人都需要的平台型知识	0	1	1	1	0	3	0.33
	自己写作内容	0	0	1	0	0	1	0.20
具体的知识类型	指导老师的建议	0	1	0	0	0	1	0.13
	参考文献规范	0	1	0	0	0	1	0.13
	主题有关的资料	0	2	0	2	1	5	0.63
	现实中的数据	0	0	0	0	1	1	0.13
	实用性信息	1	0	0	0	0	1	0.13
	找文献的方法	0	1	0	0	0	1	0.13
无特定内容	偶遇行为	0	0	1	0	0	1	0.50
	随机事件	0	0	1	0	0	1	0.50
无分享意识	没有分享意识	1	0	0	0	0	1	0.33
	习惯忽略与自己无关的信息	2	0	0	0	0	2	0.67
	舍弃与自己无关的信息	2	0	0	0	0	2	0.67

通过访谈可以发现,实验对象都愿意与他人分享信息,也希望他人能为自己提供有用的信息,是一个双向的行为。与他人分享的信息类型主要是自己觉得对其他组员有帮助的特定信息,或是与项目主题相关、所有成员都需要知道的平台型信息。这种通用型信息能让整个团队快速了解课题,也使成员在最核心、最基础部分的认识一致。而与他人分享自己的写作内容则是为了防止重复。希望他人为自己提供的信息类型与和他人分享的信息类型大体一致,内容更为具体、丰富。从具体的知识类型来看,与主题相关的资料仍是多数实验对象需求的重点。另外,方法、规范等实用类信息也是希望他人提供的内容。还有小组认为别人提供给自己的信息是一件偶遇行为,并无特定的内容。结合录屏文件,在小组内除了所有小组成员的讨论外,某两个成员间也会存在紧密讨论,并配以大量截图。在整个访谈中值得注意的是,第 1 组特别强调了分享意识的问题。她们表示,在检索过程中可能会查到其他成员的内容,但是考虑到不是自己的部分,就会选择忽略而不进行分享,并且这种行为是一种习惯。一方面说明在分工上有一定的重合部分,另一方面,这个现象表明分享意识是协同学术信息检索中知识分享的重要基础。人们在检索的时候对分享与被分享认同,但是如果缺乏分享意识,分享的行为还是不能实现,或者无法实现分

享的作用，增加了每个人重复检索数量和时间，长期将会降低整个项目的工作效率。

除此以外，本章在实验问卷中设计了七个相关选项来研究知识分享效果和影响，采用李克特五级量表，1 到 5 分表示同意程度由低到高，1 分表示完全不同意，5 分表示完全同意。此部分问卷采用 Alpha 系数来评价其信度。Cronbach’s Alpha 的值为 0.808 > 0.8，故可以认为此部分问卷信度有所保证。问卷分析结果如表 9 - 27 所示。

选项 1：在协同检索过程中，我和其他成员经常交流。
选项 2：在协同检索过程中，我和其他成员交流很顺利。
选项 3：在协同检索过程中，我愿意和其他成员分享检索。
选项 4：在协同检索过程中，分享的结果对我的检索很有帮助。
选项 5：在协同检索过程中，信息的分享能提高我的团队合作技能。
选项 6：在协同检索过程中，信息的分享能补充我的知识储备。
选项 7：信息的分享提高了小组协作的效率。

表 9 - 27　各小组在团队学术搜索任务中知识分享的认知

选项	小组编号（平均值）					平均值	标准差	标准误差	p 值
选项 1	1(3.33)	2(4.50)	3(3.75)	4(4.75)	5(4.80)	4.30	0.801	0.179	0.023*
选项 2	1(3.67)	2(4.00)	3(4.00)	4(3.75)	5(4.40)	4.00	0.649	0.145	0.553
选项 3	1(4.00)	2(4.75)	3(4.25)	4(5.00)	5(4.60)	4.55	0.510	0.114	0.047*
选项 4	1(3.67)	2(4.50)	3(3.50)	4(4.75)	5(4.60)	4.25	0.786	0.176	0.058
选项 5	1(3.67)	2(4.50)	3(4.25)	4(4.50)	5(4.80)	4.40	0.598	0.134	0.107
选项 6	1(4.00)	2(4.50)	3(4.25)	4(4.50)	5(4.80)	4.45	0.510	0.114	0.258
选项 7	1(4.00)	2(4.50)	3(4.00)	4(4.25)	5(4.80)	4.35	0.671	0.150	0.373

* 代表 $0.01 < p < 0.05$

表 9 - 27 显示，各小组在知识分享方面的选项给出的分值都很高，平均值均不低于 4.00，并在选项 1（$p = 0.023 < 0.05$）和选项 3（$p = 0.047 < 0.05$）的认识上存在显著差异。有些小组成员间经常交流，如第 4 组和第 5 组，而有些小组则略显不足，如第 1 组和第 3 组。第 1 组在 QQ 聊天记录中主要的内容就是讨论分工，明确主题，对于自己检索的结果却无交流，实验中的重点是检索和熟悉自己分工部分。第 3 组由于前期准备比较充足，所以在实验中主要确认了各自的分工，各组员的重点放在浏览资料和写作

上。但选项3的总平均值达到了4.55,说明各小组在实验中乐于与组员分享,分享的理念被普遍接受。选项5至7的平均值次之,在4.35至4.45之间,这表明所有小组对过程中的知识分享有着正面的评价,也说明知识分享对个人和团队任务有着积极的影响。

相比较而言,第1组在每个选项的平均值较低,这可能和上文所分析的她们提到的缺乏分享意识有关。第5组给每个选项的平均值是最高的,这是因为他们在检索过程中不断将自己收集到的有用信息发布在QQ群中,分享更为频繁。结合上文分析,说明交流的频次和知识分享的意识有一定关系:交流越多,知识分享意识就越强,因此在分享中收获越多,对知识分享的评价也会越高,从而更乐于与他人交流,成为习惯,形成一个良性循环。

八、对其他方面的影响

(一)协同学术信息检索行为动机

对协同学术信息检索行为的研究从了解其发生原因开始,这也能帮助人们更好地理解协同学术信息检索行为的本源,对今后协同工具的开发提供帮助。Morris和Teevan认为对同一主题的兴趣、共同的社会兴趣和介绍潜在的合作者是协同搜索的三个原因[15]。P. R. Spence等人曾对理工科协同学术信息检索的原因进行了问卷调查,结果发现检索的专业性是协同检索最主要的触发因素[16]。本章在背景问卷中也询问了各实验对象所认为的协同学术信息检索的合作原因,提供了三个相关选项。采用李克特五级量表,1到5分表示同意程度由低到高,1分表示完全不同意,5分表示完全同意。最终统计结果如表9-28所示。

选项1:所需信息太复杂,一个人无法查找完全。
选项2:作业的完成需要多种技能,一个人无法完全满足。
选项3:课程要求而已,否则不会合作。

表9-28　协同学术信息检索合作原因

选项	小组编号(平均值)					平均值	标准差	标准误差	p值
选项1	1(4.33)	2(3.00)	3(4.25)	4(4.25)	5(4.20)	4.00	1.170	0.262	0.488
选项2	1(4.33)	2(4.50)	3(3.50)	4(4.50)	5(4.20)	4.20	0.834	0.186	0.448
选项3	1(2.00)	2(1.25)	3(1.50)	4(1.25)	5(1.20)	1.40	0.598	0.134	0.409

可以看出,对于选项1和选项2所有小组成员的认可度较高,而对选项3均认可度低,说明五个小组在协同学术信息检索合作原因上的认知没有大的差异。这也显示出,协同学术信息检索的原因主要是检索任务的复杂性和个人能力局限性之间的矛盾,体现了学术环境的特点及其影响。和日常的信息检索相比,学术信息检索选项更为复杂,更为专业,且工作量大,需要的知识和能力相应更为多样,所以需要寻求其他人的帮助,弥补自身短板,形成整体效应。而且从各组对选项3的评分来看,这种合作是自发的,而不是强制的。

除了合作的原因以外,本章也在背景问卷中设计了四个相关选项,期望了解哪些会成为阻碍人们合作的因素。采用李克特五级量表,1到5分表示同意程度由低到高,1分表示完全不同意,5分表示完全同意。此部分问卷采用Alpha系数评价其信度。Cronbach's Alpha的值为0.625>0.6,故可以认为此部分问卷信度有所保证。结果如表9-29所示。

选项1:自身检索能力强,个人检索效果比小组合作好。

选项2:不知道如何合作。

选项3:现有检索工具不能很好地支持合作任务。

选项4:没有机会,很难找到合作伙伴。

表9-29 阻碍个人参与小组任务的原因

选项	小组编号(平均值)					平均值	标准差	标准误差	p值
选项1	1(2.33)	2(1.50)	3(1.75)	4(1.75)	5(2.00)	1.85	0.875	0.196	0.810
选项2	1(3.00)	2(1.50)	3(1.75)	4(2.00)	5(1.40)	1.85	1.040	0.233	0.280
选项3	1(4.00)	2(3.50)	3(3.00)	4(3.00)	5(2.60)	3.15	0.988	0.221	0.372
选项4	1(2.67)	2(2.00)	3(2.75)	4(2.50)	5(1.40)	2.20	1.056	0.236	0.301

表9-29表明,在提供的所有选项中,检索工具成了参与小组任务最主要的障碍。这也与现有的检索工具是为单用户检索而设计有关。另一方面,支持协同信息检索的工具少,且公众认知度低。而单用户检索工具将本应统一的协同检索活动割裂,使协同检索仅仅是个人检索结果简单整合,阻碍了小组的协同认知及合作的深入,降低了协作效率。而同伴选择和协作能力对各组合作的妨碍影响均不大,说明实验对象的协作能力较好。

事实上,不同的行为会对应不同的一个或多个目的,所以在结构化行为日志中,本章询问了在准备阶段各小组成员所进行的行为及其对应的动机,其中动机被归纳为寻找背景信息、寻找特定信息、和他人讨论项目/主题、探索主题、需求帮助/意见和其他等六大类。各小组的前期协同信息检索行为和对应的活动目的选择情况如表 9 - 30 所示。其中,总次数表示该行为在该组内所有上交成员的日志中出现的次数。

表 9 - 30　各项协同学术信息检索活动对应的活动目的

小组	活动内容	总次数	目的					
			寻找背景信息	寻找特定信息	和他人讨论项目/主题	探索主题	寻求帮助/意见	其他
3 组	分工	20	0	0	19	8	3	1
	编写框架	3	0	3	2	3	0	0
	写作	1	0	0	1	1	0	1
	阅读文献;登录相关网站	12	2	12	0	2	0	0
	讨论框架	14	1	14	14	14	10	0
	ischool 网站试评	1	1	1	0	1	0	0
4 组	查找相关文献资料	4	4	0	1	4	0	0
	讨论研究主题和具体方向	4	0	0	3	1	0	0
5 组	阅读相关文献资料	4	4	2	2	4	1	0
	与小组成员讨论分工	4	0	2	4	2	3	0
	写作	4	0	0	1	1	1	2

从表 9 - 30 可以看出,分工、查找文献和阅读文献以及写作是协同学术信息检索前期最重要的几个活动。而分工对应的目的是和他人讨论项目/主题、探索主题和寻求帮助/意见,利用众人的智慧迅速把握项目内容和实施框架;查找文献和阅读文献更多的是寻找特定信息和背景信息,对主题进行探索,从而为项目活动的开展提供借鉴;而写作则是对上述活动的总结,有助于对主题进行梳理,对下一步活动给予帮助。

(二)对协同学术信息检索阶段的影响

协同学术信息检索活动通常周期长,所以人们通常会根据活动不同或时间顺序等将任务划分为若干阶段。但并非所有学术活动都需要合作,为了从侧面更好地了解合作的原因、内容和作用，本章在整个实验结束后对实验对象进行访谈，询问最需要合作的任务阶段。然后选用 ATLAS. ti 7 软件对相关访谈记录进行编码，编码结果如表 9－31 所示。其中共现值越大，相关程度越高。

表 9－31　协同学术信息检索合作阶段编码结果

阶段	对应内容	Quote 编码数量						共现值
		1 组	2 组	3 组	4 组	5 组	总数	
按时间划分	前期	2	0	0	0	0	2	1.00
	后期	1	0	0	0	0	1	0.50
按活动内容划分	查找文献	0	0	1	1	1	3	0.50
	确定模型	0	0	1	0	0	1	0.17
	观点确认	0	0	0	0	1	1	0.17
	拟定题目	1	1	0	0	1	3	0.50
	撰写申请书	2	1	0	0	1	4	0.67
未划分	每个阶段都需要合作	0	0	1	1	0	1	0.67

通过实验对象的回答也可以发现，他们对合作阶段的划分主要也是采用时间和内容两种方式。从时间角度来看，前期和后期是主要需要合作的阶段，与这两个时期的活动内容相关。而从活动内容角度来看，撰写申请书、拟定题目和查找文献是各小组在访谈中谈及较多的须合作内容。这与表 9－30 的结论大体一致。而拟定题目、查找文献和确定模型等是合作前期的主要活动。因为这些活动的完成好坏与否直接关系到整个任务的完成，复杂且关乎所有小组成员，所以更需要良好的合作。而撰写申请书持续时间较长，一直延续到后期申请书的生成都属于此范围。申请书书写量大、内容多，所以人们也更倾向于合作完成。

在实验中，本章也从纵向角度分析协同学术信息检索行为的阶段性特点，即时间与行为之间的联系。研究主要以录屏文件的点击数据流作为主要依据，结合时间节点来表示协同学术信息检索的流程，并以时间轴的形式呈现，如图 9－5(1) 至(5) 所示。(1) 至(5) 对应每组组号，纵坐标代表各组组员代号，横坐标代表时间。每个字母表示的是对应时间段里最主要的行为，括弧的长短代表对应行为时间的长短。

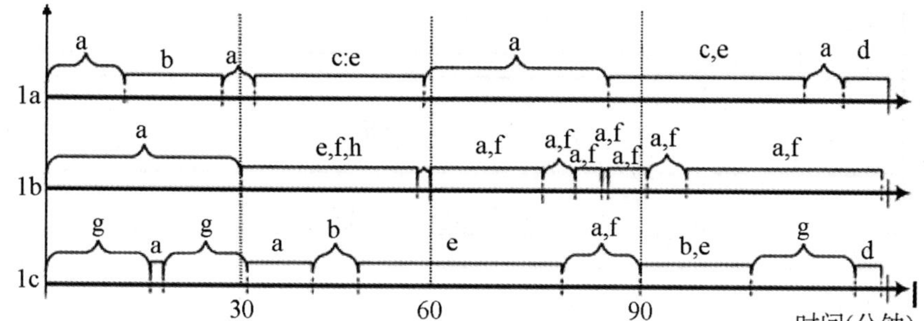
1a
1b
1c
30
60
90
时间(分钟)

(1)

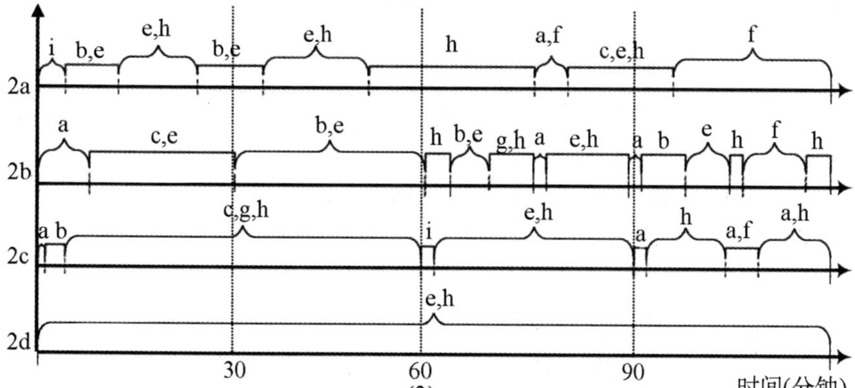
2a
2b
2c
2d
30
60
90
时间(分钟)

(2)

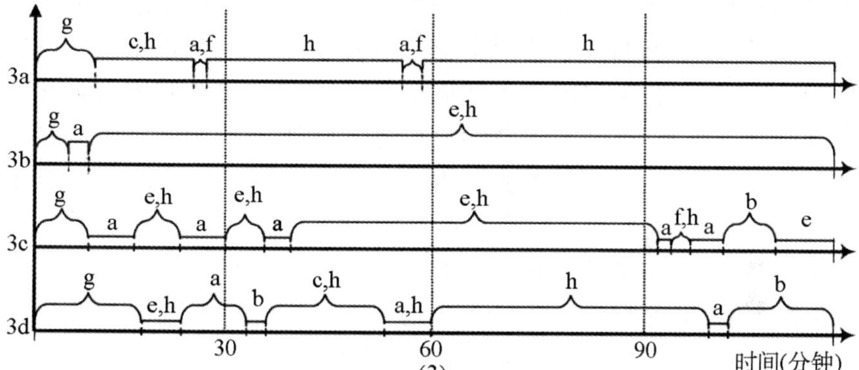
3a
3b
3c
3d
30
60
90
时间(分钟)

(3)

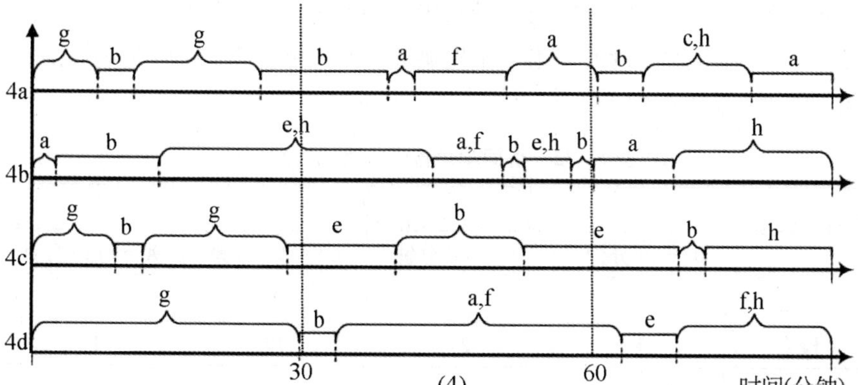
4a
4b
4c
4d
30
60
时间(分钟)

(4)

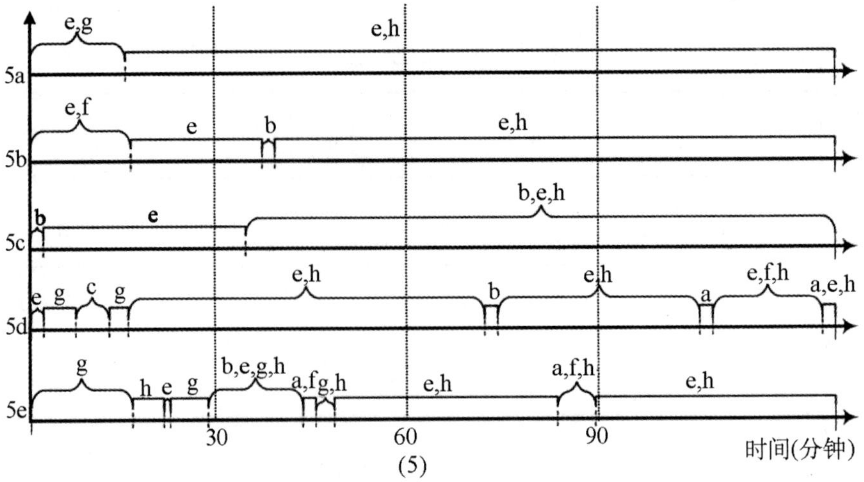

图 9-5　各小组协同学术信息检索行为时间轴

注：a 代表搜索引擎检索，b 代表数据库检索，c 代表整理文献，d 代表整理当天思路，e 代表浏览文献，f 代表浏览网页，g 代表小组讨论，h 代表写作，i 代表其他。

从图 9-5 可以看出，实验对象在协同学术信息检索的过程中主要有如下行为：搜索引擎检索、数据库检索、整理文献、整理思路、浏览文献、小组讨论、浏览网站和写作。由此可以总结主要的行为类型为讨论、检索、浏览、整理和写作。其中浏览占用的时间最多，其次为检索与写作。事实上这些行为之间并不是孤立的，经常会交替出现或者同步出现，如浏览网页时经常会伴有摘抄的行为，将有用的字词片段记录下来；在检索过程中，会对检索内容进行查看，判断其有用性；在书写过程遇到某些问题也会针对性地去检索一些资料，进行补充，不能完全分隔。此外，根据图 9-5 还可以发现学术检索行为呈现一定的规律性，如不同时间阶段会有不同的行为。本章以 30 分钟为一个时间单位，统计主要的五种学术行为在该时间内出现的行为及其次数，如表 9-32 所示。该表显示，小组讨论多出现在实验前期，中期以检索和浏览为主，而到了后期则侧重于资料的整理与写作，即先确定方向，再探索，最后进行梳理总结，得出结果的过程。

表 9-32　协同学术检索行为的时间分布

学术行为	时间			
	0—30 分钟	30—60 分钟	60—90 分钟	90—120 分钟
讨论	16	3	1	1
检索	21	24	19	17

续表

学术行为	时间			
	0 — 30 分钟	30 — 60 分钟	60 — 90 分钟	90 — 120 分钟
浏览	20	29	27	20
整理	3	2	3	3
写作	11	21	22	17

本章也从各小组的角度横向分析了不同学术行为在整个实验过程中所占的比重，即每小组某一行为时间总和与该小组实验总时长的比值，如图 9 – 6 所示。该图表明，总体而言，浏览占用了各组最主要的时间，在 20%—50% 之间，而整理工作用时较少，不超过 10%。但每一组的行为重点并不一致：第 1 组的时间主要集中在检索和浏览；第 2、3、5 组在写作上花费时间多，均不低于 40%；而第 4 组则花费了较多的时间在小组讨论上，超过 20%，在所有小组中最高。这体现了各组时间分配的重点不同。因为第 1 组一开始明确了分工方向，而对该题目未进行任何调查，故以检索和浏览为主。而第 2、3、5 组因为实验前有相关检索和浏览准备，形成一定的文献知识基础，所以主要的时间放在写作上。第 4 组由于前文所提到的分工问题，所以该组成员需要花费较多的时间讨论分工方式，以便后期其他活动的开展。

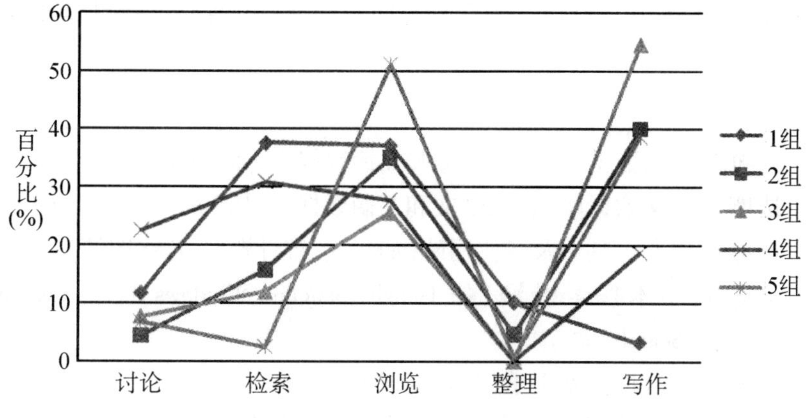

图 9 – 6　各小组协同学术检索行为所占时间比例

不同阶段由于侧重点不同，人们的活动及其方式会出现不同的表现。所以本章就后期小组合作内容和合作方式对实验对象也进行了访谈。访谈记录使用 ATLAS. ti 7 软件进行编码，结果如表 9 – 33 所示。其中共现值越大，相关程度越高。

表 9－33 协同学术信息检索任务合作内容编码结果

合作内容	对应内容	Quote 编码数量						共现值
		1组	2组	3组	4组	5组	总数	
申请书内容生成	领域分析	1	0	0	0	0	1	0.25
	完成申请书撰写	0	0	1	1	1	3	0.75
其他相关工作	答辩资料及其思路构思	0	0	1	0	0	1	0.50
	查找、了解新网站	0	2	0	0	0	2	1.00

由表 9－33 可以看出，在协同学术信息检索的后期阶段，各小组活动少而单一，主要集中在申请书内容的完成，也反映出后期主要是收尾和整理过程。其他相关工作也是从撰写申请书的活动中延伸而来。另外，协同学术信息检索合作方式主要使用了 QQ 聊天软件和其他协同信息检索工具。邮件和面谈也是交流方式之一。

（三）对学术资源使用的影响

检索资源是信息检索十分重要的组成部分。检索资源的使用与检索任务密切相关。为了了解各小组成员的学术资源使用习惯，本章在背景问卷中针对七种常用的学术资源类型的使用情况进行调查。采用李克特五级量表，1 到 5 分表示同意程度由低到高，1 分表示完全不同意，5 分表示完全同意。此部分问卷采用 Alpha 系数评价其信度。Cronbach's Alpha 的值为 0.598＞0.5，故可以认为此部分问卷信度有所保证。统计结果如表 9－34 所示。

选项 1：中文数据库（包括全文和文摘数据库，如 CNKI、万方）。

选项 2：外文数据库（包括全文和文摘数据库，如 Emerald、Elsevier）。

选项 3：专业工具书及专业网站（如年鉴、统计资料、E 线图情）。

选项 4：学术搜索引擎（如 Google Scholar、Windows Live Academic Search）。

选项 5：综合性搜索引擎（如百度、Google）。

选项 6：文档分享平台（如百度文库、360 文库等）。

选项 7：互动社区（如维基百科、百度百科、百度知道、新浪爱问等）。

表 9-34　各小组日常学术资源使用情况

选项	小组编号(平均值)					平均值	标准差	标准误差	p 值
选项 1	1(4.33)	2(3.50)	3(3.75)	4(4.00)	5(2.00)	3.40	1.142	0.255	0.008**
选项 2	1(3.67)	2(2.25)	3(1.75)	4(2.00)	5(2.00)	2.25	1.070	0.239	0.145
选项 3	1(1.33)	2(2.25)	3(1.50)	4(2.00)	5(2.40)	1.95	1.146	0.256	0.683
选项 4	1(4.33)	2(3.00)	3(3.75)	4(2.75)	5(2.80)	3.25	1.070	0.239	0.202
选项 5	1(5.00)	2(5.00)	3(5.00)	4(5.00)	5(4.20)	4.80	0.696	0.156	0.306
选项 6	1(4.67)	2(4.50)	3(5.00)	4(4.75)	5(4.40)	4.65	0.587	0.131	0.653
选项 7	1(4.33)	2(4.50)	3(4.75)	4(4.75)	5(3.80)	4.40	0.995	0.222	0.626

** 代表 $p \leq 0.01$

表 9-34 显示,各小组在学术资源使用方面存在差异。总体上看,综合性搜索引擎、文档分享平台和互动社区是各组均常用的信息源,平均值均在 4.00 分以上,使用频率高。而专业网站和外文数据库总体利用率低,平均值只有 2 分左右。这说明在学术检索方面,各小组更倾向使用网络资源而不是图书馆提供的专业学术资源。而所有资源中,各小组在中文数据库的使用上存在显著性差异($p = 0.008 < 0.01$),主要是第 5 组与其他小组的差异较大,特别是与第 1 组。这可能与他们的知识构成不同。第 5 组都是大一新生,他们使用较多的资源都是网络资源,而学术性资源接触少;而第 1 组是大三学生,经过在校三年的学习和实践,对数据库等学术资源的了解和使用更为充分。并且从平均值看,第 1 组在除了专业网站外的各学术资源的使用情况上均分数较高,反映了他们信息资源使用的多样化,体现了更强的信息意识及能力。

在检索活动进行过程中,本章也通过结构化行为日志,对各小组本次协同信息检索活动学术资源使用情况开展调查,观察是否存在差异。该日志部分同样采用李克特五级量表,由 1 至 5 分表示使用频率由低到高,1 分代表完全未使用,5 分代表经常使用。日志的统计结果见表 9-35。

表 9-35　各小组协同信息检索活动学术资源使用情况

小组	资源使用(平均值)							
	中文数据库	外文数据库	专业网站	学术搜索引擎	综合性搜索引擎	文档平台	互动社区	其他
3 组	1.71	1.37	1.34	3.26	3.20	1.71	0.91	印象笔记、iSchool 网站

续表

小组	资源使用(平均值)							
	中文数据库	外文数据库	专业网站	学术搜索引擎	综合性搜索引擎	文档平台	互动社区	其他
4 组	4.00	2.00	2.25	3.50	4.75	4.50	4.00	/
5 组	3.25	1.75	3.75	3.25	4.25	4.50	4.50	/
平均值	2.07	1.47	1.65	3.28	3.44	2.23	1.53	/

总体而言,综合性搜索引擎和学术搜索引擎的使用较多。而对于第 4 组和第 5 组,使用较多还是综合性搜索引擎、文档平台和互动社区。与表 9-34 的结论一致。值得注意的是,第 3 组除了使用常用学术资源外,还利用印象笔记辅助科研合作活动的开展,而 iSchool 网站的利用则与他们的选题有关。

鉴于学术资源的使用情况,本章还要求实验对象将这些学术资源根据自身认为的重要性排序。1 到 7 分表示重要程度由低到高,1 分表示非常不重要,7 分表示非常重要,每个数字只能代表一个资源。最终统计结果如表 9-36 所示。

表 9-36　各小组成员对学术资源重要性排序情况

选项	小组编号(平均值)					平均值	标准差	标准误差	p 值
选项 1	1(4.67)	2(4.25)	3(2.50)	4(5.00)	5(4.40)	4.15	2.059	0.460	0.514
选项 2	1(4.67)	2(4.25)	3(3.00)	4(2.50)	5(2.60)	3.30	1.593	0.356	0.219
选项 3	1(5.00)	2(5.75)	3(3.50)	4(2.75)	5(4.20)	4.20	1.704	0.381	0.090
选项 4	1(3.67)	2(4.75)	3(5.00)	4(4.25)	5(4.60)	4.50	1.906	0.426	0.930
选项 5	1(3.33)	2(3.00)	3(5.50)	4(5.75)	5(3.20)	4.15	2.368	0.530	0.274
选项 6	1(3.67)	2(3.25)	3(3.75)	4(4.75)	5(4.60)	4.05	1.791	0.400	0.755
选项 7	1(3.00)	2(2.75)	3(4.75)	4(3.00)	5(4.40)	3.65	2.519	0.563	0.745

从表 9-36 可以看出,所有小组认为十分重要的学术资源包括学术搜索引擎、专业网站、中文数据库和综合性搜索引擎。从各小组来看,第 1 组和第 2 组给前四种学术资源的平均值要高于其他学术资源,比较侧重于专业学术资源的使用。这与学术资源的实际使用情况存在一定差异。专业学术资源在科研任务完成中存在高认可度、低使用率的现象。这与人们的网络资源使用习惯有关。OCLC 曾有报告显示,利用搜索引擎开始检索的

大学生达到89%，仅有2%的学生从图书馆网站开始搜索[17]，而另一份2009年的报告也说明了综合性搜索引擎在学者中有着高使用率[18]。但是普通的网络信息不能满足学术研究在内容深度、专业性和权威性上的要求，所以实验对象认为专业学术资源更为重要。

学术信息检索比平时的检索会涉及更多类型的资源使用。在实验过程中，通过Coagmento系统的网页统计功能，我们也能了解到协同信息检索资源的利用情况，如表9－37所示。

表9－37　协同学术信息检索资源利用情况

<table>
<tr><th colspan="2">网页类型</th><th>1组</th><th>2组</th><th>3组</th><th>4组</th><th>5组</th><th colspan="2">总计</th></tr>
<tr><td rowspan="3">搜索引擎</td><td>Google</td><td>28</td><td>18</td><td>23</td><td>9</td><td>12</td><td>90</td><td rowspan="3">203</td></tr>
<tr><td>百度</td><td>12</td><td>1</td><td>12</td><td>18</td><td>1</td><td>44</td></tr>
<tr><td>Google Scholar</td><td>50</td><td>6</td><td>13</td><td>0</td><td>0</td><td>69</td></tr>
<tr><td rowspan="3">图书馆及数据库</td><td>中文数据库</td><td>51</td><td>38</td><td>8</td><td>28</td><td>26</td><td>151</td><td rowspan="3">189</td></tr>
<tr><td>外文数据库</td><td>5</td><td>0</td><td>2</td><td>0</td><td>0</td><td>7</td></tr>
<tr><td>图书馆</td><td>6</td><td>6</td><td>3</td><td>11</td><td>5</td><td>31</td></tr>
<tr><td rowspan="2">PDF</td><td>数据库</td><td>11</td><td>1</td><td>0</td><td>0</td><td>11</td><td>23</td><td rowspan="2">32</td></tr>
<tr><td>网页</td><td>5</td><td>1</td><td>2</td><td>0</td><td>1</td><td>9</td></tr>
<tr><td rowspan="3">网页</td><td>普通</td><td>30</td><td>68</td><td>4</td><td>24</td><td>1</td><td>127</td><td rowspan="3">176</td></tr>
<tr><td>学术专业类</td><td>2</td><td>3</td><td>4</td><td>0</td><td>0</td><td>9</td></tr>
<tr><td>文档互动社区</td><td>9</td><td>3</td><td>12</td><td>12</td><td>4</td><td>40</td></tr>
<tr><td colspan="2">总计</td><td>209</td><td>145</td><td>83</td><td>102</td><td>61</td><td colspan="2">600</td></tr>
</table>

和表9－34不同，表9－37表明，虽然搜索引擎在类型总数上仍是最多的，但与图书馆与数据库的总数相差不大。并且值得注意的是单类别使用最多的资源为中文数据库，以中国知网和万方为代表。通过录屏文件来看，大部分实验对象还是习惯从图书馆的网页进入数据库。另外，搜索引擎中Google Scholar的使用率也较高。这说明在进行学术信息检索时人们还是倾向于使用专门的学术资源，一是学术资源能提供更多与主题有关的资料，了解前人进展，而普通搜索引擎抓取的网页内容宽泛，契合度低；二是资料的来源更具有权威性、可靠性和说服力，其使用能更有效地促进科研活动的开展。所以搜索引擎的出现改变了人们的检索习惯，但不代表图书馆等途径将被取代，因为它拥有大量经过整合的各类型学术资源。鉴于学术资源在科研活动中依旧有重要的地位，如何加强资源建设和服务以满足不断增长、不断深入的需求将会是一个重要的课题。

(四)协同信息检索系统的评价

本章对实验系统 Coagmento 的评价设计了 11 个选项,其中包括对 Coagmento九个功能的有用性评价和对系统的整体感知,以及今后是否还会使用协同检索工具等。采用李克特五级量表,1 到 5 分表示同意程度由低到高,1 分表示完全不同意,5 分表示完全同意。此部分问卷采用 Alpha 系数评价其信度。Cronbach's Alpha 的值为 0.807 >0.8,故可以认为此部分问卷信度有所保证。结果如表 9 - 38 所示。

选项 1:书签(Bookmark)功能对于完成协同检索任务很有用。
选项 2:推荐(Recommend)功能对于完成协同检索任务很有用。
选项 3:注释(Annotate)功能对于完成协同检索任务很有用。
选项 4:片段收集(Snip)功能对于完成协同检索任务很有用。
选项 5:编辑(Editor)功能对于完成协同检索任务很有用。
选项 6:聊天工具(Chat)对于完成协同检索任务很有用。
选项 7:提醒工具(Notifications)对于完成协同检索任务很有用。
选项 8:检索历史工具(History)对于完成协同检索任务很有用。
选项 9:记事本工具(Notepad)对于完成协同检索任务很有用。
选项 10:Coagmento 系统对于完成协同检索任务很有用。
选项 11:以后有机会的话,会更倾向于使用协同检索工具。

表 9 - 38　各小组协同学术信息检索系统评价

选项	小组编号(平均值)					平均值	标准差	标准误差	p 值
选项 1	1(3.33)	2(3.00)	3(2.75)	4(4.75)	5(4.80)	3.80	1.322	0.296	0.030*
选项 2	1(3.33)	2(3.00)	3(2.75)	4(4.00)	5(3.60)	3.35	1.089	0.244	0.548
选项 3	1(2.00)	2(2.50)	3(2.75)	4(3.25)	5(3.40)	2.85	1.182	0.264	0.522
选项 4	1(2.67)	2(3.25)	3(3.00)	4(4.50)	5(3.60)	3.45	1.276	0.285	0.365
选项 5	1(4.33)	2(4.50)	3(4.75)	4(4.00)	5(4.80)	4.50	0.607	0.136	0.321
选项 6	1(2.67)	2(4.00)	3(3.75)	4(2.00)	5(4.60)	3.50	1.638	0.366	0.130
选项 7	1(2.67)	2(2.75)	3(2.75)	4(2.75)	5(3.20)	2.85	1.309	0.293	0.981
选项 8	1(4.00)	2(2.75)	3(2.75)	4(4.25)	5(4.40)	3.55	1.432	0.320	0.089
选项 9	1(3.33)	2(3.25)	3(3.25)	4(3.75)	5(3.60)	3.40	1.273	0.285	0.944
选项 10	1(3.33)	2(3.50)	3(3.50)	4(4.00)	5(4.60)	3.95	0.759	0.170	0.115
选项 11	1(3.67)	2(4.00)	3(4.00)	4(4.75)	5(4.60)	4.30	0.657	0.147	0.149

* 代表 $0.01 < p < 0.05$

可以看出，在书签功能的使用评价上有显著性差异（$p = 0.03 < 0.05$）。这反映了书签功能在各组的使用情况。使用过的小组一般评价较好。另外，编辑功能是所有实验对象都使用过的，而且使用率非常高，这个功能也是所有功能中受到评价最高的。虽然各组在选项 1 到 9 给出的平均分并不高，但是各实验小组对 Coagmento 的评价还是较高，觉得对自己的检索任务完成很有作用，并且此次实验后如果有机会，会倾向于使用协同工具，表明实验对象对协同工具的认可度高。

本研究在访谈中也询问了实验对象对协同学术检索系统的印象与建议。利用 ATLAS. ti 7 软件对相关访谈记录进行编码，分析结果如表 9－39 所示。因为各组提出的问题和建议分散，故不进行关联分析。

表 9－39　协同学术信息检索系统访谈编码结果

	对应内容	Quote 编码数量					
		1 组	2 组	3 组	4 组	5 组	总数
问题	卡机、掉线	0	1	2	1	1	5
	能被 QQ 取代	1	0	2	1	0	4
	妨碍其他软件使用	0	0	0	2	0	2
	没有提醒功能	1	0	0	0	0	1
	功能有重复和隐藏，无特殊之处	0	2	0	1	0	3
	除了编辑功能外使用少	0	0	2	0	0	2
建议	备份功能	0	0	0	0	1	1
	对个人任务完成情况进行标注	0	1	0	0	0	1
	提醒功能	2	0	0	0	0	2
	能复制和插入图片	1	0	0	0	0	1
	语音功能	1	0	0	0	0	1
	自动提供资料	0	0	0	0	1	1
	大小子母窗口功能	0	1	0	0	0	1
	帮助功能	0	1	0	0	0	1

从表 9－39 可以看出，Coagmento 在实验中最大的问题是经常卡机和掉线，在前文已有分析，在此不赘述，可互为印证补充。需注意的是协同系统与 QQ 聊天工具的关系。有实验对象反映用 QQ 软件的话就想不起来使用 Coagmento 系统，所以 QQ 聊天工具的使用也导致 Coagmento 系统利用率较低。这一方面与日常行为习惯有关。QQ 是人们日常中最常用的聊天交流工具，对于所有实验对象而言更为熟悉，接受度很高；而 Coagmento 作

为国外开发的系统,目前还未有大范围的使用,了解程度低,所以在实验中大家会更习惯使用 QQ。另一方面,QQ 软件的功能强大,与 Coagmento 有一定的重复,如分享链接和片段等,可以直接在 QQ 中发送链接或者截图,利用 QQ 也能在群或者讨论组分享文件,发布公告。故有两组觉得,Coagmento 系统没什么特殊之处,完全可以被 QQ 取代。甚至由于系统经常卡机还影响了其他软件的使用。上述三个原因影响了协同信息检索系统在各小组的认可度。对协同信息检索系统的建议涉及范围较广。其中,对个人完成情况进行标注、提醒和语音功能,主要侧重于增强协同学术检索过程中的情境认知、加强小组交流、把握个人和小组活动和进程。

第三节　实验结果讨论

一、知识结构对协同学术信息检索行为的影响

本章所提到的知识结构是指个体知识结构,即知识在个体大脑中排列、结构状况。每个人知识结构不尽相同,并随着个体学习、工作及阅历而变化,是一个动态结构[19]。这种知识结构在本章中反映为实验对象的年级和专业差异:年级差异会影响个体的知识量,而专业差异则会影响个体的知识面。从本章第二节的分析可以看出,协同学术信息检索行为受到知识结构的影响,主要体现在检索方式、检索效果、协同方式、协同认知、情感状态和交流分享上。其中,检索方式、协同认知与分工方式关联较大。而分工方式包含于协同方式中,反映了个人和小组分析、理解问题的能力,是问题解决能力的具体体现。问题解决能力强的小组能运用多种方法,合作分工方式多元,并能根据进度进行调整,任务掌控能力好。另外,合作是协同学术信息检索的重要特点,人际交往成为问题解决的重要方式之一。所以各小组在交流分享上的差异反映了其在分享意识的差异,根本上也是问题解决能力的差异。而检索方式、协同方式和交流分享共同影响协同学术信息检索进程,从而导致情感状态的差异及波动,最终综合影响检索效果,如情绪积极的小组任务完成效果普遍较好。此外,检索中重复检索式的出现也反映出个体之间对同一事物的理解差异。但是不同知识结构对协同编辑方式没有显著影响。总体而言,分工和交流是影响协同学术信息检索行为的最主要因素,而它们又是问题解决能力的延伸。

二、知识结构对模型外其他检索行为的影响

除了基于 C2S 模型中所提到的协同信息检索行为，知识结构还对其他检索行为方面产生了影响。其中最为显著的是学术资源的使用。学术资源使用上的差异本质上受到个人检索习惯和信息素养的影响。个人检索习惯会影响检索工具的选择，而信息素养高的个人会在检索中选择多种检索方式。在学术环境中，选择检索途径也更为针对性与专业化。另外，各小组对协同信息检索系统评价的不同是由系统功能使用情况差异所引起，同样反映了个人检索习惯的不同。而各小组在实验中合作进度和阶段不一，除前期准备外，分工和交流也是重要的原因。综上，知识结构对其他检索行为的影响主要受到信息素养和个人检索习惯两个方面作用，尤其是后者。此外，虽然知识结构对协同学术信息检索行为的动机并无影响，但协同学术信息检索任务的专业性和复杂性促使人们寻找不同知识结构的合作伙伴。故可认为，协同学术信息检索中知识结构差异的产生是其检索动机影响的结果。

综上所述，知识结构的差异反映知识储备的差异，具体体现在理解差异、检索习惯差异、信息素养差异和问题解决能力的差异等四个方面。这些方面综合作用，最终导致不同小组在协同学术信息检索行为上的差异。

第四节　实验三结论

近年来，协同信息检索成为人们关注的焦点，已衍生出多个研究方向与重点。作为一个新研究领域，协同信息检索的研究处于起步阶段。学术科研领域作为协同信息检索在现实生活中的重要体现，特别是在当前大数据环境下，值得人们给予更多的关注。本章以大学生科研项目小组的协同行为出发，探讨在真实场景中不同知识结构对协同学术信息检索行为的影响。结果表明，知识结构会对基于 C2S 模型框架中的检索方式、检索效果、协同方式、认知方式、情感状态和交流分享等因素产生影响，对编辑方式影响不显著。除此之外，模型框架之外的因素，如检索阶段进度、学术资源的使用和协同系统评价也受到知识结构的影响。并且知识结构中的检索习惯和问题解决能力是较为主要的作用方面。协同学术信息检索行为是个人、小组和环境三者共同作用的结果。虽然知识结构会对协同学术信息检索行为产生影响，但人们对协同信息检索的高认可度、高参与度和高满意

度较为一致,这为相关协同学术检索支持工具的开发提供了良好的环境和机遇,也为今后相关影响因素和系统开发研究提出了重要课题。综上所述,本章实验证明,本书第五章中除假设 2. 10 外,其他假设均成立,故可认为基于 C2S 模型的研究框架能用于描述科研环境下的协同信息检索行为。

参考文献

[1] Coagmento[EB/OL].[2014 - 08 - 02]. http://www.coagmento.org/.

[2] 知网[EB/OL].[2014 - 08 - 02]. http://www.keenage.com/html/c_index.html.

[3] Charmaz K. 建构扎根理论:质性研究实践指南[M]. 边国英,译. 重庆 :重庆大学出版社,2009.

[4] 姜婷婷,高慧琴. 探寻式搜索研究评述[J]. 中国图书馆学报,2013(7):36 - 47.

[5] Shah C. Collaborative information seeking[J]. Journal of the American Society for Information Science and Technology,2014,65(2):215 - 236.

[6][8] 吴丹,邱瑾. 协同信息检索行为中的认知研究[J]. 情报学报,2013(2):125 - 137.

[7] Ingwerson P,Järvelin K. 转折——在情境中集成信息查寻与检索[M]. 张新民,译. 北京 :科学技术文献出版社,2007:23 - 28.

[9] Bilal D. Children's use of the Yahooligans! Web search engine:II. Cognitive and physical behaviors on research tasks[J]. Journal of the American Society for Information Science and Technology,2001,52(2):118 - 136.

[10] Wang P, Hawk W B, Tenopir C. Users' interaction with World Wide Web resources:an exploratory study using a holistic approach[J]. Information Processing & Management,2000,36(2):229 - 251.

[11] Hyldegård J. Collaborative information behaviour — exploring Kuhlthau's Information Search Process model in a group-based educational setting[J]. Information Processing & Management,2006,42(1):276 - 298.

[12] 王瀚,韩毅. 合作信息查寻与检索中知识共享的博弈学习机制研究[J]. 图书情报工作,2013(19):37 - 42.

[13] 韩毅,李鹏. 合作信息查寻与检索的知识共享模型[J]. 中国图书馆学报,2011(11):43 - 49.

[14] Talja S. Information sharing in academic communities:types and levels of collaboration in information seeking and use[J]. New Review of Information Behavior Research,2002,3(1):143 - 159.

[15] Morris M R,Teevan J. Collaborative web search:who,what,where,when,and why[M]// Marchionini G. Synthesis Lectures on Information Concepts,Retrieval,and Services. San Rafael:Morgan & Claypool Publisher,2010.

[16] Spence P R, Reddy M C, Hall R. A survey of collaborative information seeking practices of academic researchers[C]//Proceedings of the 2005 international ACM SIGGROUP conference on Supporting group work. ACM, 2005: 85 - 88.

[17] Rowlands I, Nicholas D, Williams P, et al. The Google generation: the information behaviour of the researcher of the future[C]//Aslib Proceedings. Emerald Group Publishing Limited, 2008, 60(4): 290 - 310.

[18] OCLC. Scholarly information practices in the online environment: themes from the literature and implications for library service development[R/OL]. [2014 - 08 - 02]. www.oclc.org/programs/publications/reports/2009-02.pdf.

[19] 陈东玉. 个体知识结构与社会知识结构——兼谈主观知识与客观知识[J]. 现代情报, 2003(2): 156 - 157, 145.

第十章　协同信息检索行为模型修正与讨论

第一节　协同信息检索行为模型修正

在本书第五章，通过比较现有的关于协同信息检索行为的模型后，选择最接近本研究的C2S模型作为基础，对其进行改进，形成了以探寻协同信息检索行为的影响因素为主的协同信息检索行为模型。该模型描述了在不同情境（主要分为一般情境和特殊情境）下，三大影响因素（个人因素、小组因素、任务因素）对用户的七项协同信息检索行为（检索方式、认知方式、协同方式、编辑方式、检索效果、交流分享、情感状态）的影响。

接着在本书第七章到第九章，设计了三个实验分别探讨一般情境下小组因素和任务因素的影响、一般情境下个人因素和任务因素的影响，以及科研合作情境（是特殊情境的一种）下小组因素的影响。一般情境主要是没有特定合作目的的协同信息检索场景，任务会呈多样性，采取模拟实验的方式，因此我们需要将任务因素与个人因素或小组因素结合起来考虑其影响；而特殊情境是真实的工作场景，如科研合作场景就是以协同学术信息检索为目的，任务比较明确和单一，采取长期跟踪实验的方式，因此不需要考虑任务因素，主要考虑其中小组因素的影响。

根据上述三个实验结果，本研究验证了模型所提出的一系列假设，并对模型进行修正和重新解释。

一、模型的各假设检验

协同信息检索行为模型共包括三大假设，在每个假设下面，又分别有若干子假设。根据三个实验的结果，我们发现这些假设被检验成立与否的情况如下：

（一）假设一：关于个人因素的假设

假设1.1：在一般情境下，个人协同能力对协同信息检索的检索方式有影响；（成立）

假设1.2：在一般情境下，个人协同能力对协同信息检索的检索效果有影响；（成立）

假设1.3：在一般情境下，个人协同能力对协同信息检索的编辑方式有影响；（成立）

假设1.4：在一般情境下，个人协同能力对协同信息检索的认知方式有影响；（成立）

假设1.5：在一般情境下，个人协同能力对协同信息检索的协同方式有影响；（成立）

假设1.6：在一般情境下，个人协同能力对协同信息检索的交流分享方式有影响；（成立）

假设1.7：在一般情境下，个人协同能力对协同信息检索的情感状态有影响；（成立）

可见，七个关于个人因素的假设全部成立，说明个人协同能力是影响协同信息检索行为的重要因素。这其中，在对检索方式的影响上，个人协同能力主要影响的是推荐行为和重复检索式的数量方面；在对认知方式的影响上，个人协同能力主要影响情境认知和协同认知，而对任务认知影响不大。

（二）假设二：关于小组因素的假设

假设2.1：在一般情境下，小组类型对协同信息检索的检索方式有影响；（成立）

假设2.2：在一般情境下，小组类型对协同信息检索的检索效果有影响；（不成立）

假设2.3：在一般情境下，小组类型对协同信息检索的编辑方式有影响；（成立）

假设2.4：在一般情境下，小组类型对协同信息检索的认知方式有影响；（成立）

假设2.5：在一般情境下，小组类型对协同信息检索的协同方式有影响；（成立）

假设2.6：在一般情境下，小组类型对协同信息检索的交流分享方式有影响；（不成立）

假设2.7：在一般情境下，小组类型对协同信息检索的情感状态有影

响;(不成立)

假设2.8:在科研合作情境下,小组知识结构对协同信息检索的检索方式有影响;(成立)

假设2.9:在科研合作情境下,小组知识结构对协同信息检索的检索效果有影响;(成立)

假设2.10:在科研合作情境下,小组知识结构对协同信息检索的编辑方式有影响;(不成立)

假设2.11:在科研合作情境下,小组知识结构对协同信息检索的认知方式有影响;(成立)

假设2.12:在科研合作情境下,小组知识结构对协同信息检索的协同方式有影响;(成立)

假设2.13:在科研合作情境下,小组知识结构对协同信息检索的交流分享方式有影响;(成立)

假设2.14:在科研合作情境下,小组知识结构对协同信息检索的情感状态有影响。(成立)

可见,原有的14个关于小组因素的假设有10个是成立的,而4个是不成立的,说明小组因素是影响协同信息检索的因素。这其中,小组类型对检索效果、情感状态和交流分享方式均没有显著性影响,并且小组类型对检索方式的影响主要体现在推荐行为上,对认知方式的影响仅体现在任务认知上。而小组知识结构的影响则较小组类型要大,仅对编辑方式没有显著性影响,并且对检索方式的影响主要体现在书签行为和重复检索式的数量方面,对认知方式的影响则体现在情境认知和协同认知。

(三)假设三:关于任务因素的假设

假设3.1:在一般情境下,任务类型对协同信息检索的检索方式有影响;(成立)

假设3.2:在一般情境下,任务类型对协同信息检索的检索效果有影响;(成立)

假设3.3:在一般情境下,任务类型对协同信息检索的编辑方式有影响;(不成立)

假设3.4:在一般情境下,任务类型对协同信息检索的认知方式有影响;(成立)

假设3.5:在一般情境下,任务类型对协同信息检索的协同方式有影响;(不成立)

假设3.6:在一般情境下,任务类型对协同信息检索的交流分享方式有影响;(成立)

假设3.7:在一般情境下,任务类型对协同信息检索的情感状态有影响。(成立)

假设3.8:在一般情境下,任务难度对协同信息检索的检索方式有影响;(成立)

假设3.9:在一般情境下,任务难度对协同信息检索的检索效果有影响;(不成立)

假设3.10:在一般情境下,任务难度对协同信息检索的编辑方式有影响;(成立)

假设3.11:在一般情境下,任务难度对协同信息检索的认知方式有影响;(不成立)

假设3.12:在一般情境下,任务难度对协同信息检索的协同方式有影响;(成立)

假设3.13:在一般情境下,任务难度对协同信息检索的交流分享方式有影响;(不成立)

假设3.14:在一般情境下,任务难度对协同信息检索的情感状态有影响。(成立)

可见,原有的14个关于任务因素的假设有9个是成立的,而5个是不成立的,说明任务因素是影响协同信息检索的因素。这其中,任务类型对编辑方式和协同方式均没有显著性影响,并且任务类型对检索方式的影响主要体现在浏览网页行为、检索行为和使用图片行为上,对认知方式的影响仅体现在任务认知上。而任务难度则对检索效果、认知方式和交流分享方式均没有显著性影响,并且任务难度对检索方式的影响也是体现在浏览网页行为和检索行为上面。

二、模型的重新解释

根据三个实验对协同信息检索行为模型的假设检验可以看出,模型提出的三个影响因素——个人因素、小组因素和任务因素均在不同程度上对检索方式、检索效果、编辑方式、认知方式、协同方式、交流分享方式和情感状态七项协同信息检索行为产生了影响。因此,本模型的基本架构被验证为是正确合理的。

但是,该模型还可以再进一步细分,体现具体的因素对应所影响的具体行为。因此,我们将该协同信息检索行为模型修正为如图10-1所示的修正后的模型。在该模型图中，检索方式被具体分为了推荐行为、检索行为、浏览网页行为、加书签行为、使用图片行为和产生重复检索式行为六项行为；而认知方式则被具体细分为情境认知、任务认知和协同认知三项行为。影响因素也按照本书三个实验研究进行了细分：个人协同能力因素；小组类型和小组知识结构因素；任务类型和任务难度因素。图中虚线代表影响因素相应影响的协同信息检索具体行为，与上文在实验中被验证为成立的 26 个假设描述一致。

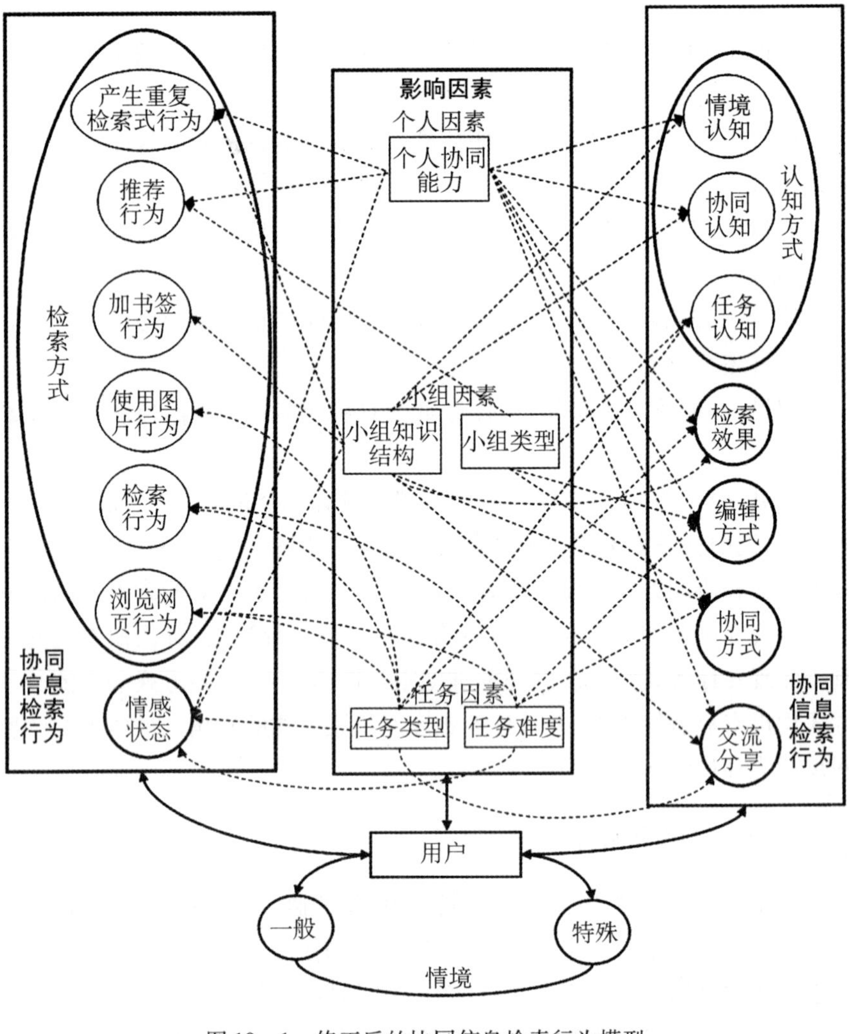

图 10－1　修正后的协同信息检索行为模型

第二节 协同信息检索情境讨论

协同信息检索情境(collaborative information seeking context)是协同信息检索行为模型的要素之一。情境(context)提供了协同信息检索的宏大背景,它是信息需求产生的根源,也为信息检索结果判断提供了基础[1]。

一、一般情境

一般情境下的协同信息检索可以看作是社会化搜索(social search)的一部分。社会化搜索是指广泛的发现各种社会资源来支持在线信息搜索的过程[2]。例如,大多数商业搜索引擎使用一些社会资源来改善搜索体验。在 Web2.0 环境下,很多情境都体现了显性或隐性的协同信息检索,如社交网站上、朋友圈里的一群人需要解决某个问题;在线问答网站上多个人回答一个提问;维基百科中大家共同解释某个词条等。因此,一般情境下的协同信息检索非常常见,相比普通的个人网络搜索而言,有与其他用户的交互。并且一般情境下的一个明显特点是,完成共同任务的团队成员往往互不相识,或者是在虚拟空间中认识。

通过实验一和实验二的研究,我们发现,在一般情境下,个人因素较小组因素而言更能影响整个团队的协同信息检索行为,即个人本身的协同能力所起的作用更大。这也解释了为什么在社群中,起主导作用的往往是几个核心关键人物。且由于社群中的成员是基于互联网的虚拟团队,因此个人因素显得更为突出。此外,由于一般情境下的社会化搜索的任务是多元化的,往往和日常生活有关,如旅游线路规划、商品信息查找等,因此任务是影响协同信息检索的重要因素。完成不同类型和难度的任务时,团队会表现出明显不同的检索方式、网页浏览方式和情感变化。另外,一般情境下,用户对协同检索工具没有特殊要求,当前的协同检索工具基本能满足其需求。

二、特殊情境

相比一般情境,特殊情境往往是一些真实的工作场景。在这样的情境下,一个团队有一个明确的任务,这个任务通常比较复杂,需要团队成员协同完成,完成周期也比较长。且团队一般也是由现实中互相认识的人所形成的现实团队。

本书选取了特殊情境中的一个典型特例——科研合作情境作为研究对象开展实验,因为在该情境下有明显的合作信息查寻需求。科研合作情境下的协同信息检索也称为协同学术信息检索(collaborative academic information seeking),作为协同信息检索在学术领域的应用,反映了两个及两个以上用户围绕某一具体或相似的主题,通过某种方法进行学术检索的行为。协同学术信息检索行为的主体包括学生、老师、科研人员和图书馆员等信息从业人员。其特征主要表现为检索目的、检索主题、检索资源及检索途径的学术性。

通过实验三的研究,我们发现,协同学术信息检索行为由于涉及个人、小组和情境三个层面,其特点也体现出多面性。一方面,协同学术信息检索行为交互性强,沟通交流是协同学术信息检索行为区别于个人信息检索行为的重要体现。另一方面,协同学术信息检索行为也深受个人检索习惯影响,如学术类资源面临高认可度低使用率的现象,但更强的信息意识和能力会促使人们寻求更为专业的资源作为检索来源。此外,在科研合作情境下,用户对协同检索工具有更高的要求。在实验中,我们使用的协同信息检索系统出现了认可度高但使用率低的情况。因为该系统缺乏对学术环境的支持,针对的是一般情境。

根据实验三对用户的长期跟踪实验,我们认为科研合作情境下协同信息检索工具应具备以下特点:首先由于是多人同一时间不同方面检索,所以需要支持即时交流,及时讨论并解决分工和遇到的问题。其次,协同支持工具需要能帮助使用者把握个人和整个工作的进程,从而提高情境认知,加快项目完成效率并提高信心。最重要的是,协同工具受学术环境的影响更偏重挖掘和提供学术信息,即增强工具的探索性和学术性。综合之前对协同信息检索系统的研究[3],协同学术信息检索工具需兼具显性和隐性协同检索系统的特点和优势:既能支持用户间实时互动,又能让用户从之前的检索中受益,改善检索结果,提高检索效率,拥有丰富的使用功能和体验。

第三节　用户协同信息检索行为讨论

本书将用户的主要协同信息检索行为总结为七大项,当然,除此以外,在不同的情境下还存在一些特殊的行为。

一、检索方式

检索方式是协同信息检索最基本的行为。根据本书的三个实验发现，检索方式行为主要包括检索行为、浏览网页行为、推荐行为、使用图片行为、加书签行为、产生重复检索式行为几项。其中，推荐行为和产生重复检索式行为是协同信息检索区别于个人信息检索的关键。可见，协同信息检索行为既包括与个人信息检索相同的行为又包含特有的行为。各类影响因素影响较多的是检索行为、浏览网页行为、推荐行为和产生重复检索式行为。小组合作效率越高，其推荐行为就越多，相应地，产生的重复检索式就越少。

二、认知方式

认知是对他人活动的了解与认识，它能为自身的信息活动提供一个有关上下文情境的认识[4]。认知包括：了解交流的对象是谁，周围环境如何，正在发生什么活动，它为人们每日的工作环境提供了一个视图。De Mey[5]早在 1977 年就提出了认识论框架并创造了“认知观”这个概念，并指出集体的认知结构是各个行动者进行社会交互的结果，信息检索的交互过程是所有行动参与者对情境进行解释和认知的一个连续过程，信息检索只发生在信息查寻者的意识之中。

本书三个实验探讨了情境认知、任务认知和协同认知。情境认知(context awareness)被解释为在某个特定的时刻和空间对周围环境的认识和理解，情境意识的改变取决于所感知到的情境信息的变化，它时刻处于动态变化的过程当中[6]。任务认知(task awareness)指的是任务执行者对任务复杂性的认知，它会受到任务执行者主观认识的影响[7]。不同的任务执行者察觉到的任务的复杂性是不一样的，因为对任务是否复杂的认知涉及任务执行者在某个具体工作任务上的具体知识和经验[8]。团队认知(group awareness)是指在给定的时间内提供给每个成员有关其他合作者的状态和活动的信息[9]。团队认知能给整个团队的工作状态提供一个认识，但并不能反映各成员之间对彼此协作情况的认知和评价。因此，本研究提出了协同认知(collaboration awareness)这一考察因素，它主要包括对协作者的作用、分工、协同方式等方面的认知和评价。实验研究发现，这几个认知方式均会受到不同影响因素的影响，而表现出明显的差异性。并且，对情境、任务、协作者的认识越清晰，协同信息检索的效率越高。

研究用户协同信息检索行为的认知方式可以为协同信息检索系统的

设计和改进提供借鉴。Brown 和 Duguid[10]指出,认识到其他团队成员共享的工作材料的变化在协同系统中非常重要。因此,协同信息检索系统的设计只满足用户的基本交流是远远不够的,应该更多地考虑如何符合用户的各种认知,以提高用户间交流和协作的质量,这样才能使用户更加愿意使用协同系统,并高质量地完成复杂的任务。

三、协同方式

合作无疑是协同信息检索除了检索行为外最为关键的行为了,没有良好的合作策略,协同信息检索无法成功。Meimei Wu 和 Jonathan Foster 在 2008 年共同合作教授台湾师范大学图书资讯学研究所硕士一年级的"社会科学研究法"课,并设计一个合作信息搜寻的小组作业,探究小组协作信息需求历程、合作成功和困难因素,以便了解小组合作搜寻信息有哪些有效策略。他们认为建立一致的目标、共同寻求主题聚焦,更需要借助人际沟通技能的帮助。这些是形成有效小组合作信息搜寻策略的整合基础[11]。Mary O'Farrell 和 Jessica Bates 以图情学生为研究对象,注重学生在小组项目中的交流和信息分享。她们发现,虽然电子媒介已普遍使用,但交流困难依旧存在。然而这些问题并不妨碍学生对小组任务的积极态度,因为在过程中他们能收获团队合作技能和分享信息资源[12]。Sormunen 等人根据六种活动即计划、搜索、评价资源、阅读、写作和编辑,分析中学生在小组写作任务中采取的合作策略,分工为独立执行的部分是最常用的小组合作方式[13]。楚艳萍和徐树维主要研究了两个阶段的协同检索活动的检索策略,即协作查询术语的构建策略和检索结果的相关性判断策略,为同步协作检索系统的设计提供了借鉴[14]。

根据三个实验可以看出,每个团队协作的方式各有千秋,有按内容分工,有按角色分工,有动态分工策略,有静态分工策略。总的来说,分工和知识分享是在合作中两个必须考虑的因素,而一个成功的合作策略是明确分工、积极知识交流和主动的知识分享意识的集合。在科研合作情境下,除了以上要素外,团队领袖是另一个重要因素。成功的团队学术搜索合作策略中,团队领袖、明确的分工、积极的知识交流和主动的知识分享意识不可少。团队领袖是核心,明确的分工是基础,积极的知识交流是动力,而主动知识分享意识是动力的源泉。实际上成功的合作策略是对人力和知识资源的高效配置。因此,科研团队通常呈现出这样的特点:核心领袖是带头人,团队结构是扁平式的,且团队内学术平等;团队成员拥有各自的专业知识和技能,且相互补充;团队内实行知识、资源的共享[15]。这种合作策略从横纵双向支持团队学术搜索任务的顺利完成。

四、编辑方式

协同编辑写作是协同信息检索的一个环节，指的是由一个有共同目标的小组，在共同的文档创建过程中，相互妥协、协调和交流的反复的社会过程[16]。这一过程中包含着以下要素：协同写作活动、流程、角色、策略、工具或软件、文档控制模式、工作模式和小组认知等。专门的协同信息检索系统都提供有协同编辑写作的功能。协同编辑结果反映了对协同信息检索结果的整理。

实验发现，协同编辑方式也能反映小组的协同信息检索能力。协同信息检索能力强的小组往往有较为清晰、整洁的编辑，且编辑分工明确，小组成员会对他人的编辑内容进行修改、去重。因此，协同编辑的引入使得小组协同更为频繁、深入和密切。

五、检索效果

由于还没有协同信息检索结果评价的统一标准，因此在模拟实验中，我们对检索效果的评价主要考虑信息来源的可靠性和多样性、信息检索的准确性和完整性、信息编辑的逻辑性和条理性等几个方面。同时对于不同类型的任务也兼顾了标准的适当变化。而在真实的科研合作实验中，则不需要另外再设置检索结果评价标准，直接以合作的最终结果作为检索效果来评价即可。通过实验可以看出，基本上检索效果大多受到各影响因素的影响。

六、交流分享

韩毅等人指出，一种信息交流活动必然包含着对查寻过程与查寻结果信息的交换与共享[17]，所以协同信息检索在本质上是不同主体间知识共享的过程[18]。实际情况中，知识分享也是人们协同学术信息检索行为必不可少的一环。因此在协同信息检索系统中都会安插一个即时通信工具，方便小组成员随时交流。实验研究说明，交流的频次和知识分享的意识有一定关系：交流越多，知识分享意识就越强，因此在分享中收获越多，对知识分享的评价也会越高，从而更乐于与他人交流，成为习惯，形成一个良性循环。

七、情感状态

情感状态在协同信息检索行为中具有重要的研究意义。McGrath[19]指出，一般情况下，人们会关注他人的信息活动，在小组工作情况下，在互动中检索者的信息行为会受到他人的信息行为、态度和情绪的影响。Kuhlthau[20]指出在寻求信息时,用户在不同的阶段可能会表达不同的情绪,例如焦虑和沮丧等。Byström 和 Järvelin[21]通过对任务类型和信息的寻求和使用的研究中发现,当信息检索者面对复杂的任务时,个人因素如态度、动机和情绪来都会发挥作用。Bilal[22]和 Wang[23]指出,检索者在检索过程中如何管理他们的情感会对他们的检索行为和效果产生影响。

本实验研究发现,用户的情感受任务因素影响较大。工作任务的复杂性和情感经历似乎是相互关联的,当检索者面对复杂的任务时,个人因素如态度、动机和情绪都会发挥作用,负面情绪往往因此而产生,并且从整体上影响检索效果[24]。即便是不同的小组,在完成某一个任务时的情绪变化都有一定的共性,这揭示了任务本身的差异对用户协同信息检索行为确实产生了影响。就整个任务完成阶段而言,在任务计划阶段和任务完成阶段的情绪表达最多,且情绪波动较大。此外,用户在协同信息检索过程中的交流行为与情感表达有直接的关联性。交流越频繁的小组成员更愿意真实表达自己的情绪,所表达的积极情绪也越多。

第四节　协同信息检索行为影响因素讨论

对协同信息检索行为影响因素的研究是本书所提出的协同信息检索行为模型与其他相关模型的区别。根据前人对影响因素的研究和我们要研究的影响因素,我们将影响因素分为三大类。

一、个人因素

尽管现有研究指出不同用户类型会对协同信息检索行为产生影响,但大多是对于学生群体与其他社会群体的研究,研究的变量包括性别、专业等,还没有出现有关协同能力不同的用户对协同信息检索行为的影响研究。本书认为个人协同能力是团队的基础,团队成员之间互补互助才能达到团队最大工作效率。因此,本研究在模型中提出个人协同能力这一影响因素的相关假设。

实验结果证明,协同能力强弱对用户的推荐行为影响较大。协同能力较强的小组在完成协同检索任务时比协同能力较弱的小组更倾向于合作和相互帮助。协同能力不同对检索效果也产生了显著性影响,协同能力较强的用户对于任务的完成效果要远远好于协同能力较弱的用户。

二、小组因素

小组因素反映的是团队中组间成员不同的关系。小组因素研究得较多的是小组成员的熟悉程度、性别构成等。而我们认为小组类型和小组的知识结构是影响一个团队协同信息检索行为的主要因素。小组类型被区别为专业小组和兴趣小组，以是否具有专业知识为界限；小组知识结构则被区分为由不同专业知识背景构成。这两个小组因素都是主要针对某个领域的学术信息检索而言的。

实验结果显示，与个人协同能力一样，小组类型也主要对用户的推荐行为影响较大。而小组知识结构则对团队有无重复检索式影响较大，因为系统功能使用较少，所以知识结构差异对系统使用影响较小，主要受活动进程的影响。除了检索方式外，无论是小组类型还是小组知识结构均对协同方式和认知方式产生了较大影响。可见，小组因素与个人因素一样都是关于用户的因素，它对协同信息检索行为的影响主要体现在小组成员间的合作上面。

三、任务因素

任务因素一般来说与情境是密切相关的。一般情境下的社会化搜索涉及多种任务，因此任务不同会影响用户的协同信息检索行为。而特殊情境下，用户在进行协同信息检索时往往目标很明确，如科研合作情境下，一个项目小组的任务就是要完成项目申报书的填写，因此小组会紧密围绕申报课题内容进行协同信息检索。

当任务有差异时，任务类型和任务难度会对用户协同信息检索行为产生影响。事实上，任务难度是和任务类型有关的，如探索型的任务往往难度较大，而事实型的任务难度则相对较小。实验结果显示，任务类型和任务难度均对用户的检索次数、网页浏览次数产生影响。除了检索方式外，二者还对用户的情感状态有显著影响，像探索型的任务属于难度比较大的任务，小组的负面情绪会较多，情绪波动比较大，相反，事实型的任务难度较小，小组的积极情绪较多。总体而言，任务因素主要影响的是小组中个人的检索行为，而个人因素和小组因素等与用户相关的因素更多影响的是小组成员的交互行为。

第五节　协同信息检索中的协同机制

由于合作是协同信息检索行为的特征,在第三章对合作机制的基础理论研究的基础上,本小节主要通过本书第七至九章的实验内容加强协同信息检索环境下合作策略的分析,总结用户的合作方式和特点。虽然实验情境和任务有所不同,但根据实验的数据可以发现,小组采取的合作方式大致可分为四种,即单独工作、分工、两人合作和小组合作。

单独工作反映的是小组成员以个人的形式进行工作。在此情境下,活动及其相应的责任完全被赋予单个个人。比如在实验一中,兴趣小组出现了没有协同的情况;在实验三中当实验对象开始搜索信息时,他们会独立搜索并浏览已查到的信息,独自探索信息,没有与他人进行交互。

分工反映的是小组成员将任务划分为若干子任务的过程,而这些子任务又将通过自由选择或指定的方式分配给个人。通常情况下,小组会将任务分为个人完成的子部分,因此每个人可以完成自己的那部分,保证明确的责任,避免重复劳作。在前文的分析中,虽然情境和任务不同,三个实验中都有小组采用分工方式完成任务。如实验二中,协同能力强的两个小组采用了按角色分工和按内容分工相结合的分工方式,而协同能力弱的两个小组仅采用了按内容分工的方式。

两人合作表现了两个小组成员一同完成某项活动的情况。它反映了整个小组中部分成员间的交流互动,是一个典型的从分工和小组合作普遍计划中分离出来的策略[25]。比如在实验三中,实验对象虽然很少两人合作,但是第二组在搜索中采用了该方式以解决一个特定问题。相较而言,两人合作比分工更为互动,并且通常用于处理较小的问题。

小组合作需要多于两名成员共同参与某项任务,所以在四个协同方式中交互性最强。通常当遇到可能影响整个任务完成的情况,如在任务过程中的一些关键问题或关键步骤时,小组成员会倾向采用此方法,集中力量共同解决问题。在三个实验中,编辑行为最能反映小组合作过程。另外,在实验三中第三组曾因解决研究主题的有关核心术语如何翻译而共同商议较长时间。

可以看出从单独工作到小组合作,这四种方式愈发强调合作所扮演的角色和强度。通过以上对四种方式及其特点的分析,并结合第三章协同机制的比较分析,本研究又进一步将它们归为两类:合作策略(cooperative strategies)和协同策略(collaborative strategies)如表 10-1 所示。其中单独工作和分工属于合作策略,而两人合作和小组合作属于协同策略。合作策略和协同策略相比,更为强调个人的贡献和劳动。尽管协同在完成复杂任务时很重要,但个人工作同样十分必要。协同策略与合作策略相比,成员的交互性更强,反映了群体中关系的协调和整体运行。

表 10-1 协同机制中的合作策略与协同策略

策略	合作方式
合作策略	单独工作、分工
协同策略	两人合作、小组合作

具体而言,根据本书三个实验的结果,对两人组和多于两人小组协同工作中的协同机制进行比较,见表 10-2。需要指出的是,由于人数限制,两人组的两人之间的合作实际上是整个小组共同完成工作的过程,故被归纳为小组合作。从表 10-2 可以看出,所有的合作策略和协同策略在两人组和多于两人小组的协同工作中都有所体现。不过在两人组的协作中,单独工作和分工最为常见,整个小组共同完成某项任务只出现在任务 1 中的某一小组,较为少见。大多数采用的是明确分工或是单独工作再进行结果整合的方法。所以合作策略在两人组协同中处于主要地位。而两人以上小组采用的协作方法更为多样,单独工作、分工和小组合作都是常用的策略,合作策略和协同策略都在协作中扮演着重要作用。

表 10-2 两人组和两人以上小组协同工作中协同机制的比较

小组	合作方式	主要协同机制
两人组	单独工作、分工、小组合作	合作策略
三人组和多人组	单独工作、分工、两人合作、小组合作	合作策略、协同策略

第六节 协同信息检索系统评价与建议

根据本书第七、八、九三章的实验结果可以看出,实验对象对于实验系统 Coagmento 有着较高的认同度但是较低的使用率。就功能而言,即时信息、编辑、书签等是协同信息检索中使用最多的功能,而其他功能如标注、推荐等使用较少。这种情况的产生有多种原因。首先 Coagmento 是一个国外开发的系统,对于实验对象而言比较陌生。当使用 Coagmento 的时候会产生系统卡顿以及语言上的使用障碍。其次,与其他即时信息软件相比,Coagmento 并没有独特的功能,而且功能较为分散,标注和推荐功能需要额外登录电子邮件才能查看到相关网页链接,增加了系统使用的不便,集成化不足。最后,针对学术环境而言,Coagmento 也没有支持学术检索活动的功能。

结合三个实验的结果,交流和认知是协同信息检索系统设计中十分重要的两个因素,笔者也总结了一些对协同信息检索系统的功能建议。

(1)鉴于协同活动通常会将任务划分成若干子任务,人们需要及时讨论和解决过程中出现的问题,所以协同信息检索系统需要支持及时联系。

(2)协同信息检索系统也需要让用户随时保持对个人以及整个工作过程进度的认知,提高项目完成的效率。

(3)协同信息检索系统还应该提供知识分享的功能。知识分享能通过交换个人所拥有的信息和知识,节省整个团队花费的人力和物力,个人也能因此获取更多的知识。知识分享可以分为显性知识分享和隐性知识分享。对协同信息检索系统而言,显性知识分享多通过界面进行调节,而隐性知识分享则主要通过深层算法。系统实现显性知识分享主要也是利用聊天和信息交换功能,如推荐、评注等。这些分享集成在同一个平台界面中,并根据不同的提供者和类型进行自动分类。系统的隐性知识分享实现则类似 Cerchiamo 系统[26]。深层的算法可以产生文档、排名、检索推荐和其他相关信息,为成员的检索提供借鉴。同时系统能从不同协同检索者那里收集信息,重新这些分配信息并不断改进检索算法。

另外,针对学术活动的特点,协同信息检索系统还可以增加以下功能。

(1)学术环境相较于其他环境而言,更注重信息来源的可靠性、真实性、权威性,所以选择的检索来源应该是专业的学术资源。并且为了使检索结果更为全面,在协同信息检索系统中还可以采用网络学术搜索引擎检索。

(2)考虑到关于某一课题的查找结果,某个人由于自身知识结构的原因无法判断是否相关,所以在检索功能方面,面向学术环境的协同信息检索系统还应支持相关性判断。具体来说,同时使用系统的人可以利用分开检索的功能,共同浏览某一检索结果界面,对网页上的结果进行评判,给出相关性评判的分数(1 —10 分,1 分为完全无关,10 分为密切相关)以及评注(可选),也可将某一结果根据小组分工或个人专长、兴趣推荐给特定的成员。对于不同时间使用系统的人,在登录系统后可以查看到其他人的求助与之前所进行的检索及其结果,此时可在此基础上进行下一步检索或者直接对原有结果进行判断(与同步检索中功能相同)。通过协同信息检索系统中的相关性判断,利用评价、评分等功能,实际上可以对检索结果进行排序和过滤,将最相关的结果呈现在最前面,并在一旁附上用户的平均好评度、推荐数等,实现了协同过滤功能,加强了对团队内学术信息的处理与控制。

(3)概念地图也能应用于学术环境中的协同信息检索系统。每一位成员可以将相关的概念节点以及节点间的关系放置于一个共享的区域,形成研究主题的可视化知识网络,反映了小组对主题的认知。概念地图也能让整个主题知识结构更加清晰,从而有助于小组分工。

(4)面向学术环境的协同信息检索系统还可以利用 Tag 技术,让检索者能根据自身的习惯及学科情况对检索结果提供标签。这些标签作为关键词,又可以为协同信息检索系统的信息推送提供便利,实现协同信息导航,满足科研人员对知识的即时获取和前沿性的需求。

(5)在进行研究时会形成一些文档,为了方便小组成员的及时交流,面向学术环境的协同信息检索系统还可具有协同创作与编辑的功能,即支持文件共享、联合查看、协同编辑等。这样能加快学术成果产生的速度和效率,集思广益,省时简单。在进行以上三种功能的过程中,协同信息检索系统可以提供即时信息功能,使小组信息交流贯穿其中,辅之以小组通知、公告栏的功能,一方面告知项目完成的进度,另一方面也显示项目完成中一些重要的时间、事件及注意事项,使小组成员能及时与其他成员沟通,有助于问题的解决,同时保持成员时刻了解项目情况及团队状态,提高团队意识,增强凝聚力。

经过以上功能的构建,创建了一个面向学术需求的协同信息检索环境,发掘隐性协同,支持显性协同。

第七节　研究结论与展望

本书在总结协同信息检索行为相关理论的基础上,提出了一个协同信息检索行为模型及若干假设,模型主要围绕三大影响因素、七项协同信息检索行为,以及不同的协同信息检索情境展开。然后设计了三个实验分别检验一般情境下的小组因素和任务因素、一般情境下的个人因素和任务因素,以及科研合作情境下的小组因素。三个实验除了包含不同情境,检验了三大影响因素对七项协同信息检索行为的影响外,还涉及不同人数构成的小组、特定情境下的协同信息检索行为特点,以及检验了各因素对模型外其他方面的影响,可谓是比较全面。

一、研究结论

通过研究我们发现,用户的协同信息检索行为首先是与情境密切相关的。由于一般情境下的社会化搜索的任务是多元化的,因此任务是影响协同信息检索的重要因素。并且在一般情境下,当前的协同检索工具基本能满足用户需求。而特殊情境往往是一些真实的工作场景,用户会表现出一些特有的行为特点。以科研合作情境为例,协同学术信息检索行为的产生集中体现了学术环境的影响,沟通交流是协同学术信息检索行为区别于个人信息检索行为的重要体现。

其次,用户的协同信息检索行为不同于个人信息检索行为,主要体现在检索方式、认知方式、协同方式、编辑方式、检索效果、交流分享和情感状态几个方面。其中,检索方式主要包括检索行为、浏览网页行为、推荐行为、使用图片行为、加书签行为和产生重复检索式行为;认知方式则包括情境认知、任务认知和协同认知;协同方式有按内容分工、按角色分工、动态分工策略和静态分工策略。

最重要的是,个人因素、小组因素和任务因素均会在不同程度上对协同信息检索行为产生影响。其中,个人协同能力对全部七项行为均产生影响,对检索方式的影响在于推荐行为和重复检索式行为上,对认知方式的影响在于情境认知和协同认知上。小组类型对检索方式、编辑方式、协同方式和认知方式四项行为产生影响,对检索方式的影响仅在推荐行为上,对认知方式的影响仅在任务认知上。小组知识结构对除编辑行为之外的六项行为均产生影响,对检索方式的影响在于重复检索式行为和书签行为,对认知方式的影响在于情境认知和协同认知上。任务类型对除编辑行为和协同方式之外的五项行为产生影响,对检索方式的影响在于网页浏览行为、检索行为和使用图片行为上,对认知方式的影响在于任务认知上面。任务难度对检索方式、编辑方式、协同方式和情感状态四项行为产生影响,对检索方式的影响在于检索行为和浏览网页行为上。

二、不足与展望

尽管本研究目前已取得了一定结果,但还存在一些不足,我们将在未来的研究工作中不断完善。

(1)关于所提出的协同信息检索行为模型还需要完善。目前,本模型主要考察的是个人因素、小组因素、任务因素,还有其他因素也需要纳入考察范围，如协作者之间的熟悉程度、用户的动机在多大程度上对协同信息检索行为产生影响或是如何影响用户协同检索行为都有待进一步研究。本书的三个实验都对实验用户进行了背景调查，而本书目前的数据分析主要是针对检索行为数据的分析，对背景调查数据利用较少，可以充分挖掘这些数据，发现一些用户变量对用户检索行为的影响。

（2）模型外的其他协同信息检索行为特点分析还需要进一步深入。本书三个实验都是按照模型的七项协同信息检索行为来分析的，但是在实验中，除了这七项行为数据外，每个情境下还产生了一些其他方面的数据。因此，我们应该对除了模型外的其他协同信息检索行为也进行深入分析，总结各种行为特点。

（3）对探索新环境下用户行为以及深入剖析协同信息检索行为的可行性和科学性需要新的视角和新的方法。本书的研究都采用实验方法，而实验是建立在假定基础上，模拟现实但不一定是现实的反映。这种或然性在总体上无法形成一个完整的知识结构，在知识逻辑性要求上有所欠缺。另外，模型中将协同模式细分为显性/隐性、同时/异时、同地/异地等多种类型，但在设计的实验中并没有全面涵盖这些类型的协同检索方式，一定程度上影响了结论的价值，故须加强实验研究的多样性、全面性和深入性。另外还需要增加实验人数，尽量减少由数据量不大而带来的偶然因素的影响。

（4）对学术科研情境下的协同信息检索行为缺少拓展研究。学术科研领域作为协同信息检索在真实场景中的重要体现，特别是在当前大数据环境下，值得更多的关注。人们对协同信息检索的高认可度、高参与度和高满意度为相关协同学术检索支持工具的开发提供了良好的环境和机遇。本书实验三从大学生科研项目小组的协同行为出发，分析小组知识结构对协同学术信息检索行为的影响，但对学术环境的分析和学术行为特点的总结较少，今后要进一步探讨学术环境的影响方式和影响程度，以及协同学术信息检索行为的特点，如动机和具体活动目的以及协同学术信息检索行为内容、资源使用和认知情况等。

参考文献

［1］韩毅. 合作信息查寻与检索的5C模型与语境机制［J］. 图书情报工作，2013（19）：42，43－49.

［2］Shah C. Collaborative information seeking：the art and science of making the whole greater than the sum of all［M］. Berlin：Springer，2012.

［3］吴丹，余文婷. 国外协同信息检索系统比较分析［J］. 现代图书情报技术，2014

(1):14-21.

[4] Dourish P, Bly S. Portholes: supporting awareness in a distributed work group [C]. CHI'92. Conference Proceedings on Human Factors in Computing Systems, Monterey, CA, 1992:541-547.

[5] De Mey M. The cognitive viewpoint: its development and its scope [C]//De Mey M, et al. International workshop on the cognitive viewpoint, Ghent, Belgium, University of Ghent, 1977: xvi-xxxi.

[6] Endsley M R. Toward a theory of situation awareness in dynamic systems[J]. Human Factors, 1995, 37(1):32-64.

[7][21] Byström K, Järvelin K. Task complexity affects information seeking and use [J]. Information Processing & Management, 1995, 31(2):191-213.

[8] Ingwerson P, Järvelin K. The turn: integration of information seeking and retrieval in context [M]. Netherlands: Springer, 2005.

[9] Liechti O, Sumi Y. Editorial: awareness and the WWW [J]. International Journal of Human Computer Studies, 2002, 56(1):1-5.

[10] Brown J S, Duguid P. Borderline issue: social and material aspects of design[J]. Journal of Human-Computer Interaction, 1994, 9(1):3-36.

[11] Wu M M, Foster J. Exploring factors for collaborative group investigation[J]. Journal of Educational Media & Library Sciences, 2009, 47(2):123-146.

[12] O'Farrell M, Bates J. Student information behaviours during group projects: a study of LIS students in University College Dublin, Ireland[J]. Aslib Proceedings: New Information Perspectives, 2009, 61(3):302-315.

[13][25] Sormunen E, Tanni M, Alamettala T. Students' group work strategies in source-based writing assignments[J]. Journal of the Association for Information Science and Technology, 2014, 65(6):1217-1231.

[14] 楚艳萍,徐树维. 用户同步写作检索的活动策略[J]. 河南大学学报(自然科学版), 2012(6):752-756.

[15] 李巨光,张保明. 角色理论在科研团队构建中的应用[J]. 中国人才, 2008(10):65-66.

[16] Lowry P B, Curtis A M, Lowry M R. A taxonomy of collaborative writing to improve empirical research, writing practice, and tool development [J]. Journal of Business Communication, 2004, 41(1):66-99.

[17] 王瀚,韩毅. 合作信息查寻与检索中知识共享的博弈学习机制研究[J]. 图书情报工作, 2013(19):37-42.

[18] 韩毅,李鹏. 合作信息查寻与检索的知识共享模型[J]. 中国图书馆学报, 2011(11):43-49.

[19] McGrath J. Groups: interaction and performance [M]. New Jersey: Prentice-Hall,

Englewood Cliffs,1984.

[20] Kuhlthau C C. Inside the search process — Information seeking from the users perspective [J]. Journal of the American Society for Information Science, 1991, 42 (5): 361 – 371.

[22] Bilal D. Children's use of the Yahooligans! Web search engine: II. cognitive and physical behaviors on research tasks[J]. Journal of the American Society for Information Science and Technology, 2001, 52(2): 118 – 136.

[23] Wang P, Hawk W B, Tenopir C. Users interaction with world Wide Web resources: an Exploratory Study Using A Holistic Approach [J]. Information Processing & Management, 2000, 36(2): 229 – 251.

[24] Byström K. The effects of task complexity on the relationship between information types acquired and information sources used[J]. The New Review of Information Behaviour Research: Studies of Information Seeking in Context, 2000(1): 85 – 101.

[26] Golovchinsky G, Adcock J, Pickens J, et al. Cerchiamo: a collaborative exploratory search tool[J]. Proceedings of Computer Supported Cooperative Work(CSCW), 2008.

附录1　实验一调查问卷

第一部分　背景调查

小组：　　　　　　姓名：

全体成员必答题：

1. 请问您是否曾经参与完成过团队任务？

A. 是　　　　　　B. 否

2. 请问您对网络检索的信心是？

（1到5表示信心度由低到高，1表示完全没有信心，5表示很有信心）

No.	题目	1	2	3	4	5
1	您对网络检索的信心。					

3. 您在检索网络信息时，对下列网络检索工具的使用情况是？

（1到5表示使用的频率由低到高，1表示从没使用过，5表示经常使用）

No.	网络检索工具	1	2	3	4	5
1	数字化的传统检索工具，如年鉴、手册、图录、词典、索引等。					
2	联机检索工具，如DIALOG、First Search等。					
3	搜索引擎，如Yahoo、Google、新浪、搜狐、百度等。					

4. 您对下列协同工具的使用情况是？
(1到5表示使用的频率由低到高,1表示从没使用过,5表示经常使用)

No.	信息源	1	2	3	4	5
1	通信工具,如QQ、MSN、UC、E-mail等。					
2	协同内容创作网站,如Google Docs、DropBox等。					
3	屏幕分享工具,如joinme、ScreenLeap、QQ屏幕分享等。					

5. 您对电影知识的了解程度是？
(1到5表示程度由低到高,1表示一点都不了解,5表示非常了解)

No.	题目	1	2	3	4	5
1	您对电影知识的了解程度。					

6. 您主要从以下哪种途径获知电影资讯？
A. 网络社区　B. 网络新闻　C. 电视　D. 朋友
E. 其他

7. 您主动搜索电影资讯的频率是？
(1到5表示频率由低到高,1表示从不主动搜索,5表示经常主动搜索)

No.	题目	1	2	3	4	5
1	您主动搜索电影资讯的频率。					

8. 您在现实生活中参加的社团或群组的数量有多少？
A. 一个都没有　B. 1个　C. 2个　D. 3
E. 4个以上

9. 您在虚拟网络中参加的社团或群组的数量有多少？
A. 一个都没有　B. 1个　C. 2个　D. 3
E. 4个以上

10. 您是否在参加过的社团或群组与其他成员共同完成过某项任务？
A. 是　B. 否

小组成员必答题：

1. 您认为自己所在的电影社群对您的帮助大吗？

（1 到 5 表示程度由低到高，1 表示完全没有帮助，5 表示帮助非常大）

No.	题目	1	2	3	4	5
1	社群对您的帮助程度。					

2. 您认为您对自己所在的电影社群的贡献大吗？

（1 到 5 表示程度由低到高，1 表示完全没有贡献，5 表示有非常大的贡献）

No.	题目	1	2	3	4	5
1	您对社群的贡献程度。					

3. 您信任电影社群中的成员吗？

（1 到 5 表示程度由低到高，1 表示完全不信任，5 表示非常信任）

No.	题目	1	2	3	4	5
1	您对社群中成员的信任程度。					

4. 您对电影群组有很强的归属感吗？

（1 到 5 表示程度由低到高，1 表示完全没有归属感，5 表示有非常大的归属感）

No.	题目	1	2	3	4	5
1	您对电影群组的归属感程度。					

5. 您参与您所在电影社群组织的有关电影的发言或活动的频率是？

（1 到 5 表示频率由低到高，1 表示从不参加，5 表示经常参加）

No.	题目	1	2	3	4	5
1	您参与您所在电影社群组织的有关电影的发言或活动的频率。					

第二部分　任务1问卷

一、任务认知

（1到5同意的程度由低到高，1表示完全不同意，5表示非常同意）

No.	题目	1	2	3	4	5
1	我非常清楚这个任务表达的意思。					
2	在检索这个任务前，我就对这个任务的相关知识非常了解。					
3	我知道怎么从网络上找到这个任务的答案。					
4	我觉得这个任务完成得很成功。					

二、协同认知

（1到5同意的程度由低到高，1表示完全不同意，5表示非常同意）

No.	题目	1	2	3	4	5
1	我认为这个任务进行协同检索比我自己单独检索的效果要好。					
2	我与我的队友分工很明确。					
3	我认为系统提供的协同工具对于该任务的协同检索非常有用。					
4	我很适应协同检索的方式。					

三、情感认知

（1 到 5 同意的程度由低到高，1 表示完全不同意，5 表示非常同意）

No.	题目	1	2	3	4	5
1	当我看到这个任务时，我非常自信能够完成。					
2	在检索这个任务的过程中，我能够非常从容地应对。					
3	在检索这个任务的过程中，我与队友合作得很愉快。					
4	我觉得这个任务完成得非常成功，我感到非常愉悦。					

四、社群认知（现实群和虚拟群必答）

（1 到 5 同意的程度由低到高，1 表示完全不同意，5 表示非常同意）

No.	题目	1	2	3	4	5
1	在电影社群（现实、虚拟）中获得的知识对完成任务很有帮助。					
2	在电影社群活动中与队友培养的默契感对这次的任务很有帮助。					
3	在电影社群活动中学习到的团队工作方式对完成任务很有帮助。					
4	在检索过程中，我很大程度上是直接访问社群分享的知识而非大众搜索引擎。					

第三部分　任务2问卷

一、任务认知

(1到5同意的程度由低到高,1表示完全不同意,5表示非常同意)

No.	题目	1	2	3	4	5
1	我非常清楚这个任务表达的意思。					
2	在检索这个任务前,我就对这个任务的相关知识非常了解。					
3	我知道怎么从网络上找到这个任务的答案。					
4	我觉得这个任务完成得很成功。					

二、协同认知

(1到5同意的程度由低到高,1表示完全不同意,5表示非常同意)

No.	题目	1	2	3	4	5
1	我认为这个任务进行协同检索比我自己单独检索的效果要好。					
2	我与我的队友分工很明确。					
3	我认为系统提供的协同工具对于该任务的协同检索非常有用。					
4	我很适应协同检索的方式。					

三、情感认知

（1 到 5 同意的程度由低到高，1 表示完全不同意，5 表示非常同意）

No.	题目	1	2	3	4	5
1	当我看到这个任务时，我非常自信能够完成。					
2	在检索这个任务的过程中，我能够非常从容地应对。					
3	在检索这个任务的过程中，我与队友合作得很愉快。					
4	我觉得这个任务完成得非常成功，我感到非常愉悦。					

四、社群认知（现实群和虚拟群必答）

（1 到 5 同意的程度由低到高，1 表示完全不同意，5 表示非常同意）

No.	题目	1	2	3	4	5
1	在电影社群（现实、虚拟）中获得的知识对完成任务很有帮助。					
2	在电影社群活动中与队友培养的默契感对这次的任务很有帮助。					
3	在电影社群活动中学习到的团队工作方式对完成任务很有帮助。					
4	在检索过程中，我很大程度上是直接访问社群分享的知识而非大众搜索引擎。					

第四部分　任务3问卷

一、任务认知

（1到5同意的程度由低到高,1表示完全不同意,5表示非常同意）

No.	题目	1	2	3	4	5
1	我非常清楚这个任务表达的意思。					
2	在检索这个任务前,我就对这个任务的相关知识非常了解。					
3	我知道怎么从网络上找到这个任务的答案。					
4	我觉得这个任务完成得很成功。					

二、协同认知

（1到5同意的程度由低到高,1表示完全不同意,5表示非常同意）

No.	题目	1	2	3	4	5
1	我认为这个任务进行协同检索比我自己单独检索的效果要好。					
2	我与我的队友分工很明确。					
3	我认为系统提供的协同工具对于该任务的协同检索非常有用。					
4	我很适应协同检索的方式。					

三、情感认知

（1 到 5 同意的程度由低到高，1 表示完全不同意，5 表示非常同意）

No.	题目	1	2	3	4	5
1	当我看到这个任务时，我非常自信能够完成。					
2	在检索这个任务的过程中，我能够非常从容地应对。					
3	在检索这个任务的过程中，我与队友合作得很愉快。					
4	我觉得这个任务完成得非常成功，我感到非常愉悦。					

四、社群认知（现实群和虚拟群必答）

（1 到 5 同意的程度由低到高，1 表示完全不同意，5 表示非常同意）

No.	题目	1	2	3	4	5
1	在电影社群（现实、虚拟）中获得的知识对完成任务很有帮助。					
2	在电影社群活动中与队友培养的默契感对这次的任务很有帮助。					
3	在电影社群活动中学习到的团队工作方式对完成任务很有帮助。					
4	在检索过程中，我很大程度上是直接访问社群分享的知识而非大众搜索引擎。					

第五部分　整体评价

（1 到 5 同意的程度由低到高，1 表示完全不同意，5 表示非常同意）

No.	题目	1	2	3	4	5
1	书签（Bookmark）功能对于完成协同检索任务很有用。					
2	推荐（Recommend）功能对于完成协同检索任务很有用。					
3	注释（Annotate）功能对于完成协同检索任务很有用。					
4	片段收集（Snip）功能对于完成协同检索任务很有用。					
5	编辑（Editor）功能对于完成协同检索任务很有用。					
6	聊天工具（chat）对于完成协同检索任务很有用。					
7	提醒工具（notifications）对于完成协同检索任务很有用。					
8	检索历史工具（history）对于完成协同检索任务很有用。					
9	记事本工具（notepad）对于完成协同检索任务很有用。					
10	我们根据不同的任务具体问题具体分析，采用了不同的协同方式。					
11	总体而言，这次实验我与队友相处愉快。					

附录 2　实验一访谈大纲

1. 对于这个实验，您觉得你们组整体的协作效果如何？如果协作不佳，请问您觉得主要原因是什么？

2. 请问你们每个任务的协作方式是什么？

3. 请问在整个协同检索过程中，您的情感变化情况是怎样的？

4. 请问您认为这三个任务中哪个分工最明确，合作最顺利？您觉得哪个任务最适合协同检索？

小组成员必答题：

您觉得在电影社群中的活动（获取信息知识、与其他成员互动以及进行团队合作）与您在这次检索过程中的表现有关吗？

非小组成员必答题：

您觉得如果您参加了某一电影社群（获取信息知识、与其他成员互动以及进行团队合作），会对您在这次检索过程中的表现有影响吗？

附录3 实验一各个任务的评价标准

指标		权重	A级(10－8分)	B级(7－5分)	C级(4－1分)
信息来源	可靠性	10%	信息来源可靠、权威	信息来源较可靠	信息来源不可靠
	多样性	10%	最终答案来自5个以上网站	最终答案来自3个以上网站	最终答案来自1－2个网站
信息检索	准确性	30%	答案准确，切合题意	答案有偏颇，较切合题意	答案错误，跑题
	完整性	30%	信息查找全面，无遗漏	信息查找不完整，有少量遗漏	信息查找有较大残缺
信息编辑	逻辑性	10%	前后连贯，无重复	前后较连贯，有少量重复	前后不连贯，大量重复
	条理性	10%	排版格式清晰整洁美观	排版格式较清晰整洁	排版格式混乱

附录4 实验二调查问卷

第一部分 背景调查

小组:________ 用户名:________ 班级:________

1. 请问您是否曾经参与完成过团队任务?

A 是 B 否

2. 请问您对网络检索的信心是?

(1 到 5 表示信心度由低到高,1 表示完全没有信心,5 表示很有信心)

No.	题目	1	2	3	4	5
1	您对网络检索的信心。					

3. 您在检索网络信息时,对下列网络检索工具的使用情况是?

(1 到 5 表示使用的频率由低到高,1 表示从没使用过,5 表示经常使用)

No.	网络检索工具	1	2	3	4	5
1	数字化的传统检索工具,如年鉴、手册、图录、词典、索引等。					
2	联机检索工具,如 DIALOG、First Search 等。					
3	搜索引擎,如 Yahoo、Google、新浪、搜狐、百度等。					

4. 您对下列协同工具的使用情况是?

(1 到 5 表示使用的频率由低到高,1 表示从没使用过,5 表示经常使用)

No.	信息源	1	2	3	4	5
1	通信工具,如 QQ、MSN、UC、E-mail 等。					
2	协同内容创作网站,如 Google Docs、DropBox 等。					
3	屏幕分享工具,如 joinme、ScreenLeap、QQ 屏幕分享等。					

第二部分　任务 1 问卷

一、情境认知

(1 到 5 同意的程度由低到高,1 表示完全不同意,5 表示非常同意)

No.	题目	1	2	3	4	5
1	我了解我的实验环境(包括实验系统、实验步骤、实验时间等)。					
2	我了解我实验的对象(包括协作伙伴、实验任务)。					
3	我了解我的队友对我的印象、看法。					
4	我了解我的队友在协作过程中的每一步行动。					
5	我知道我的队友了解我在协作过程中的每一步行动。					
6	我知道我和我的队友每一步检索行动的好坏。					

二、任务认知

（1 到 5 同意的程度由低到高,1 表示完全不同意,5 表示非常同意）

No.	题目	1	2	3	4	5
1	我很了解这个任务。					
2	这项任务主要花费脑力劳动。					
3	这项任务主要花费体力劳动。					
4	在完成这项任务时,我感到时间非常匆忙。					
5	在完成这个任务时,我感到不安全、消极、愤怒、压力和烦恼。					
6	我觉得这个任务完成得很成功。					

三、协同认知

（1 到 5 同意的程度由低到高,1 表示完全不同意,5 表示非常同意）

No.	题目	1	2	3	4	5
1	我认为这个任务进行协同检索比我自己单独检索的效果要好。					
2	我认为在遇到问题时,咨询队友比自己检索所得的信息要有用。					
3	我与我的队友分工很明确。					
4	我们根据此任务的具体情况,采用了相应的协同策略。					
5	我认为系统提供的协同工具对于该任务的协同检索非常有用。					
6	我对我队友的表现很满意。					

第三部分　任务2问卷

一、情境认知

（1到5同意的程度由低到高，1表示完全不同意，5表示非常同意）

No.	题目	1	2	3	4	5
1	我了解我的实验环境（包括实验系统、实验步骤、实验时间等）。					
2	我了解我的实验对象（包括协作伙伴、实验任务）。					
3	我了解我的队友对我的印象、看法。					
4	我了解我的队友在协作过程中的每一步行动。					
5	我知道我的队友了解我在协作过程中的每一步行动。					
6	我知道我和我的队友每一步检索行动的好坏。					

二、任务认知

（1到5同意的程度由低到高，1表示完全不同意，5表示非常同意）

No.	题目	1	2	3	4	5
1	我很了解这个任务。					
2	这项任务主要花费脑力劳动。					
3	这项任务主要花费体力劳动。					
4	在完成这项任务时，我感到时间非常匆忙。					
5	在完成这个任务时，我感到不安全、消极、愤怒、压力和烦恼。					
6	我觉得这个任务完成得很成功。					

三、协同认知

（1到5同意的程度由低到高，1表示完全不同意，5表示非常同意）

No.	题目	1	2	3	4	5
1	我认为这个任务进行协同检索比我自己单独检索的效果要好。					
2	我认为在遇到问题时，咨询队友比自己检索所得的信息要有用。					
3	我与我的队友分工很明确。					
4	我们根据此任务的具体情况，采用了相应的协同策略。					
5	我认为系统提供的协同工具对于该任务的协同检索非常有用。					
6	我对我队友的表现很满意。					

第四部分　任务3问卷

一、情境认知

（1到5同意的程度由低到高，1表示完全不同意，5表示非常同意）

No.	题目	1	2	3	4	5
1	我了解我的实验环境（包括实验系统、实验步骤、实验时间等）。					
2	我了解我实验的对象（包括协作伙伴、实验任务）。					
3	我了解我的队友对我的印象、看法。					
4	我了解我的队友在协作过程中的每一步行动。					
5	我知道我的队友了解我在协作过程中的每一步行动。					
6	我知道我和我的队友每一步检索行动的好坏。					

二、任务认知

（1到5同意的程度由低到高，1表示完全不同意，5表示非常同意）

No.	题目	1	2	3	4	5
1	我很了解这个任务。					
2	这项任务主要花费脑力劳动。					
3	这项任务主要花费体力劳动。					
4	在完成这项任务时，我感到时间非常匆忙。					
5	在完成这个任务时，我感到不安全、消极、愤怒、压力和烦恼。					
6	我觉得这个任务完成得很成功。					

三、协同认知

（1到5同意的程度由低到高，1表示完全不同意，5表示非常同意）

No.	题目	1	2	3	4	5
1	我认为这个任务进行协同检索比我自己单独检索的效果要好。					
2	我认为在遇到问题时，咨询队友比自己检索所得的信息要有用。					
3	我与我的队友分工很明确。					
4	我们根据此任务的具体情况，采用了相应的协同策略。					
5	我认为系统提供的协同工具对于该任务的协同检索非常有用。					
6	我对我队友的表现很满意。					

第五部分　整体评价

（1 到 5 同意的程度由低到高，1 表示完全不同意，5 表示非常同意）

No.	题目	1	2	3	4	5
1	书签（Bookmark）功能对于完成协同检索任务很有用。					
2	推荐（Recommend）功能对于完成协同检索任务很有用。					
3	注释（Annotate）功能对于完成协同检索任务很有用。					
4	片段收集（Snip）功能对于完成协同检索任务很有用。					
5	编辑（Editor）功能对于完成协同检索任务很有用。					
6	聊天工具（Chat）对于完成协同检索任务很有用。					
7	提醒工具（Notifications）对于完成协同检索任务很有用。					
8	检索历史工具（History）对于完成协同检索任务很有用。					
9	记事本工具（Notepad）对于完成协同检索任务很有用。					

附录5　实验二访谈大纲

1. 请问在每一个任务的协同检索过程中,在任务分工一执行检索一完成任务的每一阶段您的情绪的变化过程?

2. 对于这个实验的完成,请问您觉得你们组整体的协作效果如何?如果协作效果不佳,请问您觉得主要原因是什么?

3. 对于这三个任务,哪一个任务是您觉得分工最明确,合作得最顺利的?哪一个最不顺利?您认为哪个任务最适合用协同系统进行检索?

4. 请问你们对于每个任务的协作方式是什么?

5. 请问您觉得这个系统是否具备了您所期望的所有协同功能,是否还有一些功能是欠缺的?

附录 6　实验二各个任务的评价标准

任务一

（1）国内各个微博网站的受欢迎度，如它们有多少用户？这些用户在微博上所花的时间？这些用户在微博上创作了、分享了多少内容。——30 分

（2）微博对学生、职业人员和商业带来的影响，如微博网站在营销中有什么作用？这些微博网站是如何盈利的？用户是如何通过这些微博网站赚钱的？——60 分

（3）格式——10 分

	No.	项目	最大分值
具体内容	1	国内各个微博网站的受欢迎度，如它们有多少用户——10 分。回答出某个具体微博网站的用户数量，一个加 1 分；回答出国内微博总体的用户数量情况加 5 分，此项总分不超过 10 分	10 分
	2	这些用户在微博上所花的时间——10 分：回答出微博用户使用微博的时间段(0－4 分)；回答出用户在微博上平均花费的时间(5－8 分)；在以上所列基础上，回答出某几个具体的微博网站的用户在微博上所花的时间(9－10 分)	10 分
	3	用户在微博上创作了、分享了多少内容——10 分。回答出某个具体微博网站的用户创作内容的数量的，一个加 1 分；回答出国内微博用户创作内容总体情况的加 5 分，此项总分不超过 10 分	10 分

续表

	No.	项目	最大分值
具体内容	4	微博对学生、职业人员和商业带来的影响——15分。微博对学生的影响——5分;微博对职业人员的影响——5分;微博对商业的影响——5分;每一项完成的好坏(0－5分)	15分
	5	微博网站在营销中有什么作用? ——15分。按回答的详细程度、信息量给分。内容较少(0－5分);内容基本全面(6－10分);内容非常详细(11－15分)	15分
	6	这些微博网站是如何盈利的? ——15分。按回答的详细程度、信息量给分。内容较少(0－5分);内容基本全面(6－10分);内容非常详细(11－15分)	15分
	7	用户是如何通过这些微博网站赚钱的——15分。按回答的详细程度、信息量给分。内容较少(0－5分);内容基本全面(6－10分);内容非常详细(11－15分)	15分
格式	8	内容没有完全复制粘贴,进行了整理分析,删除了不相关内容,突出显示重点内容,语言流畅的加5分	5分
	9	根据任务要求按问题排序编辑,有大标题、小标题,条理清晰的加5分	5分

任务二

评分前提：

因为就实际的实验数据来看，只有一个小组设计了三条路线，而且鉴于事务类任务的可行性比较重要，所以这个任务以设计线路的质量为主要标准，包括具体线路的可行性、独创性、唯一性，并且以可行性为最重要的评分标准，其他评分标准皆以可行性为前提，如果所设计的线路不具有可行性的，其他评分标准不予测评。旅游线路的数量不作为评分的主要标准，如有设计三条线路的，选取质量最好的两条线路方案进行评分。如有设计的旅游行程不完整、只设计了几天或一半的不予评分。

客观评分标准：

(1)列出两条旅游线路——90 分
(2)格式——10 分

	No.	项目	最大分值
右侧是每一条旅游线路的评分标准。每条线路总分 45 分，两条线路得分相加为此项最终得分	1	基本设计了从北京—欧洲—北京的旅游线路，有 12 天旅程的总体框架的，加 5 分	5 分
	2	可行性。指这个线路的行程设计、时间安排、费用合理，在现实生活中具有可操作性。整个线路旅程不太合理的给 0 — 4 分；整个线路旅程大部分比较合理，少部分不合理的给 5 — 10 分；整个线路旅程可以操作，但是比较匆忙或牵强的给 11 — 15 分；整个线路旅程比较合理，可以操作的给 16 — 18 分；整个线路旅程很合理、连贯、行程流畅，完全具有可操作性的给 19 — 20 分	20 分

续表

	No.	项目	最大分值
右侧是每一条旅游线路的评分标准。每条线路总分45分，两条线路得分相加为此项最终得分	3	独创性。指这个线路是根据本组成员的具体需求、为本小组量身打造、加入了自己的见解和思想的线路设计，而不是抄袭或直接照搬旅游网站的线路。设计线路完全抄袭的给0分；设计线路大部分是抄袭旅游网站的，抄袭超过百分之五十以上的给1－3分；设计线路参考了旅游网站的整体思路、重要部分的给4－6分；设计线路只是参考了旅游网站的一个具体细节，例如宾馆、用餐标准的给7－8分；线路完全是自己设计的，具有很高独创性的给9－10分	10分
	4	唯一性。指每个小组所设计的旅游线路之间不具有重复性、能充分体现每条旅游线路的行程、城市、景点等方面的特点，线路之间能明显地区别开来。设计线路完全重复的，只计算一条线路的得分，另一条线路得0分；两条线路之间每一站的旅行地点都一样，只是一些细节不一样的给1－3分；两条线路之间存在相似性，但又不是完全一致的给4－6分；两条线路之间大部分不一致，只有一些细节如用餐标准等相似的给7－8分；两条线路有各自特点、不重复的给9－10分	10分
格式	5	根据任务要求有序排列，有大标题、小标题，条理清晰的加10分	10分

任务三

评分前提:

编辑结果必须满足以下条件:

(1)列出 10 所国内开展了 Web2.0 服务的高校图书馆的网址。

(2)网址 URL 后面必须有相应的 Web2.0 服务。

客观评分标准:

(1)内容——85 分

(2)格式——15 分

<table>
<tr><th></th><th>序号</th><th>项目</th><th>最大分值</th></tr>
<tr><td rowspan="3">内容</td><td>1</td><td>找出 10 所开展了 Web2.0 服务的高校图书馆的网址 URL,基本分 60 分,找出的服务不属于 Web2.0 服务的,每个扣 1 分</td><td>60 分</td></tr>
<tr><td>2</td><td>找到超出要求(10 所)高校,每一所加 2 分,此项总分不超过 20 分</td><td>20 分</td></tr>
<tr><td>3</td><td>对学校的 Web2.0 服务进行了具体描述的,加 5 分</td><td>5 分</td></tr>
<tr><td>格式</td><td>4</td><td>给 Web2.0 服务的高校聚类,每个类加 5 分,此项总分不超过 15 分</td><td>15 分</td></tr>
</table>

附录 7　实验三背景问卷

小组编号：

在需要勾选的选项后或量表对应的数字下画“√”

基本情况

1. 性别：1. 男　2. 女
2. 专业：1. 图书馆学　2. 档案学　3. 编辑出版学
4. 信息管理与信息系统　5. 电子商务　6. 数字出版
3. 年级：1. 大一　2. 大二　3. 大三　4. 大四
4. 是否上过信息检索相关课程：1. 是　2. 否
5. 每天平均上网时间：1. ≤1 小时　2. 1—3 小时　3. 3—5 小时
4. 5—7 小时　5. ≥7 小时

网络学术检索行为

6. 您对下列网络学术资源的使用情况：
(1 到 5 表示使用频率由低到高，1 表示从未使用过，5 表示经常使用)

No.	项目	1	2	3	4	5
1	中文数据库（包括全文和文摘数据库，如 CNKI、万方）。					
2	外文数据库（包括全文和文摘数据库，如 Emerald、Elsevier）。					

续表

No.	项目	1	2	3	4	5
3	专业工具书及专业网站(如年鉴、统计资料、E线图情)。					
4	学术搜索引擎(如Google Scholar、Windows Live Academic Search)。					
5	综合性搜索引擎(如百度、Google)。					
6	文档分享平台(如百度文库、360文库等)。					
7	互动社区(如维基百科、百度百科、百度知道、新浪爱问等)。					
8	其他(请说明):					

7. 请您为下列学术资源的重要性排序(请在括号内填写相应数字,每个数字只能对应一个项目):

(1到7表示重要程度由低到高,1表示非常不重要,7表示非常重要)

1. 中文数据库(　)
2. 外文数据库(　)
3. 专业工具书及专业网站(　)
4. 学术搜索引擎(　)
5. 综合性搜索引擎(　)
6. 文档分享平台(　)
7. 互动社区(　)

8. 您对自己检索能力的信心:

(1到5表示同意程度由低到高,1表示完全不同意,5表示完全同意)

No.	项目	1	2	3	4	5
1	我能准确找到所需信息。					
2	我能快速找到所需信息。					
3	我能很容易找到所需信息。					
4	我能找到全部所需信息。					
5	我对自己的检索能力有信心。					

协同信息检索行为

9. 协同检索基本认知情况：

（1到5表示同意程度由低到高,1表示完全不同意,5表示完全同意）

No.	项目	1	2	3	4	5
1	我知道协同信息检索概念或技术。					
2	我与他人合作完成过与学术相关的任务（如论文、PPT等）。					
3	如果有机会,我愿意参与小组任务。					

10. 您和他人合作完成课程任务的主要原因：

（1到5表示同意程度由低到高,1表示完全不同意,5表示完全同意）

No.	项目	1	2	3	4	5
1	所需信息太复杂,一个人无法查找完全。					
2	作业的完成需要多种技能,一个人无法完全满足。					
3	课程要求而已,否则不会合作。					
4	其他（请说明）：					

11. 阻碍您参加小组任务的原因：

（1到5表示同意程度由低到高,1表示完全不同意,5表示完全同意）

No.	项目	1	2	3	4	5
1	自身检索能力强,个人检索效果比小组合作好。					
2	不知道如何合作。					
3	现有检索工具,不能很好地支持合作任务。					
4	没有机会,很难找到合作伙伴。					
5	其他（请注明）：					

12. 合作分工效果：

（1 到 5 表示同意程度由低到高，1 表示完全不同意，5 表示完全同意）

No.	项目	1	2	3	4	5
1	我与其他成员分工明确。					
2	在合作任务过程中，我经常和小组成员交流。					
3	我与其他成员的分工合作效果很好。					

13. 您和其他小组成员使用下列交流方式的频率：

（1 到 5 表示频率由低到高，1 表示从未使用过，5 表示经常使用）

No.	项目	1	2	3	4	5
1	电子邮件。					
2	即时通信工具（如 QQ、MSN）。					
3	电话或短信。					
4	网络视频。					
5	面对面交流。					
6	其他（请说明）：					

14. 请您对下列交流方式的重要性排序：（请在括号内填写相应数字，每个数字只能对应一个项目）

（1 到 5 表示重要程度由低到高，1 表示非常不重要，5 表示非常重要）

1. 电子邮件（　） 2. 即时通信工具（　） 3. 电话或短信（　）

4. 网络视频（　） 5. 面对面交流（　）

15. 协同工具认知情况：

（1 到 5 表示同意程度由低到高，1 表示完全不同意，5 表示完全同意）

No.	项目	1	2	3	4	5
1	我了解协同编辑工具（如 Google Doc、DropBox、Wiki）。					
2	我了解屏幕分享工具（如 ScreenLeap、QQ 屏幕分享）。					
3	我使用过协同编辑工具。					

续表

No.	项目	1	2	3	4	5
4	我使用过屏幕分享工具。					
5	我认为使用协同工具能提高合作效率。					
6	我认为使用协同工具容易操作。					

16. 您觉得个人检索与合作检索相比完成学术任务的效果：

(1到5表示同意程度由低到高,1表示完全不同意,5表示完全同意)

No.	项目	1	2	3	4	5
1	与个人检索相比,与小组成员的合作能找到更准确的信息。					
2	与个人检索相比,与小组成员的合作更容易找到相关信息。					
3	与个人检索相比,与小组成员的合作能找到更多相关信息。					
4	与个人检索相比,与小组成员的合作能更快找到相关信息。					

17. 您觉得影响合作完成任务效果的原因有：

(1到5表示同意程度由低到高,1表示完全不同意,5表示完全同意)

No.	项目	1	2	3	4	5
1	小组成员分工不当。					
2	小组成员间交流不及时。					
3	缺少对任务进度的把握,效率不高。					
4	任务过于复杂。					
5	现有检索工具不能很好地支持合作任务。					
6	其他(请注明)：					

附录 8　实验三结构化行为日志

小组编号：　　　　　姓名：　　　　　日期：

1. 学术信息检索活动内容基本情况(在相应处画“√”)：

No.	活动内容	时长			涉及对象			
		≤1小时	1－2小时	≥2小时	纸质资源	网络电子资源	其他小组成员	其他
例 1	阅读找到的相关文献		√		√	√		
例 2	与小组成员讨论分工	√					√	
例 3	写作			√				√
1								
2								
3								
4								
5								

2. 上述活动的目的是(注意：请与表 1 中编号对应)：

No.	活动内容	目的					
		寻找背景信息	查寻特定信息	和他人讨论项目/主题	探索主题	寻求帮助/意见	其他
例 1	阅读找到的相关文献	√			√		
例 2	与小组成员讨论分工			√		√	
例 3	写作						√
1							
2							
3							
4							
5							

3. 在上述活动中，下列网络学术资源的使用情况（在相应处画“√”）：
（1 到 5 表示使用频率由低到高，1 表示从未使用过，5 表示经常使用）

No.	项目	1	2	3	4	5
1	中文数据库（包括全文和文摘数据库，如 CNKI、万方）。					
2	外文数据库（包括全文和文摘数据库，如 Emerald、Elsevier）。					
3	专业工具书及专业网站（如年鉴、统计资料、E 线图情）。					
4	学术搜索引擎（如 Google Scholar、Windows Live Academic Search）。					
5	综合性搜索引擎（如百度、Google）。					
6	文档分享平台（如百度文库、360 文库等）。					
7	互动社区（如维基百科、百度百科、百度知道、新浪爱问等）。					
8	其他（请说明）：					

4. 经过上述活动后，您的感受是（在相应处画“√”）：
（1 到 5 表示符合程度由低到高，1 表示完全不符合，5 表示完全符合）

<table>
<tr><th>No.</th><th colspan="2">选项</th><th>1</th><th>2</th><th>3</th><th>4</th><th>5</th></tr>
<tr><td>1</td><td rowspan="7">我对已进行的活动和接下来的研究感到：</td><td>清晰</td><td></td><td></td><td></td><td></td><td></td></tr>
<tr><td>2</td><td>乐观</td><td></td><td></td><td></td><td></td><td></td></tr>
<tr><td>3</td><td>轻松</td><td></td><td></td><td></td><td></td><td></td></tr>
<tr><td>4</td><td>不确定/无把握</td><td></td><td></td><td></td><td></td><td></td></tr>
<tr><td>5</td><td>困惑</td><td></td><td></td><td></td><td></td><td></td></tr>
<tr><td>6</td><td>失望</td><td></td><td></td><td></td><td></td><td></td></tr>
<tr><td>7</td><td>紧张</td><td></td><td></td><td></td><td></td><td></td></tr>
<tr><td>8</td><td colspan="7">其他（请说明）：</td></tr>
</table>

附录 9　实验三实验问卷

小组编号：

在对应的选择下画“√”

一、情境认知

（1 到 5 同意程度由低到高，1 表示完全不同意，5 表示完全同意）

No.	项目	1	2	3	4	5
1	我了解我的实验环境（包括实验系统、实验步骤、实验时间等）。					
2	我了解我实验的对象（包括协作伙伴、实验主题）。					
3	我了解我的队友对我的印象、看法。					
4	我了解我的队友在协作过程中的每一步行动。					
5	我知道我的队友了解我在协作过程中的每一步行动。					
6	我知道我和我的队友每一步检索行动的好坏。					

二、情感认知

（1到5同意程度由低到高，1表示完全不同意，5表示完全同意）

No.	项目		1	2	3	4	5
1	我在检索过程中感到	清晰					
2		乐观					
3		轻松					
4		不确定/无把握					
5		困惑					
6		失望					
7		紧张					
8	其他（请说明）：						

三、协同认知

（1到5同意程度由低到高，1表示完全不同意，5表示完全同意）

No.	项目	1	2	3	4	5
1	我认为进行协同检索比我自己单独检索的效果要好。					
2	我认为在遇到问题时，咨询队友比自己检索所得的信息要有用。					
3	我与我的队友分工很明确。					
4	我与其他成员的分工合作效果很好。					
5	我们根据此任务的具体情况，采用了相应的协同策略。					
6	我对我队友的表现很满意。					

四、知识分享

（1 到 5 同意程度由低到高，1 表示完全不同意，5 表示完全同意）

No.	项目	1	2	3	4	5
1	在协同检索过程中，我和其他成员经常交流。					
2	在协同检索过程中，我和其他成员交流很顺利。					
3	在协同检索过程中，我愿意和其他成员分享检索。					
4	在协同检索过程中，分享的结果对我的检索很有帮助。					
5	在协同检索过程中，信息的分享能提高我的团队合作技能。					
6	在协同检索过程中，信息的分享能补充我的知识储备。					
7	信息的分享提高了小组协作的效率。					

五、系统评价

（1 到 5 同意程度由低到高，1 表示完全不同意，5 表示完全同意）

No.	项目	1	2	3	4	5
1	书签（Bookmark）功能对于完成协同检索任务很有用。					
2	推荐（Recommend）功能对于完成协同检索任务很有用。					
3	注释（Annotate）功能对于完成协同检索任务很有用。					
4	片段收集（Snip）功能对于完成协同检索任务很有用。					
5	编辑（Editor）功能对于完成协同检索任务很有用。					
6	聊天工具（Chat）对于完成协同检索任务很有用。					

续表

No.	项目	1	2	3	4	5
7	提醒工具（Notifications）对于完成协同检索任务很有用。					
8	检索历史工具（History）对于完成协同检索任务很有用。					
9	记事本工具（Notepad）对于完成协同检索任务很有用。					
10	Coagmento 系统对于完成协同检索任务很有用。					
11	以后有机会的话，会更倾向于使用协同检索工具。					

附录 10　实验三访谈大纲

第一次访谈大纲(实验后访谈)

1. 您对今天实验的整体感觉如何?

2. 您觉得在整个检索过程中遇到主要的障碍和问题是什么?

3. 在检索过程中,您们采取了哪些分工方式?

4. 在检索过程中,您倾向于和同伴分享哪些信息? 希望获得哪些信息?

5. 您对 Coagmento 系统有哪些改进建议?

第二次访谈大纲(整个研究结束后访谈)

1. 您对整个科研过程的合作整体感觉如何?

2. 您觉得在整个科研过程中哪个阶段更需要合作?

3. 在实验结束后您是否与其他组员合作过?如果有,以何种方式合作?合作内容是什么?

4. 在实验结束后您是否使用过 Coagmento 或者其他的协同工具?

5. 您觉得在整个科研过程中遇到主要的障碍和问题是什么?

6. 您觉得在合作中最大的收获是什么?